Marie-José Lopes
Jean-Thierry Le Bougnec
Nelly Mous

Couverture : Nicolas Piroux
Adaptation graphique et mise en page : Médiamax
Illustrations : Bruno David
Photographie : Schutterstock.com
Coordination éditoriale : Françoise Malvezin/Le Souffleur de mots
Production sonore : Quali'sons

ISBN 978-2-01-156054-4

© HACHETTE LIVRE, 2014
43, quai de Grenelle
F 75905 Paris Cedex 15, France.
http://www.hachettefle.fr

Tous droits de traductions, de reproduction et d'adaptation réservés pour tous pays.
Le code de la propriété intellectuelle n'autorisant, aux termes des articles L. 122-4 et L. 122-5, d'une part, que « les copies ou reproductions strictement réservées à l'usage privé du copiste et non destinées à une utilisation collective » et, d'autre part, que « les analyses et les courtes citations » dans un but d'exemple et d'illustration, « toute représentation ou reproduction intégrale ou partielle, faite sans le consentement de l'auteur ou de ses ayants-droits ou ayant cause, est illicite ». Cette représentation ou reproduction, par quelque procédé que ce soit, sans autorisation de l'éditeur ou du Centre français de l'exploitation du droit de copie (20, rue des Grands-Augustins, 75006 Paris), constituerait donc une contrefaçon sanctionnée par les articles 425 et suivants du Code pénal.

Sommaire

Introduction 4

Dossier 0 | Présentation 9

Dossier 1 | Bonjour ! 17

Leçon 1 Bienvenue ! 18
Leçon 2 Les mots à lire 22
Leçon 3 Les mots à écouter 25
Leçon 4 **Faits et gestes** Saluer 28
         Culture La France 29
Action ! | Nous créons la fiche « contacts »
         de la classe. 30

Dossier 2 | Identités 32

Leçon 5 Moi, je suis... 33
Leçon 6 Mes amis et moi 37
Leçon 7 Toi 41
Leçon 8 **Faits et gestes** Faire connaissance 44
         Culture Habiter à Nantes 45
Action ! | Nous créons un site Internet
         pour la classe. 46
Préparation au DELF A1 47

Dossier 3 | Sorties 49

Leçon 9 Et pour vous ? 50
Leçon 10 À Paris 55
Leçon 11 Métro Odéon 58
Leçon 12 **Faits et gestes** Au restaurant 63
         Culture Bienvenue à Paris 65
Actions ! | Nous organisons un sortie. ... 67

Dossier 4 | Achats 68

Leçon 13 Ça vous plaît ? 69
Leçon 14 Qu'est-ce qu'on mange ? 74
Leçon 15 Au marché 78

Leçon 16 **Faits et gestes** La bonne attitude 82
         Culture Le bien manger 84
Action ! | Nous organisons une fête
         pour la classe. 86
Préparation au DELF A1 87

Dossier 5 | Rencontres 88

Leçon 17 Et une comédie ? 89
Leçon 18 Personnalités 94
Leçon 19 Le livre du jour 97
Leçon 20 **Faits et gestes** Faire connaissance 103
         Culture *Intouchables* 104
Action ! | Nous faisons le Top 5 des films
         de la classe. 106

Dossier 6 | Études 107

Leçon 21 Le lycée, c'est fini ! 108
Leçon 22 Les vacances 114
Leçon 23 Erasmus 119
Leçon 24 **Faits et gestes** Désaccords . 123
         Culture La Sorbonne 124
Action ! | Nous faisons le bilan du cours
         de français. 126
Préparation au DELF A1 127

Dossier 1 – Tests 128
Dossier 2 – Tests 130
Dossier 3 – Tests 132
Dossier 4 – Tests 134
Dossier 5 – Tests 136
Dossier 6 – Tests 138

Corrigés des tests 140

Transcriptions des tests 143

Introduction

Présentation de la méthode

Totem est une méthode de français sur trois niveaux destinée à des apprenants adultes et des grands adolescents. L'ensemble couvre les niveaux A1 à B1 du *Cadre européen commun de référence pour les langues* (CECRL).
Plus spécifiquement, ***Totem 1*** s'adresse à des débutants complets en français et vise l'acquisition de compétences du niveau A1 décrit dans le CECRL. Il correspond à environ 80/90 heures d'activités d'enseignement/apprentissage, complétées par des tâches d'évaluation.
Totem 1 permet à l'apprenant de se préparer au DELF A1.

1. Les composants

Totem 1 comprend :
– un livre de l'élève avec un DVD-ROM inclus et un manuel numérique à télécharger
– un cahier d'activités avec un CD audio inclus
– un guide pédagogique
– un coffret de 3 CD classe
– un manuel numérique enrichi pour la classe
– une application pour tablette
– un coffret DVD PAL ou NTSC
– des activités interactives sur le site de TV5monde

- Le **livre de l'élève** de ***Totem 1*** comprend :
    – un mode d'emploi de l'ouvrage
    un tableau des contenus
    – un dossier d'introduction, pour une découverte de la langue et de la culture en douceur
    – 6 dossiers de 4 leçons (une double page = une leçon), une double page d'entraînement et une page *Action !*
    – en fin d'ouvrage, une épreuve complète du DELF A1, un précis de phonétique, un précis de grammaire, un précis de conjugaison, un lexique multilingue (allemand, espagnol, russe, anglais et portugais), les transcriptions des vidéos et des audio et une carte de France

- Le **cahier d'activités**
En complément du livre de l'élève, il suit sa progression et sa structure et permet à l'apprenant un travail en autonomie :
    – des activités variées complètes renforcent ses connaissances : grammaire, compréhension orale et écrite, lexique, phonétique et communication
    – tous les deux dossiers, des pages *Faits et gestes/ Culture* lui font retravailler les points de savoir-être et de culture vus dans les dossiers
    – des bilans à la fin de chaque dossier, ainsi qu'une épreuve DELF complète lui permettent de contrôler et d'évaluer son apprentissage
    – le portfolio lui propose de suivre de façon active et réfléchie son parcours et de s'autoévaluer.
Un CD audio est inclus et les corrigés du cahier d'activités sont proposés dans un livret encarté.

- Les **3 CD audio pour la classe** contiennent tous les enregistrements de la méthode (ceux du livre élève, du cahier d'activités et les 6 tests du guide pédagogique).

- Le **guide pédagogique** comprend :
    – une introduction avec la présentation de la méthode, de ses composants et des principes méthodologiques mis en œuvre
    – un accompagnement à l'utilisation du livre de l'élève, une démarche d'exploitation structurée des 6 dossiers, qu'il conviendra d'adapter en fonction de la diversité des publics d'apprenants et dans le respect de la pluralité des cultures éducatives et des contraintes horaires et institutionnelles
    – les corrigés ou les propositions de réponses pour toutes les activités du manuel
    – des informations culturelles
    – des suggestions d'activités complémentaires
    – 6 tests (1 par dossier), préparant au DELF A1, suivi de leurs corrigés et des transcriptions des activités audio

- Le **DVD PAL** et **NTSC** de ***Totem 1 et 2*** comporte :
    – toutes les vidéos (série en 14 épisodes, 10 documentaires, 14 dialogues interactifs dans les pages entraînement)
    – un livret avec les transcriptions.

2. L'offre numérique

- Un **DVD-Rom** inclus dans le livre de l'élève comprend :
    – tout l'audio au format MP3
    – toutes les vidéos (la série, les documentaires et les dialogues interactifs)
    – un manuel numérique élève à télécharger gratuitement, grâce auquel on peut insérer des captures d'écran du manuel, des enregistrements audio propres, des Post-it ou des notes plus élaborées avec un traitement de texte intégré. Cet outil peut être utilisé par le professeur lui-même.

- Des **activités interactives auto-correctives sur le site de TV5monde** (apprendre.tv5monde.com) : pour chaque épisode de la vidéo de *Totem*, des activités de compréhension et de lexique accompagnées des aides à leur réalisation sont proposées.

- Un **manuel numérique** enseignant enrichi comprend :
    – les contenus du livre de l'élève
    – des activités pour TNI
    – tout l'audio classe
    – les vidéos
    – le guide pédagogique
    – le cahier d'activités

- Une **application pour tablette** comprend :
    – les contenus du livre de l'élève
    – des activités interactives autocorrectives
    – tout l'audio classe
    – les vidéos
    – le cahier d'activités

Structure d'un dossier

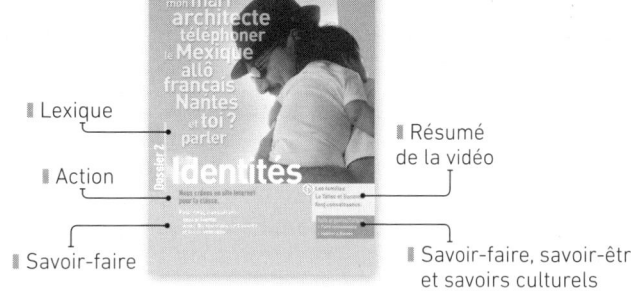

Une page d'ouverture de dossier
- Lexique
- Action
- Savoir-faire
- Résumé de la vidéo
- Savoir-faire, savoir-être et savoirs culturels

- Document déclencheur
- Titre de la leçon
- Point sur la phonétique
- Point sur la grammaire avec renvoi vers le précis
- Activités de réemploi
- Objectifs fonctionnels et vocabulaire
- Micro tâches

3 leçons d'apprentissage
1re double-page : entrée dans la leçon par la vidéo
2e double page : entrée dans la leçon par un document écrit
3e double page : entrée dans la leçon par un document oral, ou des documents « croisés »

Une double page *Faits et gestes/Culture*
Elle suit un déroulement comparable à celui des autres leçons (comprendre/s'exercer/produire). La vidéo est à nouveau utilisée du point de vue socio-culturel, paralinguistique ou non-verbal.

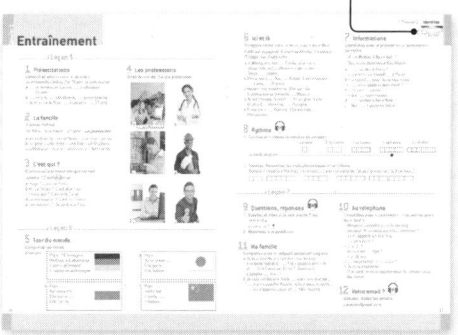

- Renvoi au CDROM (dialogues interactifs)

Une double page *Entraînement*
Elle propose de systématiser et renforcer les acquis.

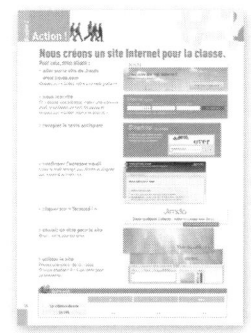

Une page Action !
Elle propose un moment d'interactions au service d'une réalisation concrète et se clôt par une auto-évaluation.

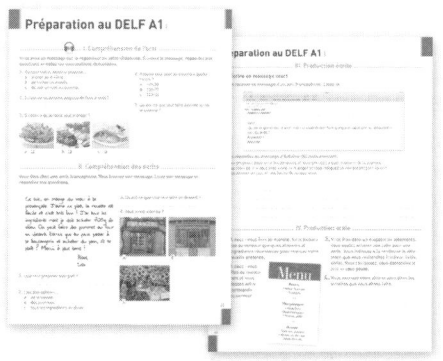

Tous les 2 dossiers : une préparation au DELF A1

Les principes méthodologiques

1. La base du parcours pédagogique

La sitcom (série) de *Totem*

La sitcom de *Totem* se compose dans le niveau A1 de 6 épisodes scénarisés et tournés par des professionnels du cinéma. En cela on peut parler de **documents authentiques**. Il s'agit de brefs épisodes mettant en scène deux familles de Nantes dans des situations familières.
Le scénario de *Totem*, tout comme les sitcoms de télévision, repose sur la comédie de situation.

Les vidéos de la série de *Totem* structurent le manuel. Chaque épisode est un document déclencheur. Il n'est pas travaillé uniquement du point de vue de la langue : nous proposons à l'apprenant de décoder les images (cinématographiques), les situations, les attitudes... Autant de repérages d'indices, d'identifications qui aideront l'apprenant à **faire des hypothèses, interpréter**.

Visionnée d'abord sans le son, la vidéo, comme document déclencheur, permet de créer un parcours de sens en partant des images filmées et donc du non-verbal. Cette approche permet non seulement de traiter l'aspect interculturel mais aussi d'**anticiper sur la langue**.
Les visionnages successifs sont travaillés en compréhension orale/vidéo.

Si la langue est essentielle pour communiquer, le **non-verbal** intervient pour beaucoup dans la communication orale. Cela signifie que la façon de se tenir, de se rapprocher, les gestes, les mimiques, les sourires sont tout aussi porteurs de sens que la langue que nous utilisons.

La vidéo comme document déclencheur est idéale pour :
– amener l'apprenant à décoder des images, des situations, des attitudes ;
– repérer des indices, faire des hypothèses, interpréter ;
– développer des références culturelles partagées ;
– associer, comparer, comprendre pour acquérir des savoir-faire.

La leçon *Faits et gestes/Culture*

La vidéo est retravaillée dans *Faits et gestes* (4ᵉ leçon). Ce qui était indices, repérages, aides à la compréhension de la langue dans la première leçon, devient des objectifs de **savoir-être** : les gestes pour..., les mimiques pour...
Cette étape est accompagnée d'une réflexion sur la communication non-verbale : gestes, mimiques, traits prosodiques ou onomatopées. Le contenu de cette double page correspond à la **compétence sociolinguistique** et traite d'aspects aussi variés que les marqueurs de relations sociales, les règles de politesse, les différences de registres.

2. Une approche communicative et actionnelle

Nous restons fidèles à l'approche communicative, que nous avons enrichie d'une perspective actionnelle. Nous gardons le savoir-comprendre et la construction progressive du sens, la découverte de la langue au service de la réalisation d'actions réelles et réalistes.
Nous élaborons nos démarches à partir des objectifs et les organisons en respectant l'**axe comprendre/s'exercer/produire** (réception/production/interaction). Nous privilégions toujours le parcours qui va du sens vers la forme dans le cadre d'une **progression spiralaire**.

Comprendre

La démarche proposée va du simple vers le complexe, du connu vers l'inconnu, du global au particulier et du sens vers les formes.
Les questions proposées permettent d'identifier la situation de communication et le « pour faire quoi » (que communique-t-on ? pourquoi ? et pour faire quoi ?) dans le sens d'une compréhension globale. Par des consignes sémantiques, la compréhension finalisée permet ensuite de dégager les actes de parole.
Le document n'est pas travaillé de manière exhaustive : n'est travaillé que ce qui correspond aux objectifs. Il s'agit pour les apprenants de repérer et recueillir des énoncés observables. Ce corpus aidera les apprenants à réfléchir sur le fonctionnement de la langue.

Conceptualiser

Les éléments repérés sont classés d'après une organisation faisant « sens » (le corpus). Ainsi, les apprenants observent-ils des récurrences, des oppositions, des systèmes, des formes linguistiques. Lors de cette phase de réflexion sur la langue, le professeur mène l'apprenant vers la formulation de règles.
Les occurrences concernent aussi bien les objectifs fonctionnels que linguistiques et culturels.

S'exercer

Des exercices de réemploi, sur la double page de la leçon, permettent de vérifier immédiatement la compréhension du point grammatical ou fonctionnel. Les points étudiés seront ensuite systématisés par les exercices proposés dans les pages *Entraînement*. Les activités de réemploi portent aussi bien sur l'écrit que sur l'oral. Dans ces mêmes pages *Entraînement*, un picto indique des dialogues interactifs (ils sont accompagnés de sous-titres et d'aides). Ils sont disponibles dans le DVD-Rom, le manuel numérique et les DVD.

Produire

Chaque double page propose une production orale et écrite. Souvent, il s'agira d'une véritable tâche amenant à construire un objet concret. Les apprenants, grâce à ces activités, transfèrent ce qui a été travaillé dans la leçon. Ils réinvestissent ainsi le contenu fonctionnel et linguistique de la leçon dans un contexte similaire. Ces productions offrent aussi l'occasion d'une évaluation formative : atteintes des objectifs, remédiations et renforcements à prévoir, réflexions sur les stratégies d'apprentissage.

3. Le travail linguistique

Le lexique

Des activités spécifiques, véritables conceptualisations, liées au document déclencheur (vidéo, audio, écrit) permettent de dégager et clarifier le lexique.

Conforme aux recommandations du CECR, progressif, et donc toujours en contexte, le vocabulaire est classé par champs sémantiques dans la rubrique « Les mots de... ». Ce classement thématique facilite l'acquisition. Des activités, dans le manuel, permettent de le fixer.

À la fin du manuel, le **lexique multilingue** reprend tous les mots du manuel classés par ordre alphabétique. Pour chaque mot, le numéro de la leçon est indiqué.

La phonétique

Dans les leçons, la phonétique est abordée de façon progressive et contextualisée. Tous les aspects sont traités : la prosodie (segmentation en groupes rythmiques – mots phonétiques, rythme, accentuation, intonation, prononciation ou pas du [ə]), la continuité (liaison, enchaînements, élision), les lettres finales muettes (consonnes, « e »), la prononciation des lettres de l'alphabet, les phonèmes – « sons » – du français et leurs principales difficultés, le rapport graphie-phonie.

La démarche de toutes les activités phonétiques proposées dans le manuel est explicitée et détaillée dans chaque leçon du guide pédagogique. Vous y trouverez également quelques « bonus » pour compléter cet apprentissage. Nous avons fait notre possible pour allier « divertissement » et rigueur afin de « dédramatiser » cette discipline qui, malheureusement, fait souvent peur aussi bien aux apprenants qu'aux enseignants. Faites-nous, faites-vous et faites confiance à vos apprenants : abordez en classe les activités phonétiques telles que nous vous les proposons ; vous verrez que la phonétique peut être un moment de plaisir et que les progrès n'en seront que plus rapides et réels.

N'hésitez pas à corriger vos apprenants, non seulement au niveau des phonèmes (sons), mais aussi et surtout au niveau de la prosodie (mots phonétiques, rythme, accentuation, intonation), de la continuité (liaisons, enchaînements, élision), des lettres finales muettes. Ils vous en seront reconnaissants !

À la fin du manuel, le **précis de phonétique**, reprend toutes les règles et définitions des phénomènes abordés dans les leçons, concernant la segmentation en groupes rythmiques (mots phonétiques), le rythme, l'accentuation, l'intonation, la continuité, les lettres finales et la prononciation de l'alphabet. L'enseignant pourra le consulter pour lui-même, pour et avec les apprenants ou les y renvoyer, de façon autonome.

Il propose aussi un tableau **« graphie-phonie »** classé par lettres (voyelles et consonnes). Ce tableau n'est pas exhaustif, il n'aborde que les lettres et combinaisons de lettres les plus fréquentes et/ou difficiles. Par exemple, la lettre « o » peut se prononcer [O], [u], [ɔ̃] ou [wa] selon les lettres avec lesquelles elle se combine (ou pas). Ce tableau peut être utilisé en autonomie par les apprenants ou consultée en grand groupe, à la demande du professeur.

Il dresse enfin le tableau des **« sons du français »** en suivant les prérogatives du référentiel du CECRL, niveau A1 : 10 voyelles, 17 consonnes et 3 semi-consonnes. En effet, au niveau A1, on ne demande pas aux apprenants de différencier :
– [e] et [ɛ] regroupés en un seul son (« archiphonème ») [E] ;
– [œ], [ø] et [ə], regroupés en un seul son (« archiphonème ») [Œ] ;
– [o] et [ɔ] regroupés en un seul son (« archiphonème ») [O].

Des symboles, concrets et transparents, accompagnent les phonèmes ; ils aident à leur prononciation correcte et à opposer deux phonèmes « proches ».

La grammaire et la conjugaison

Dans les leçons, la démarche impliquant une réflexion des apprenants eux-mêmes dans l'élaboration des règles, à partir d'un corpus dégagé par le questionnement sémantique d'un support vidéo, oral ou écrit, permet une compréhension et une fixation efficace du système linguistique. Ces règles sont présentées dans des tableaux clairs et synthétiques, accompagnés d'explication complémentaires. L'aspect morphologique est pris en compte avec notamment l'enregistrement audio des tableaux de conjugaison. À la fin du manuel, le **Précis de grammaire** est organisé par entrées sémantiques. Il reprend et développe les points de grammaire des encadrés grammaire des leçons. Les explications y sont étoffées et présentées avec des outils cognitifs facilitant la compréhension.

Le **Précis de conjugaison** reprend les verbes des leçons ainsi que les temps étudiés (présent, impératif, passé composé, imparfait). Il est organisé par type de verbes : tout d'abord les verbes irréguliers (*être, avoir, aller, faire*), puis les verbes sont classés par nombre de bases (verbes à une base, verbes à deux bases, verbes à trois bases) et enfin les verbes pronominaux.

4. L'évaluation

Dans *Totem*, une grande importance est accordée à l'évaluation.

• **Évaluation sommative** avec, dans le livre de l'élève, les pages **Préparation au DELF** tous les 2 dossiers et le **DELF A1** proposé en fin d'ouvrage ; dans le cahier d'activités, une épreuve complète DELF A1.

• **Évaluation formative**, dans le guide pédagogique, avec des tests photocopiables permettant d'évaluer les 4 activités langagières (réception orale et écrite, expression orale et écrite). Les micro tâches des activités de production et la « tâche finale » de la page *Action !* sont aussi des moments d'évaluation formative et d'autoévaluation puisqu'il s'agit, pour les apprenants, de mettre en œuvre leurs acquis dans la réalisation « d'objets » réels et réalistes de la vie courante.

• **Autoévaluation**, grâce au portfolio présent dans le cahiers d'activités qui permet à l'apprenant de s'autoévaluer au fur et à mesure de son apprentissage.

5. Les contenus socio-culturels

La double page *Faits et gestes/Culture* invite à observer et comprendre les **implicites culturels** de la vidéo (traitement du non-verbal et du para-verbal). Dans *Faits et gestes*, notre objectif est de développer des **références culturelles partagées**. Notre travail avec *Totem* s'inspire de l'expérience de l'apprentissage en immersion : associer et comparer pour mieux s'approprier les savoir-faire des Français. Déjà dans les années 1990, Robert Galisson recommandait un « niveau seuil de comportement » qui aiderait les apprenants à comprendre les natifs. C'est ce que nous avons voulu proposer dans *Totem*.

Les documentaires (les vidéos complémentaires, différentes de la sitcom) proposés dans la 4e leçon offrent un éclairage culturel par rapport à la thématique du dossier. Ils sont travaillés du point de vue des savoirs. Cette double page propose aussi un voyage à travers la France et sa culture.

Mode d'emploi du guide pédagogique

L'objectif du guide pédagogique est de vous aider dans la préparation de vos cours. Nous vous proposons un cheminement entre les activités des leçons, les encadrés (grammaire, conjugaison, phonétique, « Culture/Savoir »), le bandeau bleu (savoir-faire et vocabulaire) et les activités des pages *Entraînement*. Vous pouvez suivre l'ordre des activités de la double page de chaque leçon, **il respecte les axes « comprendre/s'exercer/produire » et « du sens vers les formes »**. Le parcours que nous proposons dans le guide pédagogique est un peu différent, il reste cohérent et respecte les mêmes axes, mais permet d'aborder la méthode plus simplement, surtout lorsque c'est la première fois. Vous pourrez aussi restructurer le parcours de compréhension selon le profil de votre classe, le rythme et le temps dont vous disposez.

Au début de chaque exploitation de leçon, figurent le contenu détaillé ainsi qu'une frise qui permet de repérer en un coup d'œil l'ordre des activités à réaliser.

| activité 1 p. 16 ▷ activité 5 p. 17 ▷ activité 3 p. 24 ▷ activité 2 p. 16 ▷ |
| activité 3 p. 17 ▷ activité 1 p. 24 ▷ activité 4 p. 17 ▷ activité 7 p. 17 |

Pour chaque activité sont indiqués les **objectifs** et les **modalités**, ainsi que le **type d'activité** (CE = compréhension écrite ; PE = production écrite ; CO = compréhension orale ; PO = production orale ; Réflexion sur la langue ; Réemploi/Systématisation) et les renvois à la vidéo ou aux enregistrements audio.

2 Coucou ! CE   page 16

Objectifs : être capable de se présenter et utiliser les mots des salutations ; le verbe *s'appeler*
Modalités : individuel, puis en binôme, enfin en grand groupe

Les **exercices de réemploi/systématisation** des pages « Entraînement » sont en grisé et ainsi aisément repérables.

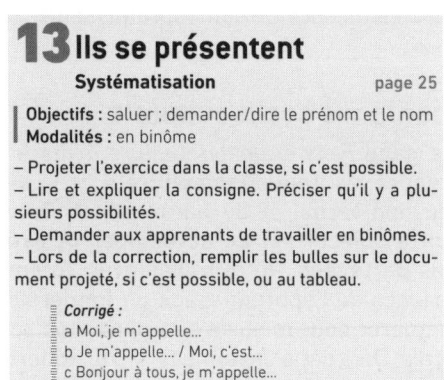

13 Ils se présentent
Systématisation   page 25

Objectifs : saluer ; demander/dire le prénom et le nom
Modalités : en binôme

– Projeter l'exercice dans la classe, si c'est possible.
– Lire et expliquer la consigne. Préciser qu'il y a plusieurs possibilités.
– Demander aux apprenants de travailler en binômes.
– Lors de la correction, remplir les bulles sur le document projeté, si c'est possible, ou au tableau.

Corrigé :
a Moi, je m'appelle...
b Je m'appelle... / Moi, c'est...
c Bonjour à tous, je m'appelle...

Vous trouverez aussi des encadrés « **Entre parenthèses** » qui sont en général des sources d'information et de documentation. Le contenu proposé vous aidera dans la préparation de vos cours. Par ailleurs, des liens vous sont aussi suggérés. Ils vous aideront à illustrer vos explications. Notre objectif est de vous faire gagner du temps dans vos préparations.

> **ENTRE PARENTHÈSES**
>
> Vous trouverez sur Internet de nombreux liens vidéo montrant des célébrations officielles lors desquelles *la Marseillaise* est chantée.
>
> La devise est présente sur tous les documents officiels, ainsi qu'en haut des portes des écoles, collèges et lycées. Vous trouverez toutes les informations sur la devise sur le site de l'Élysée déjà mentionné.

Les encadrés « **Bonus** » contiennent des propositions d'activités pour aller plus loin de manière ludique. Ces activités supplémentaires développent les thèmes et les structures vues dans les leçons.

> **Bonus**
>
> On peut poursuivre l'activité avec d'autres mots connus des apprenants (les mots vus dans le dossier 0 et les leçons 1 et 2), avec les mêmes modalités ou en changeant : par exemple en envoyant un apprenant au tableau qui écrit et lit le mot épelé par un autre apprenant.

6 tests photocopiables vous sont aussi proposés. Ils portent sur les 4 compétences et permettent de vérifier l'apprentissage à l'issue de chaque dossier. Les corrigés et les transcriptions de ces tests se trouvent à la fin du guide. Les enregistrements des tests sont inclus dans le CD 2 pour la classe.

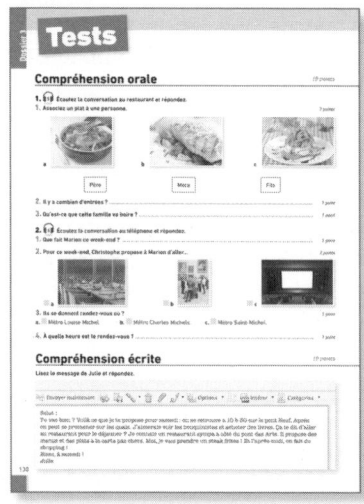

Conclusion

Totem est une méthode simple à utiliser, à la fois pour les enseignants et pour les apprenants. Le parcours pédagogique est clairement balisé mais il laisse, bien entendu, à l'enseignant la liberté de sa propre démarche.

Ce guide pédagogique vous permettra de prendre en main rapidement la méthode mais surtout de vous l'approprier en fonction de vos préférences méthodologiques et de votre contexte d'enseignement.

Nous vous souhaitons, ainsi qu'à vos apprenants, beaucoup de plaisir et de réussite avec **Totem** !

Présentation

Objectif : connaître les prénoms des apprenants

Préparer, avant le cours, de petits cartons où est écrit le prénom de chaque apprenant. En dessous, laisser un espace pour qu'ils écrivent le mot en français qu'ils vont choisir et qui les représentera. Faites-en un pour vous-même qui vous sera utile pour l'exemple.

> Marie-Jo
> *Chat*

– Vous présenter, montrer votre carton, puis distribuer les cartons en demandant qui est qui.
– Demander aux apprenants de chercher dans le dictionnaire un mot qu'ils aiment et qui les représentera. Leur demander d'écrire le mot français sur leur petit carton.
– Chaque apprenant dira son prénom, le mot français et ce que cela signifie. Corriger la prononciation et faire répéter.
Noter sur votre cahier personnel, les mots choisis et les prénoms correspondants.
– Pour aider à la mémorisation des prénoms, pour vous-même et pour la classe, dire le mot en français ; l'apprenant doit le reconnaître et dire son prénom. Exemple : vous dites « mode » et l'apprenant dit « Isabel », puis vous dites « soleil » et l'apprenant dit « Pablo », etc.

À ce niveau, les échanges culturels se feront en langue maternelle, voire dans une langue commune partagée par les apprenants, si la classe est composée de publics issus de différents bassins linguistiques.

Dossier 0

Le dossier « zéro » est un dossier d'introduction. À la manière d'une leçon « zéro », il permet aux apprenants de se familiariser avec le manuel et d'introduire du lexique. Le travail propose un accès à des savoirs culturels à travers des activités de repérage. Partant du principe que la langue est indissociable de la culture, nous offrons ici aux apprenants une première approche à la fois interculturelle et communicative.

Moteur !

pages 8-9

> **OBJECTIFS CULTURELS**
> – Situer une ville sur la carte de France
> – Présenter la ville de Nantes
> – Connaître M. Hulot et le cinéma de Jacques Tati
>
> **LES MOTS DU FRANÇAIS**
> – Repérer des mots du français
> – Évaluer la similitude avec les mots de sa propre langue

La sitcom de *Totem* se passant à Nantes, cette première vidéo permet d'avoir une idée en images de la ville.
Le terme « Moteur ! » fait référence au cinéma. Dit par le réalisateur, il signifie le début de l'action, du tournage.

1 Nantes CE
page 8

Objectif : prendre connaissance de la géographie de la France en cherchant à y repérer une ville
Modalités : en grand groupe

– Si vous avez dans votre salle une carte du monde, demander aux apprenants de situer la France (métropolitaine). Choisir deux volontaires, les autres peuvent donner des indications, si nécessaire.
Si vous n'avez pas de carte, leur demander de citer trois pays frontaliers.

> *Réponse attendue :*
> La Belgique, l'Espagne, l'Italie, la Suisse, le Luxembourg, l'Allemagne.

– Demander aux apprenants : qui a déjà visité la France ? Quelles villes connaissez-vous ? Quelqu'un de votre famille a-t-il un lien avec la France, avec le français ?
Si vous disposez d'une carte de la France (en grand format, accrochée au mur par exemple), demander aux apprenants de situer les villes qu'ils connaissent.
– Leur demander de regarder la carte de France p. 128 ou leur montrer la grande carte de France accrochée au mur ou projetée, et de situer Nantes.

2 Vrai/Faux CE/CO/PO  page 8

Objectif : repérer les caractéristiques de la ville de Nantes
Modalités : individuel, puis en grand groupe

Il s'agit d'une vidéo produite par la ville de Nantes pour promouvoir la ville. Elle met en avant le dynamisme, la créativité, la qualité de vie.

– Faire visionner la vidéo en continu (sans faire de pause).
– Demander aux apprenants de réagir : leur demander s'ils ont aimé, si ces images leur rappellent une ville de leur pays. Les interroger sur la fonction de ce type de vidéo.
– Faire réaliser individuellement l'activité du Vrai/Faux.
– Procéder à une correction en grand groupe.

> **Corrigé :**
> a Vrai.
> b Vrai.

ENTRE PARENTHÈSES

Nantes est une ville de l'ouest de la France. Elle se situe à 50 km de l'océan Atlantique, dans la région des pays de Loire. Du point de vue historique, après avoir été un site portuaire important, elle connaît au cours du XIXe siècle et au début du XXe siècle, un développement industriel remarquable.
Elle est une ville universitaire depuis 1962. Les infrastructures portuaires de Nantes sont toujours un élément important du port autonome de Nantes-Saint-Nazaire, un des grands ports français.
Nantes reçoit en 2013 le prix de la capitale verte de l'Europe.

Voici quelques sites où vous pouvez recueillir des informations pour la préparation de votre cours.
Site officiel de la ville de Nantes : http://www.nantes.fr/home.html, pour des informations concernant la vie quotidienne, pour ceux qui habitent Nantes ou qui voudraient s'y installer.
Site de l'office du tourisme : http://www.nantes-tourisme.com/, pour ceux qui voudraient visiter Nantes, trouver un hôtel, programmer des visites.

Pour votre information, deux sites de presse locale :
http://www.ouest-france.fr/
http://www.presseocean.fr/

3 Les mots magiques
CE/PE  page 8

Objectifs : repérer des mots français ; évaluer la similitude avec les mots de sa propre langue, à travers une activité ludique
Modalités : en binôme, puis en grand groupe

– Faire regarder la vidéo avec le son en invitant les apprenants en binômes à noter les mots incrustés qui

correspondent aux onze images dans le livre (séries a et b).
– À la fin de la vidéo, demander les réponses aux apprenants. Les noter au tableau en colonnes. Une pour la série a et une autre pour la série b, de sorte que les premières lettres des mots de chaque colonne soient alignées.
– Faire répéter les mots. Vérifier qu'ils sont compris par tous les apprenants. Illustrer les explications avec des exemples connus par les apprenants (« L'opéra de Sydney est moderne »), ou des gestes (« C'est top ! » accompagné du geste, « Super ! »), ou des traductions.
– Demander aux apprenants quels sont les mots magiques. Entourer les mots formés par les premières lettres des deux colonnes. Les faire dire et répéter.
– Demander aux apprenants leur avis sur cette activité, sur la vidéo de Nantes.

> *Corrigé :*
> série a
> photo 1 : **t**op
> photo 2 : **o**riginal
> photo 3 : **t**endance
> photo 4 : **e**xcitant
> photo 5 : **m**oderne
> Le mot magique est : **Totem**.
>
> série b
> photo 1 : **n**ature
> photo 2 : **a**rt
> photo 3 : **n**uit
> photo 4 : **t**ransports
> photo 5 : **é**cologie
> photo 6 : **s**port
> Le mot magique est : **Nantes**.

4 M. Hulot PE/PO   page 9

Objectifs : donner son interprétation de la vidéo à travers le choix d'un mot français ; connaître M. Hulot
Modalités : en binôme, puis en grand groupe

Dans la vidéo sur Nantes, on voit la statue de M. Hulot avec une bulle de BD incrustée mais vide. Cette image correspond à la photo p. 9. Il s'agit donc de demander aux apprenants de remplir cette bulle avec un mot, ou plusieurs mots.

1 Demander aux apprenants de travailler en binômes. Ils peuvent utiliser leur dictionnaire. Préciser que le ou les mots choisis doivent refléter leur interprétation de la vidéo, l'idée qu'ils ont de Nantes après avoir regardé la vidéo.
2 Demander à chaque binôme de dire son ou ses mots. Les noter au tableau. Faire justifier le choix.
3 Ensuite, en grand groupe, demander à la classe de choisir, parmi les mots écrits au tableau, un seul mot. Faire justifier le choix.

Bonus

Il serait intéressant de montrer aux apprenants la bande-annonce du film *Les Vacances de M. Hulot* afin qu'ils connaissent ce personnage tant aimé en France. Si vous n'avez pas Internet dans votre classe, vous pouvez peut-être organiser un visionnage là où vous disposez d'Internet. Le film repose sur un comique de gestes et de situation, il est donc facile à comprendre pour les apprenants en début d'apprentissage.
Présenter ensuite le cinéaste. Caractériser le style du film et faire décrire le personnage de M. Hulot.

ENTRE PARENTHÈSES

Le personnage de M. Hulot, crée et interprété par Jacques Tati, est très célèbre en France. M. Hulot apparaît dans une série de films dans la tradition du cinéma muet. Il porte toujours un chapeau, un imperméable et fume la pipe. C'est un personnage comique, étourdi et qui ne semble pas adapté à la société moderne. Dans ses films, Tati montre l'absurdité et le ridicule de la vie contemporaine.

Bande-annonce et informations sur le film : http://www.allocine.fr, saisir dans Rechercher : Les Vacances de Monsieur Hulot ou Jacques Tati.

En classe

page 10

LES MOTS DU FRANÇAIS
– Acquérir le vocabulaire :
• de la classe
• d'objets personnels
• des nombres
– Acquérir des phrases « outils » pour la communication

1 La classe CE/CO/PO page 10

Objectif : le vocabulaire des principaux objets de la classe
Modalités : en binôme, puis en grand groupe

1 – Demander aux apprenants en binômes de chercher dans le dictionnaire les mots correspondant aux photos.
– Noter au tableau ce que les apprenants proposent.
2 – Faire ensuite écouter l'enregistrement et encadrer, au tableau, les mots entendus, parmi ceux qui auront été notés.
– Répéter et faire répéter les mots.

> *Corrigé*
> a une chaise
> b un tableau
> c un tableau numérique interactif
> d un ordinateur

2 Les objets personnels CE/CO/PO page 10

Objectif : le vocabulaire des principaux objets personnels pour apprendre et des phrases « outils » pour la communication en classe
Modalités : individuel, puis en grand groupe

– Faire regarder les objets de l'activité ou les projeter, si possible. Lire et faire répéter les noms des cinq objets. Montrer deux ou trois objets réels, et demander « Qu'est-ce que c'est ? ». Il s'agit là aussi d'une activité de répétition.

1 – Lire la consigne et en vérifier la compréhension.
– Demander à un ou deux apprenants de dire les objets qu'il(s) possède(nt). Noter au tableau la liste des objets par apprenant avec leur prénom.

2 – Lire la consigne et en vérifier la compréhension. Il s'agit ici d'un léger élargissement lexical. Faire noter sur un papier la liste des objets pour chaque apprenant avec leur prénom. Si vous avez le temps, ramasser les feuilles et les redistribuer au hasard. Chaque apprenant doit lire la liste d'objets que vous lui avez donnée (sans lire le prénom).
– Écrire chaque nouveau mot de vocabulaire au tableau avec un dessin ou une traduction. Les faire répéter. À la fin de la liste, poser la question à la classe : « C'est à qui ? » Les apprenants doivent deviner l'identité de l'auteur de la liste.

3 Lire la consigne et en vérifier la compréhension. Faire écouter tous les mots. Repasser l'enregistrement, mais l'arrêter avant chaque item et désigner un apprenant pour répéter le mot et montrer l'objet.

Bonus

Si vous avez le temps, vous pouvez organiser un Bingo. Demander aux apprenants de choisir quatre objets parmi leurs affaires personnelles et de les poser sur la table devant eux. Improviser une liste de six objets parmi ceux de la p. 10 et ceux que vous avez notés au tableau. Les dire et les écrire sur une autre partie du tableau. Le premier apprenant qui voit notés les quatre objets qu'il a sélectionnés crie : « Bingo ! » C'est le gagnant.

– Lire « Les mots… Pour apprendre », p. 10.
– Expliquer en langue maternelle quatre problèmes que l'apprenant est susceptible de rencontrer au cours de son apprentissage du vocabulaire :
1. vous ne comprenez pas le sens d'une phrase ;
2. vous ne comprenez pas un mot spécifique ;
3. vous ne connaissez pas le mot en français pour quelque chose (« *You don't know the French for "pen"* ») ;
4. vous ne savez pas comment écrire un mot en français.
– Demander quelle phrase de l'encadré « Les mots… », il faut employer pour chaque problème.
– Vérifier la compréhension en demandant à des apprenants de réagir individuellement aux problèmes suivants :
1. Indiquer sa chaussure en prenant un air perplexe (« *Shoe? How do say 'shoe' in French?* ») pour obtenir la phrase : « Comment on dit "shoe" en français ? »
2. Dites une phrase trop difficile pour la classe (« Il ne va pas faire beau aujourd'hui. ») pour obtenir la phrase : « Je ne comprends pas. »
3. Écrire un mot inconnu au tableau (ex. « cacahuète ») pour obtenir la phrase : « Qu'est-ce que ça veut dire "cacahuète ?" »
4. Effacer le mot que vous venez d'écrire au tableau, puis le répéter en mimant l'écriture (passer par la langue maternelle ou la langue commune à la classe, si nécessaire : « *How do you spell 'cacahuète'?* ») pour obtenir la phrase : « Comment ça s'écrit "cacahuète" ? »
– Faire répéter chaque phrase par toute la classe, puis individuellement, et laisser au tableau une trace écrite des exemples utilisés.

3 Les nombres CE/CO/PO page 10

Objectif : le vocabulaire des nombres
Modalités : en grand groupe

– Faire écouter l'enregistrement et répéter les nombres.
– Si vous avez le temps, écrire quelques nombres au tableau et désigner au hasard un apprenant pour dire chaque nombre. Éventuellement, noter des calculs au tableau, et demander les réponses à la classe (exemple : écrire au tableau « 22 – 5 », « 35 + 18 », etc.).

Bonus

Vous pouvez aussi jouer au loto.
Il s'agit du jeu que l'on joue en famille. Si vous en avez un, apportez-le en classe. Sinon, vous pouvez le fabriquer.
Chaque joueur (ou chaque sous-groupe) dispose d'un carton divisé en cases, dont certaines contiennent un nombre.

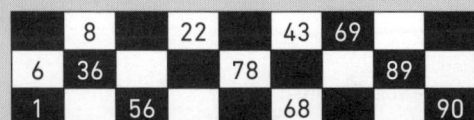

Dans un sac se trouvent des petits papiers avec les nombres. Un apprenant lit le nombre et tous regardent s'il est inscrit sur le carton. Donner aux apprenants un petit caillou ou un haricot sec avec lequel il couvrira le nombre annoncé. Lorsqu'un groupe a une ligne complète recouverte, il a gagné. On vérifie alors que les nombres ont bien été tirés. On peut poursuivre la partie, en fonction du rythme de la classe et de l'acquisition des nombres.

Se promener dans le livre

page 11

Dossier 0

> **OBJECTIF**
> Se familiariser avec le manuel :
> – les pictos
> – l'organisation
> – le contenu des rubriques

1 Les pictos CE

page 11

Objectif : comprendre les pictos du manuel
Modalités : individuel

– Expliquer l'exemple : « Le picto a., c'est 3, Action ! »
– Demander aux apprenants de proposer les solutions pour b et c. (« Le picto b., c'est 1 ou 2 ? »)
– Faire répéter les trois consignes en désignant chaque pictogramme (en le dessinant ou en le projetant au tableau, ou en le montrant sur une page de votre manuel).

Corrigé
a 3
b 1
c 2

2 Le livre CE

page 11

Objectif : comprendre l'organisation du manuel et s'y repérer
Modalités : en binôme, puis en grand groupe

– Lire les trois questions. Vérifier qu'elles ont été comprises.
– Demander aux apprenants de travailler en binômes. Faites avec la classe une partie de la question a. pour vérifier la compréhension.
– Faire réaliser l'activité.

– Procéder à une correction en grand groupe.

Corrigé
a 24 leçons, 2 pages par leçon.
b entraînement.
c pages 108 à 111.

3 Les activités CE

page 11

Objectif : comprendre le contenu des différentes rubriques du manuel
Modalités : en binôme

– Lire les cinq questions. Vérifier qu'elles ont été comprises.
– Demander aux apprenants de travailler en binômes. Leur laisser suffisamment de temps pour répondre (pas moins de 10 minutes).
– Nommer un apprenant pour donner les réponses 1, un autre pour les réponses 2, etc. Lors de cette mise en commun, projeter les pages du manuel, si c'est possible.

Corrigé
1 a. On peut accepter la réponse b, si l'on décide d'inclure le dossier 0.
leçons 1, 5, 9, 13, 17, 20, 21
2 Nous créons la fiche « contacts » de la classe. Nous créons un site pour la classe. Nous organisons une sortie. Nous organisons une fête pour la classe. Nous faisons le Top 5 des films de la classe. Nous faisons le bilan du cours de français.
4 « Les mots... »
5 « Pour... » et « Les mots... »

En France et ailleurs

page 12

> **OBJECTIF CULTUREL**
> Connaître quelques fêtes en France
>
> **LES MOTS DU FRANÇAIS**
> Acquérir le vocabulaire :
> – des mois
> – des jours
> – des saisons

1 Quelques fêtes CE/PO

page 12

Objectif : connaître quelques fêtes importantes pour les Français
Modalités : individuel, puis en grand groupe

– Lire et faire répéter les cinq dates en haut de la page (le quatorze février, le premier mai, le vingt et un juin, le quatorze juillet, le vingt-cinq décembre).
– Demander ce qu'est le 1er mai, pour avoir la réponse dans la langue maternelle des apprenants ou dans la langue commune à la classe. Noter au tableau : « Le 1er mai, c'est la journée internationale des travailleurs. » Préciser que pour le premier du mois, on ne dit pas « 1 » mais « premier ». Faire répéter.
– Lire la consigne de l'activité 1. Expliquez l'exemple (« Le 14 février, c'est a., la Saint-Valentin »).

– Demander à la classe d'associer les dates 1 à 3 aux images c à e.
– Après une minute, corriger au tableau. Écrire les noms des fêtes à côté de leur date (certains sont notés sur les pages de calendrier de la page du manuel) : la fête de la Musique, la fête nationale, Noël.

Corrigé
1. 14 février = Saint-Valentin.
1er mai = fête du Travail.
21 juin = fête de la Musique.
14 juillet = fête nationale.
25 décembre = Noël.

2 Les fêtes de votre pays PO   page 12

Objectif : comparer les fêtes françaises avec les fêtes de son pays
Modalités : en grand groupe

– Lire la consigne.
– Demander à la classe de dire les dates de quatre fêtes qu'ils connaissent, et les noter au tableau.
– Demander aux apprenants quelles sont, parmi les fêtes françaises, celles qu'ils fêtent également.
– Leur demander aussi quelles sont les fêtes équivalentes dans leur culture.

ENTRE PARENTHÈSES

Le *14 février* est le jour de la Saint-Valentin, la fête des amoureux et de l'amitié. Les couples s'offrent des cadeaux. Ces dernières années, la Saint-Valentin a pris un aspect de plus en plus commercial.

Le *1er Mai*, ou fête du Travail, est célébré en France depuis la fin du XIXe siècle. Elle tire son origine des mouvements ouvriers pour l'obtention de la journée de 8 heures. Le 1er Mai est l'occasion d'importantes manifestations. Le jour du 1er mai, on s'offre des petits brins de muguet comme porte-bonheur. Cette petite fleur blanche représente l'arrivée du printemps.

« Faites de la musique, fête de la Musique. » La fête de la Musique, *le 21 juin,* jour du solstice d'été a été créée en 1982 par le ministre de la Culture, Jack Lang. Il s'agit d'une fête populaire où les musiciens amateurs et professionnels de tout genre musical se produisent partout dans la rue. Cette fête a connu un succès immédiat et fait, depuis sa création, le bonheur des jeunes, des moins jeunes, ainsi que des familles.
Voir le site officiel : http://fetedelamusique.culture.fr
Il s'agit du site créé par le ministère de la Culture. On y trouve l'histoire de la fête, le programme de la fête, des photos, des enregistrements, ainsi que la programmation à l'étranger.

Le *14 juillet* est le jour de la fête nationale en France. Cette date représente à la fois la prise de la Bastille (14 juillet 1789) et la fête de la Fédération (14 juillet 1790).
Le 14 Juillet donne lieu à un défilé des armées sur les Champs-Élysées. De nombreux bals populaires sont organisés dans toutes les villes de France. Les feux d'artifice du soir mettent fin aux festivités.

Le *25 décembre*, c'est le jour de Noël. Le 24, les familles se réunissent autour du repas de Noël : huîtres, foie gras, dinde aux marrons, pintade, bûche… C'est le réveillon de Noël. Les enfants laissent leurs chaussures près de la cheminée ou sous le sapin pour permettre au père Noël d'y déposer les cadeaux. Ils les découvrent le matin du 25. En France, le père Noël arrive soit par la cheminée, soit par la fenêtre. Les petits enfants laissent près du sapin quelques biscuits et un verre de lait ou d'alcool pour le père Noël, ainsi que des carottes pour les rennes.
En 2013, le budget moyen de dépenses par personne s'est élevé à 531 euros.
Pour plus d'informations sur le sujet, vous pouvez lire l'article du Figaro : http://www.lefigaro.fr/conso/2013/11/07/05007-20131107ARTFIG00285-noel-2013-sous-le-signe-de-la-crise.php

3 La semaine CE/PO   page 12

Objectif : les jours de la semaine
Modalités : en grand groupe

– Lire et faire répéter les jours de la semaine de l'activité 3.
– Demander quel(s) jour(s) la classe a cours de français, et noter les réponses au tableau. Faire de même avec d'autres activités : quels jours allez-vous à la gym ? Au cinéma ? Faites-vous les courses ?...
– Faire répéter les noms des saisons de « Les mots... Des saisons », p. 12.

4 Les saisons PO   page 12

Objectif : les saisons
Modalités : en grand groupe

Demander aux apprenants à quelle saison ils sont nés (il va sans doute falloir rappeler les dates de chaque saison ! Voir *Entre parenthèses* ci-dessous). Poser la question « Qui est né au printemps ? », faire ainsi pour chaque saison. Il est possible aussi de demander à chaque étudiant quel jour de la semaine tombera son anniversaire.

Corrigé
4 a le printemps
b l'été
c l'automne
d l'hiver

ENTRE PARENTHÈSES

Le samedi et *le dimanche* sont les deux jours de repos en France. Les collégiens et les lycéens ont parfois cours le samedi matin. Le samedi après-midi est consacré aux courses, aux achats. Le soir on invite ou on sort. Le dimanche, la plupart des magasins sont fermés et la journée est plutôt familiale.

Dans la tradition européenne, le début des *saisons* est défini par les solstices et les équinoxes dans l'hémisphère nord : le printemps débute à l'équinoxe de mars (vers le 21 mars), l'été au solstice de juin (vers le 22 juin), l'automne à l'équinoxe de septembre (vers le 23 septembre), l'hiver au solstice de décembre (vers le 21 décembre). La journée la plus courte de l'année est donc le 21 décembre et la plus longue le 22 juin.

Bonus

Voir le site de Météo France qui propose une très jolie vidéo sur les saisons :
http://files.meteofrance.com/files/education/animations/saisons/lowres/popup.html
Si vous disposez d'Internet, vous pouvez montrer aux apprenants l'introduction de l'explication des saisons sans le son (sans toutefois démarrer la vidéo sur l'explication des saisons). On nous montre une femme assise sur un banc à chaque saison. Faire dire aux apprenants les saisons.

La francophonie

pages 13 et 14

OBJECTIFS CULTURELS
- La francophonie
- Les pays francophones
- Des écrivains francophones

1 Écrivains de langue française CE/PO

page 13

Objectifs : connaître le nom de quelques écrivains de langue française, les pays francophones ; les situer sur la carte du monde
Modalités : en grand groupe

– Demander aux apprenants s'ils connaissent des écrivains français. Notez les noms au tableau. Si toutefois il y a des écrivains de langue française mais qui ne sont pas français, faire une liste pour ceux qui sont français et une autre pour ceux qui ne sont pas français.
– Faire lire les noms des écrivains et leur pays.
– Lire et vérifier la compréhension de la consigne.
– Projeter la carte du monde au tableau, si c'est possible.
– Demander à la classe le pays d'origine de chaque écrivain (« *Le pays de Victor Hugo ?* »).
– Demander à un apprenant de passer au tableau pour indiquer le pays sur la carte.
– Faire réagir les apprenants, en langue maternelle ou dans la langue commune à la classe, sur l'espace francophone : raisons historiques, anciennes colonies...

ENTRE PARENTHÈSES

Victor Hugo est né le 26 février 1802 à Besançon et mort à Paris le 23 mai 1885. Plus de 3 millions de personnes ont assisté à ses funérailles. Poète, dramaturge, romancier et homme politique, Victor Hugo est l'un des plus célèbres écrivains français. Ses œuvres les plus lues sont *Notre-Dame de Paris* et *Les Misérables.*
http://www.victor-hugo.info
Vous trouverez sur ce site des informations biographiques, le nom et le résumé des œuvres, ainsi que des liens pour aller plus loin.

Aminata Sow Fall, née le 27 avril 1941 à Saint-Louis, est une femme de lettres sénégalaise, l'une des pionnières de la littérature africaine francophone.
http://www.babelio.com/auteur/Aminata-Sow-Fall/161136
Vous trouverez sur ce site, des informations biographiques, des citations de l'écrivaine et des photos.

Amin Maalouf, né le 25 février 1949 à Beyrouth, est un écrivain franco-libanais. Il a été élu à l'Académie française en 2011.
http://www.academie-francaise.fr
Vous trouverez sur ce site, l'histoire de l'Académie, tous les membres élus (dont une biographie d'Amin Malouf), un dictionnaire, des informations sur le français (ce qui est correct, ce qui ne l'est pas)...

Amélie Nothomb est née le 13 août 1967 à Kobe, au Japon, où son père était ambassadeur de Belgique. Elle a vécu avec sa famille dans différents pays avant de rentrer, à l'âge de 17 ans, en Belgique. Son premier roman, *L'Hygiène de l'assassin*, publié à l'âge de 23 ans, connut un très grand succès. Depuis, les romans d'Amélie Nothomb sont traduits dans plusieurs langues et rencontrent un vif succès international.
http://www.babelio.com/auteur/Amelie-Nothomb/3062
Vous trouverez sur ce site, des informations biographiques, des citations, des photos ainsi que des vidéos.

▶▶▶

Ahmadou Kourouma est un écrivain ivoirien, né le 24 novembre 1927 à Boundiali et mort le 11 décembre 2003 à Lyon.
http://www.afrik.com/article6856.html
Vous trouverez sur ce site des informations biographiques, ainsi que des résumés de ses livres.

Nancy Huston, née le 16 septembre 1953 à Calgary en Alberta au Canada, est une écrivaine franco-canadienne, d'expression anglaise et française, vivant à Paris depuis les années 1970.
http://www.babelio.com/auteur/Nancy-Huston/2614
Vous trouverez sur ce site, des informations biographiques, des citations, des photos ainsi que des vidéos.

Aimé Césaire est un poète et homme politique français, né le 26 juin 1913 à Basse-Pointe et mort le 17 avril 2008 à Fort-de-France. Il est l'un des fondateurs du mouvement littéraire de la négritude et un anticolonialiste résolu.
http://www.hommage-cesaire.net
Vous trouverez sur ce site des informations biographiques, ainsi que des renseignements sur la fondation Aimé Césaire.

Tahar Ben Jelloun est un écrivain et poète marocain de langue française, né le 1er décembre 1944 à Fès.
http://www.taharbenjelloun.org
Il s'agit d'un site personnel, à la manière d'un blog où l'écrivain donne des informations biographiques, son actualité, des exemples de chroniques…

La francophonie désigne l'ensemble des personnes et des pays parlant français. L'espace francophone compte 220 millions de locuteurs. Il s'agit pour la plupart d'anciennes colonies françaises. Pour plus d'informations : http://www.francophonie.org/-Qu-est-ce-que-la-Francophonie-.html

2 Quiz CE/PO   page 14

Objectif : sensibiliser à la diversité de la francophonie
Modalités : en binôme, puis en grand groupe

– Vérifier que la classe a compris le sens du terme « francophonie » (voir *Entre parenthèses* ci-contre).
– Lire la consigne de l'activité et la question 1. Vérifiez que la classe a compris qu'il s'agit de questions à choix multiples. Faire la première question avec la classe.
– Demander aux apprenants de se mettre par deux, et leur laisser cinq à dix minutes pour répondre aux cinq questions. Les réponses se trouvant sur la page mais à l'envers, veillez à ce que les apprenants ne les regardent pas (à ce moment-là).

– Commenter avec eux les logos de la question 4 : bleu blanc rouge, l'Union européenne et les différentes couleurs pour le logo de la francophonie.
– Demander aux apprenants de s'autocorriger puisqu'ils disposent des réponses dans le manuel. Commenter les réponses.

Corrigé
1 Sur les 5 continents.
2 57 pays.
3 200 millions.
4 b.
5 TV5Monde.
6 1 a ; 2 c ; 3 c ; 4 b.

ENTRE PARENTHÈSES

Si c'est possible, aller sur le site de TV5Monde, faire écouter Linda Lemay et Youssou N'Dour.
www.tv5.org

Zinédine Zidane est un footballeur international français, né le 23 juin 1972 à Marseille. Il évolue au poste de milieu offensif durant sa carrière entre 1988 et 2006.
http://www.lequipe.fr/Football/FootballFicheJoueur4112.html
Vous trouverez sur ce site, la carrière de Zidane, son parcours de joueur de football.

Linda Lemay, née le 25 juillet 1966 à Portneuf, est une auteur-compositeur-interprète québécoise. Connue pour ses chansons à histoires, elle a vendu plus de 4 millions d'albums à ce jour.
http://www.lyndalemay.com
Il s'agit d'un site consacré à la chanteuse. Vous y trouverez sa biographie, des vidéos de ses clips et de nombreuses photos.

Jean-Jacques Rousseau, né le 28 juin 1712 à Genève et mort le 2 juillet 1778 à Ermenonville, est un écrivain et philosophe francophone.
http://www.larousse.fr/encyclopedie/ Saisir dans Rechercher : Jean-Jacques Rousseau.
Vous trouverez sur ce site des informations biographiques, ainsi que l'explication du développement de sa pensée.

Youssou N'Dour, né le 1er octobre 1959 à Dakar, est un auteur-compositeur-interprète et musicien sénégalais.
http://www.rfimusique.com/artiste/musique-africaine/youssou-ndour/biographie
Vous trouverez sur ce site des informations biographiques, sa discographie et les explications pour chaque production.
http://www.fondation-youssou-ndour.org
Étant un chanteur engagé, Youssou N'Dour a créé une fondation pour lutter en faveur du développement durable. Vous trouverez sur ce site les buts de la fondation, ses actions, son actualité.

Bonjour !

Dossier 1

Dans ce premier dossier, les apprenants font connaissance avec les personnages de la sitcom. Il s'agit du premier contact avec la vidéo et la démarche.

Page contrat

page 15

Objectifs : connaître le programme d'apprentissage ; sensibiliser au thème et au contenu à partir du nuage de mots
Modalités : en grand groupe

– Regarder cette page avec les apprenants ou la projeter, si c'est possible.

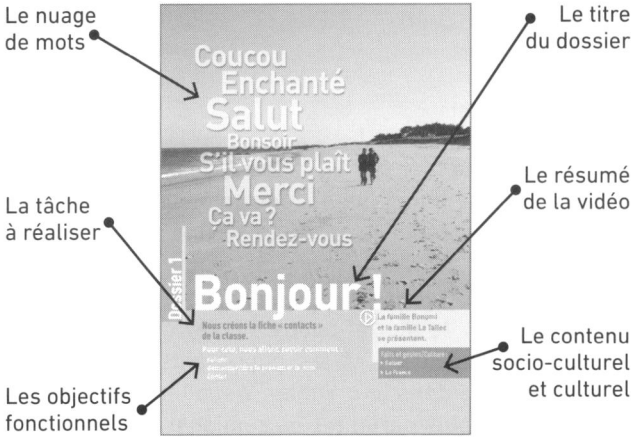

- Le nuage de mots
- Le titre du dossier
- La tâche à réaliser
- Le résumé de la vidéo
- Le contenu socio-culturel et culturel
- Les objectifs fonctionnels

– Faire repérer les 6 zones d'informations dans l'ordre suivant :
  a. le titre du dossier ;
  b. le résumé de la vidéo ;
  c. la tâche à réaliser ;
  d. les objectifs fonctionnels ;
  e. le contenu socio-culturel et culturel ;
  f. le nuage de mots.
– Dire le titre de la leçon (*Bonjour !*) et le faire répéter par quelques apprenants.
– En langue maternelle, demander comment s'appellent les deux familles et ce qui se passera dans la vidéo *(la famille Bonomi et la famille Le Tallec se présentent)*.

– Montrer la zone des objectifs fonctionnels et demander aux apprenants ce qu'ils apprendront à faire *(saluer, demander/dire le prénom et le nom, épeler)*. S'assurer de la compréhension.
– Leur demander ce qu'ils seront capables de faire avec ce contenu *(ils créeront la fiche « contacts » de la classe : les noms, les prénoms, les numéros de téléphone)*. Leur demander à quelle page se trouve ce travail *(page 26)*.
– Leur demander quel sera le contenu socio-culturel et culturel. Vérifier qu'ils comprennent bien *(les différentes manières de saluer et la France)*.
– Leur demander de lire les mots du « nuage de mots » à voix basse, puis le professeur les lit et fait répéter certains mots par des apprenants. Demander d'en trouver un qui va avec le titre de la leçon *(Bonjour !)*.

Corrigé :
Salut

– Noter au tableau *bonjour* et *salut* en vis-à-vis. Au-dessus, noter S _ _ _ _ _ . Demander aux apprenants de trouver sur cette page contrat un mot qui commence par « s » et qui correspond à l'action (dire *bonjour !* et *salut !*).

Corrigé :
Saluer

– Demander si les apprenants connaissent d'autres mots du nuage de mots. Pourquoi et comment les connaissent-ils ?
– Leur demander de regarder la photo. Comment la trouvent-ils ? Pourquoi le bord de mer ? Leur demander de (re)situer Nantes sur la carte de France p. 128 (rappel du dossier 0).

Leçon 1 | **Bienvenue !**

pages 16-17

OBJECTIFS
– Saluer
– Demander/Dire le prénom et le nom

LE VOCABULAIRE DES SALUTATIONS
– Bonjour
– Bonsoir
– Salut
– Coucou
– Bonjour à tous
– Enchanté(e)

GRAMMAIRE
– Les pronoms personnels sujets
– Le verbe *s'appeler* au présent
– Le pronom tonique *moi*
– L'article défini

PHONÉTIQUE
– Le rythme
– L'accentuation

OUTILS COGNITIFS
Couleurs différentes, encadrements, alignement en paradigmes

activité 1 p. 16 ▷ activité 5 p. 17 ▷ activité 3 p. 24 ▷ activité 2 p. 16 ▷ activité 3 p. 17 ▷ activité 1 p. 24 ▷ activité 4 p. 17 ▷ activité 13 p. 25 ▷ activité 6 p. 17 ▷ activité 4 p. 24 ▷ activité 7 p. 17

1 La vidéo CO/CE totem 2

page 16

Objectifs : faire connaissance avec les personnages de la sitcom ; utiliser quelques mots de vocabulaire des objets quotidiens ; reconnaître les prénoms ; l'article défini
Modalités : en grand groupe, puis en binôme

1 – Livre fermé, faire regarder la vidéo avec le son.
– En langue maternelle ou dans la langue commune à la classe, demander aux apprenants comment ils trouvent la musique, les plans, le rythme, le montage.
– Demander aux apprenants s'ils reconnaissent des éléments vus dans la vidéo sur Nantes.
– Demander ce qu'ils pensent de la ville, de l'ambiance, des différents lieux…
– Livre fermé, faire regarder la vidéo sans le son et donner la consigne avant le visionnage. En vérifier la compréhension.
– Demander aux apprenants combien il y a de personnages.

Corrigé :
8 personnages.

– En langue maternelle ou dans la langue commune à la classe, leur demander de bien regarder chaque personnage, où ils sont, ce qu'ils font, ce qu'il y a autour d'eux, ce qu'ils portent, les objets qu'ils portent… sans aller trop loin pour ne pas empiéter sur l'activité 2.
– Livre fermé, procéder à une mise en commun en grand groupe.
– Récapituler ce que les apprenants auront dit, sans donner la correction. Par exemple, *il y 8 personnages, ils sont dans la rue, au café, chez eux.*
– Faire regarder la vidéo avec le son pour vérifier les réponses qu'ils auront données.
2 – Demander d'ouvrir le livre p. 16 et demander aux apprenants de faire la question 2 en binômes.
– Procéder à une mise en commun en grand groupe.

Corrigé :
a Le sac
b La copie
c Le livre
d Les écouteurs
e Le téléphone
f Le vélo
g L'ordinateur

Réflexion sur la langue
– Noter les objets au tableau (une colonne pour le féminin, une colonne pour le masculin et une autre pour les noms pluriels). Écrire les articles d'une couleur différente (exemple : rouge pour le féminin, bleu pour le masculin, vert pour le pluriel ; vous pouvez garder ce code classe. C'est facilitant et les apprenants reproduiront la même chose dans leur cahier. Visuellement la grammaire devient plus parlante), ou souligner.

Corrigé :
la copie	**l'**ordinateur	**les** écouteurs
	le sac	
	le téléphone	
	le vélo	
	le livre	

– Dire et faire répéter les prénoms et les objets.
– Expliquer l'utilisation de l'article défini. On utilise l'article défini lorsque l'objet est « connu ». Il ne s'agit pas de n'importe quel sac mais du sac de Laurent. Il ne s'agit pas d'un objet comptable, il est unique.
– Leur faire remarquer les couleurs que vous avez ajoutées. Leur demander pourquoi, à leur avis, vous avez mis des couleurs différentes. Guider les échanges, de sorte que les apprenants disent eux-mêmes qu'il s'agit du féminin, du masculin et du pluriel.
– Faire remarquer la terminaison des mots. Leur dire qu'il n'y pas de marque du genre au pluriel. Pour les « écouteurs », leur demander si c'est masculin ou féminin. Pointer la terminaison de « l'ordinateur ». Par analogie, ils comprendront.

– Leur demander de lire « L'article défini », p. 17. Leur faire remarquer les couleurs (que vous avez vous-même utilisées pour la conceptualisation au tableau).
– Demander aux apprenants de choisir parmi ces objets celui qui pourrait les représenter. Demander à quelques-uns de répondre.

Bonus

– Leur demander de sortir le carton qui a servi aux présentations lors du dossier 0. Quels mots ont été choisis ? Si, par exemple, c'était « chat », ils doivent trouver si c'est « le » ou « la ». Ne pas attendre d'eux qu'ils aient la réponse exacte. Il ne s'agit ici que d'une activité faisant appel au vécu de la classe. Cela constitue aussi une sensibilisation au féminin/masculin.
– Écrire, en colonnes au tableau, les mots pertinents et les prénoms des apprenants. Leur demander d'associer les mots et les objets.
Cela permet à la classe de mémoriser les prénoms des apprenants. Et au prof aussi !

5 Dans le sac de Juliette Réemploi   page 17

Objectif : l'article défini
Modalités : individuel, puis en grand groupe

– Lire la consigne et en vérifier la compréhension.
– Faire l'exemple avec la classe.
– Faire réaliser l'activité.
– Procéder à une correction en grand groupe.

> *Corrigé :*
> a **le** téléphone
> b **les** stylos
> c **la** tablette
> d **l'**ordinateur

3 Les objets de Juliette

Systématisation   page 24

Objectif : l'article défini
Modalités : en binôme, puis en grand groupe

– Faire réaliser l'activité. Demander aux apprenants de travailler en binômes.
– Procéder à une correction en grand groupe.

> *Corrigé :*
> a **le** livre
> b **les** vidéos
> c **l'**ami
> d **les** ordinateurs
> e **la** table
> f **les** cafés

2 Coucou ! CE 2   page 16

Objectifs : être capable de se présenter et utiliser les mots des salutations ; le verbe *s'appeler*
Modalités : individuel, puis en binôme, enfin en grand groupe

– Lire la consigne et en vérifier la compréhension.
– Lire chaque phrase et l'écrire au tableau ainsi que les prénoms des personnages. Placer à gauche les phrases et à droite les prénoms des personnages. Cela vous permettra de faire la correction et de faire observer les différentes structures.
– Demander aux apprenants de faire l'activité individuellement, puis de comparer avec leur voisin.
– Procéder à la correction en grand groupe. Demander aux apprenants les réponses et associer leurs réponses et les personnages, au tableau.
– Repasser la vidéo, sans le générique, pour vérifier les réponses. Faire les corrections, si nécessaire.
– Faire répéter les phrases.

> *Corrigé :*
> Sur les phrases écrites au tableau, encadrer les structures :
> **Bonjour, je m'appelle** Laurent Bonomi.
> **Salut ! Moi, c'est** Hugo.
> Bonsoir, enchanté. Nathalie
> Bonsoir à tous. Simon
> Bienvenue. Juliette
> Bonjour. Françoise

– S'assurer de la compréhension de chaque phrase et formule.

Réflexion sur la langue
– Demander aux apprenants de classer les phrases qui servent à se présenter et celles qui servent à saluer.
Noter au tableau :

Pour se présenter	Pour saluer
Je m'appelle…	Bonjour
Moi, c'est…	Salut
	Bonsoir
	Enchanté
	Bienvenue

– Demander aux apprenants de lire « **Demander/Dire le prénom et le nom** » et « **Les mots… Des salutations** » p. 16 ; et de dire ce qu'on peut ajouter à la liste (pour se présenter et pour saluer) du tableau.

Pour se présenter	Pour saluer
Je m'appelle…	Bonjour
Moi, c'est…	Salut
Moi, je m'appelle…	Bonsoir
	Enchanté
	Bienvenue
	Coucou

3 Qui dit quoi ? CE 2   page 17

Objectif : se présenter
Modalités : individuel, puis en grand groupe

1 Expliquer l'activité et demander aux apprenants de répondre.
2 Repasser la vidéo avec le son et demander aux apprenants de lire la transcription p. 120.
– Procéder à la correction en grand groupe.

> *Corrigé :*
> a 2
> b 1

Dossier 1

Réflexion sur la langue
– Revenir sur les énoncés que vous avez notés au tableau. Encadrer le verbe et mettre d'une couleur différente le sujet et la terminaison.

Pour se présenter
je m'appelle Laurent.
Moi, c'est Hugo.
Moi, je m'appelle Juliette.

– Leur faire remarquer que dans deux énoncés, il y a « moi ». Leur demander de faire des hypothèses sur l'utilisation de ce mot, puis leur expliquer qu'il sert à insister.

1 Salut ! Réemploi   page 24

Objectifs : dire le nom et le prénom ; saluer
Modalités : individuel, puis en grand groupe

– Lire la consigne. Vérifier sa compréhension.
– Faire réaliser l'activité.
– Procéder à une correction en grand groupe.

Corrigé :
a Bonjour, je m'appelle Françoise.
b Coucou, moi c'est Louise.
c Bonsoir, moi je m'appelle Jean.

– Leur faire observer le verbe *s'appeler*. Dire que *je* ne change pas, c'est le même pronom de conjugaison pour Laurent et pour Juliette.
– Leur dire que ce verbe sert à se présenter, dire son prénom (ou son prénom et nom, comme Laurent). Leur dire que c'est le verbe S'APPELER.
– L'écrire au tableau suivi des différentes conjugaisons, en veillant à respecter le paradigme du radical, des pronoms et des terminaisons.

	S'	appel	er
je	m'	appell	e
tu	t'	appell	es
il/elle	s'	appell	e
ils/elles	s'	appell	ent
nous	nous	appel	ons
vous	vous	appel	ez

– Faire écouter la conjugaison (piste 5) en montrant à chaque fois la personne *(je, tu, il...)*. Faire répéter.
– Leur faire trouver (qu'ils le disent eux-mêmes) les manipulations qui ont permis de passer de l'infinitif au verbe conjugué. Autrement dit, on enlève le *-er* et on ajoute les terminaisons.
– Leur demander de lire « **les pronoms personnels sujets et *s'appeler* au présent** » p. 17.
– Faire remarquer la transcription phonétique des conjugaisons. Leur préciser que cela se prononce comme un seul mot.
– Faire répéter.

4 Les prénoms Réemploi   page 17

Objectif : vérifier la compréhension des pronoms et la conjugaison du verbe *s'appeler*
Modalités : individuel, puis en binôme, enfin en grand groupe

– Lire la consigne. En vérifier la compréhension en faisant l'exemple avec la classe.
– Demander aux apprenants de travailler individuellement, puis de comparer avec leur voisin. Leur préciser que plusieurs réponses sont possibles.
– Procéder à la correction en grand groupe.

Corrigé :
a Il s'appelle Hugo.
b Je m'appelle/Elle s'appelle Louise.
c Ils s'appellent/Nous nous appelons Juliette et Laurent.
d Elles s'appellent/Nous nous appelons Juliette et Louise.
e Nous nous appelons/Ils s'appellent Laurent et Simon.

13 Ils se présentent
Systématisation   page 25

Objectifs : saluer ; demander/dire le prénom et le nom
Modalités : en binôme

– Projeter l'exercice dans la classe, si c'est possible.
– Lire et expliquer la consigne. Préciser qu'il y a plusieurs possibilités.
– Demander aux apprenants de travailler en binômes.
– Lors de la correction, remplir les bulles sur le document projeté, si c'est possible, ou au tableau.

Corrigé :
a Moi, je m'appelle...
b Je m'appelle... / Moi, c'est...
c Bonjour à tous, je m'appelle...

Phonétique

Objectif : sensibiliser au rythme et à l'accentuation
Modalités : en grand groupe, individuel

– En grand groupe, livre fermé, dire les mots suivants : *Moi ; coucou ; enchanté ; bonjour à tous ; oui ; bonjour ; comment tu t'appelles ? ; moi, c'est Hugo ; bonsoir ; vous vous appelez comment ?*
– Après chaque mot, demander à un apprenant de taper dans ses mains le nombre de syllabes qu'il entend.
– La classe corrige : d'accord/pas d'accord. Le nombre de syllabes doit être correct, le rythme doit être régulier (proposer le premier mot comme exemple).

Corrigé :
Moi : 1 syllabe
coucou : 2 syllabes
enchanté : 3 syllabes
bonjour à tous : 4 syllabes
oui : 1 syllabe
bonjour : 2 syllabes
comment tu t'appelles ? : 5 syllabes
moi, c'est Hugo : 4 syllabes
bonsoir : 2 syllabes
vous vous appelez comment ? : 6 syllabes

– Un apprenant prend le relais : il dit un mot, ou groupe de mots, et demande à un camarade de taper dans ses mains le nombre de syllabes. Il corrige (intercorrections).

Ne faire passer que 6 ou 7 apprenants.
– Faire écouter et lire « **Le rythme** » p. 17 (au lieu de taper dans les mains, on prononce « da », pour chaque syllabe).
– Faire répéter les mots et les « da ».
– Faire remarquer que les syllabes sont régulières (même longueur), la dernière est plus longue. Exagérer cet allongement *(bonjouououour)*.
– Pour souligner la régularité, on peut montrer des notes de musique (des noires et des blanches, il n'y a pas de croches quand on parle français) :
enchanté = da da daaa = ☐☐☐ = ♩♩𝅗𝅥.

6 Salut ! Réemploi 🎧06 page 17

Objectif : sensibiliser au rythme et à l'accentuation
Modalités : individuel, puis en grand groupe

– Faire réaliser l'activité individuellement.
– Procéder à une correction en grand groupe, en tapant dans les mains par exemple.

Corrigé :
Exemple: Oui ! > daaa
a da daaa
b da daaa
c da da daaa
d da daaa
e da da da daaa
f daaa

4 Singulier ou pluriel ?
Systématisation 🎧17 page 24

Objectifs : le rythme, l'accentuation, les nombres
Modalités : individuel, puis en binôme, enfin en grand groupe

Les deux premières activités pourront être réalisées le jour de la leçon ou le lendemain, en classe ou sous forme de devoir à la maison.
1 et 2 – Faire écouter l'enregistrement et faire réaliser l'activité individuellement.
– Demander à chaque apprenant de contrôler ses réponses avec son voisin.
– Procéder à une correction en grand groupe.
3 Faire répéter les nombres individuellement.

Corrigé :

	daaa	da daaa	da da daaa	da da da daaa
Ex. huit	x			
a dix-huit		x		
b trente	x			
c quarante-cinq			x	
d quatre-vingt-douze				x
e vingt-six		x		
f quatre-vingt-un				x
g quatorze		x		
h soixante-seize			x	
i cinquante et un				x
j soixante-quatre			x	

ENTRE PARENTHÈSES

Nous parlons ici de syllabes phonétiques. En français, chaque voyelle prononcée constitue une syllabe. Les syllabes sont régulières : elles ont la même durée. Seule la dernière est plus longue. Les apprenants sont confrontés à deux difficultés :
1. l'exactitude du nombre de syllabes.
Exemple : bonsoir = 2 syllabes, pas 3 !
Comment tu t'appelles ? = 5 syllabes, pas 4 !
2. la régularité des syllabes. Elles doivent être toutes prononcées sur le même rythme (= même durée). Pas d'accélération ou de ralentissement, seule la dernière est plus longue (voir la leçon 3).
De petits schémas peuvent aider à prendre conscience de ce rythme :
– des petits carrés, comme ceux proposés dans le livre ;
☐☐☐☐
– des notes de musique (noire ♩, blanche 𝅗𝅥) ;
– des petits tirets (-).
Exemple : Comment vous vous appelez ?
☐☐☐☐☐
♩♩♩♩𝅗𝅥
- - - - ---

7 Salutations PO page 17

Objectif : se présenter
Modalités : en grand groupe

1 – Demander aux apprenants de se lever. Déplacer les tables de manière à avoir un espace central dans lequel les apprenants pourront se déplacer.
– Expliquer aux apprenants l'activité 7.1 :
ils marcheront, dans tous les sens, sans rien dire ;
vous taperez dans vos mains. À ce moment-là, ils s'arrêteront et salueront la personne qu'ils auront devant eux ; vous retaperez dans vos mains et ils se remettront à marcher ; vous retaperez dans vos mains et ils devront saluer et se présenter à une autre personne ;
– Demander à un apprenant de lire, dans la consigne 7.1 les formules qui devront être utilisées. En profiter pour corriger la phonétique.
– Faire un essai pour voir si la consigne est comprise.
– Faire l'activité pendant quelques minutes jusqu'à ce que tout le monde ait parlé avec un maximum d'apprenants. Circuler parmi eux pour vérifier si la consigne est respectée et s'ils prononcent correctement.
– Écrire le prénom des apprenants sur des petits morceaux de papier qui seront placés dans une enveloppe. La garder (c'est très pratique pour éviter de demander à un apprenant de prendre la parole, vous n'aurez qu'à tirer au sort).
2 – Expliquer la consigne de l'activité 7.2.
– Lister avec eux les phrases possibles et les écrire au tableau en les numérotant :
1. *Bonjour à tous, moi c'est...*
2. *Coucou, moi c'est...*
3. *Bonjour, je m'appelle...*
4. *Bonjour à tous, je m'appelle...*

– Pour inaugurer la technique du tirage au sort des participants, dire que vous allez proposer un exemple. Tirer un prénom. L'apprenant dont le nom aura été tiré au sort salue et se présente. Ce sera l'exemple.
– Demander à la classe quelle formule l'apprenant a choisie : 1, 2... ? Cela met la classe en position active. Celui qui s'exprime devra le faire correctement afin que les autres puissent reconnaître la phrase qu'il a choisie de dire.

– Lorsque tout le monde a compris, remettre le prénom de l'apprenant « exemple » dans l'enveloppe et bien mélanger les petits papiers. Cela crée un effet de surprise.
– À chaque fois qu'un prénom est tiré au sort, ne le remettez pas dans l'enveloppe. Cela assure une distribution de la parole relativement juste.
Penser à ressortir l'enveloppe pour les activités ou les corrections.

Leçon 2 | Les mots à lire
pages 18-19

OBJECTIFS
– Reconnaître des mots français à l'écrit
– Épeler

LE VOCABULAIRE DE LA VIE COURANTE
– Le restaurant
– La boulangerie
– La pharmacie
– Le café
– L'hôpital
– Le bar
– Les amis
– Le rendez-vous

GRAMMAIRE
– Les marques du genre et du pluriel à l'écrit

PHONÉTIQUE
– Les accents
– La ponctuation
– L'alphabet

OUTILS COGNITIFS
Couleurs différentes, encadrements, alignement en paradigmes

activité 1 p. 18 ▷ activité 2 p. 18 ▷ activité 3 p. 19 ▷ activité 6 p. 24 ▷ activité 7 p. 24 ▷ activité 4 p. 19 ▷ activité 5 p. 19 ▷ activité 5 p. 24 ▷ activité 8 p. 24 ▷ activité 6 p. 19 ▷ activité 7 p. 19

1 Le français écrit CE
page 18

Objectif : reconnaître des mots français à l'écrit
Modalités : en grand groupe, puis en sous-groupe

– Projeter, si possible, les documents. Demander combien de photos on voit. Anticiper le lexique (« Les mots... ») : que voit-on sur les photos ?

Corrigé :
7 photos.
La pharmacie, la boulangerie (pâtisserie), l'hôpital, le taxi, le bar/le café/le restaurant, la rue du Rendez-vous et la Une du magazine *Elle*. (Donner le mot « la Une » et l'expliquer.)

1 – Faire lire la question et s'assurer de sa compréhension.
– Former des groupes et faire réaliser l'activité.
– Procéder à une correction en grand groupe.

Corrigé :
Réponse libre selon les mots connus par les apprenants.

2 – Faire lire la question et s'assurer de sa compréhension. Demander des exemples supplémentaires aux apprenants.
– En groupes (les mêmes que précédemment), faire réaliser l'activité.

3 – Faire lire la question et s'assurer de sa compréhension.
– Demander aux même groupes de compléter leur classement avec d'autres mots qu'ils connaissent.
– Chaque groupe présente à la classe par écrit (tableau, projection, TNI, affiches...) les mots connus classés dans les 3 catégories (utilisés dans sa langue, utilisés dans une autre langue étrangère, connus par expérience). Le groupe explique les mots que les autres groupes ne connaissent pas.
– Faire lire « **Pour... Reconnaître des mots français à l'écrit** », p. 18.
– Demander si les apprenants ont d'autres stratégies pour reconnaître des mots écrits français.
– Faire lire « **Les mots... De la vie courante** », p. 18 et s'assurer de la compréhension des mots.

2 Le genre et le nombre
Réflexion sur la langue page 18

Objectif : repérer les marques du genre et du pluriel à l'écrit
Modalités : individuel, puis en binôme, enfin en grand groupe

– Faire lire la consigne et en vérifier la compréhension.
– Écrire les mots au tableau. Laisser les apprenants réfléchir individuellement. Si nécessaire, entourer ou souligner les « e » finaux d'une couleur et les « s » finaux d'une autre couleur.
– Demander aux apprenants de procéder à une mise en commun en binômes.

– Mettre en commun en grand groupe : faire énoncer la « règle » aux apprenants et l'écrire au tableau sous leur dictée.

> *Corrigé :*
> 1. En général, le mot féminin finit par « e ».
> 2. En général, le mot pluriel finit par « s ».
> « En général » signifie que cette règle comporte des exceptions !

– Faire lire le « **Les marques du genre et du pluriel à l'écrit** », **p. 19**.

3 Féminin / Pluriel Réemploi page 19

Objectif : repérer les marques du genre et du pluriel à l'écrit
Modalités : en grand groupe

1 – Faire lire la consigne et en vérifier la compréhension.
– Faire lire chaque mot à un apprenant, l'écrire au tableau, entourer la lettre finale.
– La classe répond (féminin, oui ou non ?) et justifie sa réponse : le mot finit par « e » = féminin ; le mot ne finit pas par « e » = masculin.

> *Corrigé :*
> Féminin : pharmacie, amie, boulangerie.
> Masculin : ordinateur, hôpital, bar, vélo, livres.

2 – Faire lire la consigne et en vérifier la compréhension.
– Faire lire chaque mot à un apprenant, l'écrire au tableau, entourer la lettre finale.
– La classe répond (pluriel, oui ou non ?) et justifie sa réponse : le mot finit par « s » = pluriel ; le mot ne finit pas par « s » = singulier.

> *Corrigé :*
> Présenter les réponses comme ci-dessous.
> Pluriel : amis, enfants, mots, rues.
> Singulier : café, restaurant, prénom, taxi.

Bonus

Demander aux apprenants de placer *le* ou *les* devant chaque mot (rappel de la leçon 1 : les définis).

> *Corrigé :*
> Pluriel : les amis, les enfants, les mots, les rues.
> Singulier : le café, le restaurant, le prénom, le taxi.

6 Masculin ou féminin ?
Systématisation page 24

Objectif : repérer les marques du genre à l'écrit
Modalités : individuel, puis en binôme, enfin en grand groupe

– Faire lire la consigne et en vérifier la compréhension.
– Faire réaliser l'activité individuellement.

– Demander aux apprenants de procéder à une mise en commun en binômes.
– Corriger en grand groupe : faire lire chaque mot par un apprenant, l'écrire au tableau et faire justifier la réponse en faisant entourer la dernière lettre.

> *Corrigé :*
> Présenter les réponses comme ci-dessous.
> Masculin : football, café, tableau, sac, stylo, vélo.
> Féminin : table, chaise.

Bonus

Demander aux apprenants de placer *le* ou *la* devant chaque mot (rappel de la leçon 1 : les définis).

> *Corrigé :*
> Masculin : le football, le café, le tableau, le sac, le stylo, le vélo.
> Féminin : la table, la chaise.

7 Pluriel
Systématisation page 24

Objectif : repérer les marques du pluriel à l'écrit
Modalités : individuel, puis en binôme, enfin en grand groupe

– Faire lire la consigne et en vérifier la compréhension.
– Observer l'exemple, puis faire réaliser l'activité individuellement.
– Demander aux apprenants de procéder à une mise en commun en binômes.
– Corriger en grand groupe : faire lire chaque mot par un apprenant d'abord au singulier, puis au pluriel. Faire écrire au tableau la forme plurielle.

> *Corrigé :*
> a les téléphones
> b les tablettes
> c les amis
> d les livres
> e les fêtes
> f les stylos

Phonétique

4 L'alphabet CO page 19

Objectifs : connaître l'alphabet, les accents, la ponctuation ; savoir épeler
Modalités : individuel, puis en binôme, enfin en grand groupe.

– En grand groupe, faire écouter et lire « **Les accents** » et « **Pour épeler** », **p. 19**.
– Écrire au tableau : é, è, ê.
– Faire répéter : é = e accent aigu ; è = e accent grave ; ê = e accent circonflexe.
– En grand groupe, faire lire « **Les mots... De la ponctuation** », **p. 18**.
– Écrire au tableau et faire répéter : , = virgule ; . = point ; ? = point d'interrogation ; ! = point d'exclamation.

Dossier 1

> **Bonus**
>
> D'autres signes de ponctuation peuvent être écrits et nommés **à la demande des apprenants**. Par exemple : : = deux-points ; ... = points de suspension ; ; = point-virgule ; « ... » = entre guillemets ; (...) = entre parenthèses...

– En grand groupe, faire écouter et lire « **L'alphabet** », **p. 19**. Ne pas faire répéter.
– Écrire au tableau ou montrer p. 120 l'alphabet classé par voyelles supports :

[a] : a, h, k
[e] : b, c, d, g, p, t, v, w
[ɛ] : f, l, m, n, r, s, y, z
[i] : i, j, x, y
[y] : u, q
[o] : o
[ə] : e

1 Faire écouter et répéter l'activité 4.1 en montrant chaque lettre répétée.
2 – Faire réaliser l'activité 4.2 par deux. En binômes, les apprenants épèlent le nom des villes.
– Procéder à une mise en commun en grand groupe : demander à un apprenant d'épeler le nom de la ville. Changer d'apprenant à chaque ville. Si nécessaire, pour corriger, montrer l'alphabet classé par lettres supports.

5 Les prénoms français
Réemploi 🎧09   page 19

Objectif : donner la première lettre d'un prénom
Modalités : individuel

1 – Faire écouter et lire la consigne en vérifier la compréhension.
– Proposer l'exemple en grand groupe.
– Individuellement, les apprenants font l'activité.
– Procéder à une deuxième écoute, si nécessaire.
2 – Pour réaliser l'activité, faire lire la transcription p. 120, afin de vérifier les réponses.
– Procéder à une nouvelle écoute avec la transcription sous les yeux.
Les apprenants, implicitement, appréhenderont les deux façons d'écrire le [ʒ] : j de Juliette ou g de Gérard. Ils verront aussi la graphie du son [ʃ] = ch.

5 Les jours Systématisation 🎧18
page 24

Objectif : reconnaître les lettres de l'alphabet
Modalités : individuel, puis en binôme

– Faire écouter, lire la consigne et en vérifier la compréhension.
– Proposer l'exemple en grand groupe.
– Individuellement, les apprenants réalisent l'activité.
– Faire comparer les réponses en binôme et proposer une deuxième écoute, si nécessaire.
– Faire lire la transcription p. 121, afin de vérifier les réponses.
– Faire une nouvelle écoute avec la transcription sous les yeux. Faire répéter chaque mot épelé.

8 Les mois Systématisation   page 24

Objectif : épeler et prononcer les mois de l'année
Modalités : en binôme

– Faire lire la consigne et en vérifier la compréhension.
– Faire l'exemple en grand groupe. Suggérer aux apprenants de s'aider de « Les mots... Des mois », p. 12.
– Faire réaliser l'activité en binôme. Passer dans les binômes pour rassurer, corriger.

> **Bonus**
>
> On peut poursuivre l'activité avec d'autres mots connus des apprenants (les mots vus dans le dossier 0 et les leçons 1 et 2), avec les mêmes modalités ou en en changeant : par exemple en envoyant un apprenant au tableau qui écrit et lit le mot épelé par un autre apprenant.

6 Votre prénom PO   page 19

Objectif : épeler son prénom
Modalités : en binôme

– Faire se lever les apprenants. Deux par deux, ils épèlent leur prénom et écrivent celui de leur binôme. Puis, ils changent de camarade. L'activité doit durer 3 minutes maximum.
– Demander qui a écrit correctement le plus de prénoms.

7 La Une PE   page 19

Objectif : créer une « Une » de magazine
Modalités : en grand groupe, puis en sous-groupe

– En grand groupe, montrer la Une de *Elle* p. 18.
– Faire repérer le titre du magazine, la photo, les titres et les petits textes.
– En grand groupe, faire lire la consigne et en vérifier la compréhension.
– Montrer le « canevas » de la Une demandée. Il faudra un titre de magazine, une ou deux photos, au minimum deux petits « textes » aussi courts que ceux de *Elle*.
– Faire rappeler les mots connus et les stratégies pour reconnaître un mot français.
Le professeur aura apporté ou fait apporter des documents dans lesquels les apprenants pourront découper des photos. Sinon, les apprenants peuvent dessiner.
Prévoir des feuilles de format A3.
– Former les groupes. Donner un temps limite. Laisser les apprenants créer leur Une. Se rendre disponible aux sollicitations.
– Les apprenants présentent leur Une à la classe. Favoriser les interactions : questions, réactions...
– La classe vote pour la meilleure Une.
Avant le vote, faire trouver des critères : originalité du titre ; esthétique des photos ; qualité, originalité du texte ; mise en page...

Leçon 3 | **Les mots à écouter**

pages 20-21

Dossier 1

> **OBJECTIFS**
> – Reconnaître les mots français à l'oral
>
> **LE VOCABULAIRE DE LA POLITESSE**
> – S'il vous plaît
> – Merci
> – Madame
> – Comment allez-vous ?
>
> **GRAMMAIRE**
> – Les marques du genre et du pluriel à l'oral
> – L'article indéfini
>
> **PHONÉTIQUE**
> – L'accentuation
> – Le rythme
>
> **OUTILS COGNITIFS**
> Couleurs différentes, encadrements, alignement en paradigmes

| activité 1 p. 20 ▷ | activité 11 p. 25 ▷ | activité 2 p. 20 ▷ | activité 3 p. 21 ▷ | activité 4 p. 21 ▷ | activité 9 p. 25 ▷ |
| activité 5 p. 21 ▷ | activité 6 p. 21 ▷ | activité 10 p. 25 ▷ | activité 12 p. 25 ▷ | activité 7 p. 21 ▷ | activité 8 p. 21 |

– Pour la mise en route, projeter, en grand groupe, les documents a, b et c de l'activité 1, si c'est possible.
– Faire décrire les photos : lieux, personnes...
– Faire faire des hypothèses sur ce que chaque personne peut dire.

1 Dialogues CO 🎧

page 20

Objectifs : comprendre de courts dialogues dans un commerce et à la maison ; repérer les mots de la politesse
Modalités : individuel, puis en binôme, enfin en grand groupe

1 – Faire lire la consigne et s'assurer de sa compréhension.
– Faire écouter les 3 dialogues et faire réaliser l'activité individuellement.
– Demander de comparer les résultats en binôme.
– Si tous les binômes sont d'accord, mettre en commun en grand groupe, sinon, proposer une deuxième écoute. Lors de la mise en commun en grand groupe, faire justifier les réponses.

> *Corrigé :*
> Dialogue 1, photo a ; dialogue 2, photo c ; dialogue 3, photo b.

En grand groupe, demander de repérer :
– ce qui est acheté/commandé dans les dialogues 1 et 3 ;
– de quoi on parle dans le dialogue 2.

> *Corrigé :*
> Dialogue 1 : une baguette.
> Dialogue 3 : un café.
> Dialogue 2 : des exercices.

2 – Faire lire la consigne et s'assurer de sa compréhension.
– Faire lire la liste de mots.
– Faire réécouter les 3 dialogues et laisser répondre les apprenants individuellement.

– Demander de comparer les résultats en binôme.
– Si tous les binômes sont d'accord, mettre en commun en grand groupe, sinon, proposer une deuxième écoute.
– Procéder à une mise en commun en grand groupe et écrire les réponses au tableau. Classer les réponses en deux colonnes : les salutations, la politesse (sans écrire salutations et politesse).

> *Corrigé :*
> bonjour,   s'il vous plaît
> au revoir   merci
> madame   madame
> ça va ?

– En grand groupe, demander de trouver le titre de chaque colonne.
– Une fois trouvés, les écrire au tableau.

> *Corrigé :*
> salutations   politesse
> bonjour,   s'il vous plaît
> au revoir   merci
> madame   madame
> ça va ?

– En grand groupe, faire écouter une nouvelle fois les 3 dialogues avec la transcription p. 120.
– Demander aux apprenants de compléter les colonnes avec des mots du dialogue.

> *Corrigé :*
> salutations   politesse
> bonjour,   s'il vous plaît
> au revoir   merci
> madame   madame
> ça va ?   comment allez-vous ?
> *bonne journée*
> *à demain*
> *salut*

3 – Faire lire la consigne et s'assurer de sa compréhension.
– Faire réaliser l'activité en binôme.

Corrigé :
Accepter les réponses s'il y a une logique parmi la liste suivante, non exhaustive : bonjour/bonsoir ; bonjour/au revoir ; au revoir/à bientôt ; s'il vous plaît/merci ; coucou/salut ; madame/monsieur ; salut/ça va.

En grand groupe, faire lire « Les mots... De la politesse », p. 20.

1 À la boulangerie Réemploi
page 25

Objectif : utiliser les mots de la politesse
Modalités : en binôme

1 Faire lire la consigne et s'assurer de sa compréhension.
– Faire réaliser l'activité en binôme. Passez dans les groupes pour corriger les apprenants.
2 Demander à deux ou trois binômes de jouer le dialogue devant la classe.

Corrigé :
– **Bonjour** Madame. Une baguette **s'il vous plaît.**
– **Bonjour** Monsieur. Voilà. 95 centimes.
– **Merci** Madame. **Au revoir** (ou **Bonne journée**).
– **Bonne journée** (ou **Au revoir**) Monsieur.

2 L'article indéfini
Réflexion sur la langue
page 20

Objectif : les articles indéfinis
Modalités : individuel, puis en grand groupe

– Faire lire la consigne et s'assurer de sa compréhension.
– Faire réaliser l'activité individuellement.
– Procéder à une mise en commun et écrire les réponses au tableau. Écrire les articles d'une couleur différente (exemple : rouge pour le féminin, bleu pour le masculin, vert pour le pluriel ; vous pouvez garder ce code classe), ou souligner.

Corrigé :
un café   **une** baguette   **des** exercices

– Dire et faire répéter les mots avec leur article.
– Expliquer l'utilisation de l'article indéfini : on utilise l'article indéfini lorsqu'on parle d'une chose pour la première fois.
– Faire remarquer les couleurs des articles. Il s'agit, comme pour les articles définis, du féminin, du masculin et du pluriel. Expliquer qu'il n'y a qu'une forme au pluriel.
– Faire lire « L'article indéfini », p. 20 et demander aux apprenants de regarder « L'article indéfini », p. 99.

3 Masculin ou féminin ?
CO
page 21

Objectif : sensibiliser aux marques du genre à l'oral
Modalités : individuel, puis en grand groupe

– Faire lire la consigne et s'assurer de sa compréhension.
– Faire réaliser l'activité individuellement.
– Procéder à une mise en commun en grand groupe et écrire les réponses au tableau. Les classer en 2 colonnes : féminin, masculin.

Corrigé :
masculin	féminin
a un café	b une baguette
c un exercice	d une boulangerie
e un euro	f une saison

– Lire les mots au tableau. Entourer ou souligner « un » en bleu et « une » en rouge, ainsi que le dernier son **prononcé** des mots : café (bleu), euro (bleu) et baguette (rouge).
– Faire repérer les marques du genre à l'oral.

Corrigé :
masculin	féminin
a **un** caf**é**	b **une** baguett**e**
c **un** exercice	d **une** boulangerie
e **un** eur**o**	f **une** saison

On entend « un » au masculin.
On entend « une » au féminin.
En général, le mot masculin finit par une voyelle prononcée.
En général, le mot féminin finit par une consonne prononcée.

– Faire lire « Le féminin et le masculin », p. 21.

4 Singulier ou pluriel ? CO
page 21

Objectif : sensibiliser aux marques du pluriel à l'oral
Modalités : individuel, puis en grand groupe

– Faire lire la consigne et s'assurer de sa compréhension.
– Faire réaliser l'activité individuellement.
– Procéder à une mise en commun en grand groupe et écrire les réponses au tableau. Les classer en 2 colonnes : singulier, pluriel.

Corrigé :
Singulier	Pluriel
b une baguette	a des exercices
f un livre	c des euros
	d des baguettes
	e des cafés

– Lire les mots au tableau.
– Entourer ou souligner « un » (bleu) et « une » (rouge), ainsi que « des » (vert). Barrer les « s » finaux.
– Faire repérer les marques du genre à l'oral.

Corrigé :
Singulier	Pluriel
b **une** baguette	a **des** exercices
f **un** livre	c **des** euros
	d **des** baguettes
	e **des** cafés

En général, on entend « un » ou « une » au singulier.
En général, on entend « des » au pluriel.
Le « s » final du pluriel n'est jamais prononcé.

– Faire lire « Le singulier et le pluriel », p. 21.

– Faire remarquer qu'il n'y a pas de différence entre la prononciation du singulier et du pluriel et que c'est donc l'article qui fait la différence.
– Faire lire « Pour... Reconnaître le singulier et le pluriel à l'oral », p. 20.

9 Les objets de la classe
Réemploi   page 25

Objectif : les indéfinis
Modalités : en grand groupe, puis en binôme, enfin individuel

– Faire lire la consigne et s'assurer de sa compréhension.
– Proposer l'exemple en grand groupe. Rappeler les règles de la leçon 2 : repérer les marques du genre et du pluriel à l'écrit.
– Faire réaliser l'activité individuellement.
– Procéder à une mise en commun en binôme.
– Corriger en grand groupe. Faire lire et justifier chaque réponse.

Corrigé :
a écouteurs > **des** écouteurs
b cahiers > **des** cahiers
c tableau > **un** tableau
d stylos > **des** stylos
e tablette > **une** tablette
f livres > **des** livres
g ordinateur > **un** ordinateur
h table > **une** table

Phonétique

5 Mots internationaux
CO 🎧15   page 21

Objectif : l'accentuation ou accent tonique
Modalités : en grand groupe

– Faire écouter et répéter les groupes de mots. Exagérer l'allongement de la dernière syllabe. S'assurer de la régularité des autres syllabes : rappeler la leçon 1.
– Demander aux apprenants quelle est la syllabe que l'on entend le plus, la syllabe la plus longue.

Réponse attendue :
C'est toujours la dernière syllabe du mot ou groupe de mots.

– Faire écouter (piste 14) et lire « L'accentuation », p. 21. Insister en disant que cette règle n'a aucune exception. Ce qui est rare en français !
Un groupe de mots est appelé un « mot phonétique », ceci sera vu par les apprenants dans la leçon 4 ; ne pas s'y attarder dans cette leçon.

6 Et vous ? Réemploi   page 21

Objectif : l'accentuation
Modalités : individuel

– Demander à chaque apprenant de dire son prénom avec l'accent français ; c'est à dire en allongeant la dernière syllabe.
– Le montrer en faisant répéter l'exemple : *Nicolaaaaas*.

10 Mots anglais
Systématisation 🎧19   page 25

Objectif : l'accentuation
Modalités : en binôme, puis en grand groupe

1 Faire réaliser l'activité en binôme.
2 En grand groupe, faire écouter et répéter. Bien faire exagérer l'allongement de la dernière syllabe.

12 Robot Systématisation   page 25

Objectifs : le rythme ; l'accentuation
Modalités : individuel et/ou en grand groupe

Faire écouter et répéter à la manière d'un robot. Ceci devrait permettre de bien respecter le rythme et l'accentuation.
Ces activités de phonétique ont un aspect ludique. Ne pas hésiter à « jouer » dans tous les sens du terme.

7 L'accent français ! PO   page 21

Objectif : sensibiliser au rythme et à l'accentuation français
Modalités : en grand groupe

– Demander aux apprenants de parler leur langue en imitant un Français (deux petites phrases suffisent). En dehors des sons (dont nous nous occuperons plus tard), ils calqueront inconsciemment le rythme et l'accentuation français sur leur propre langue.
– Demander aux apprenants de voter pour celui/celle qui a fait la meilleure imitation.
Ici encore, il s'agit d'un moment de détente, de rires. On se moque d'un Français essayant de parler notre langue ! Mais attention, lorsque l'on parlera français, il faudra penser à ce moment et essayer de garder ce rythme, cette accentuation, cet accent qui nous a fait tant rire.

8 S'il vous plaît ! PO   page 21

Objectif : jouer et/ou mémoriser un échange oral bref
Modalités : en grand groupe

– Demander aux apprenants de jouer les dialogues 1 et 2 de l'activité 1 de la p. 20. On pourra lire les dialogues p. 120 ou mieux, les apprendre par cœur. Dans ce cas, choisir l'un des deux dialogues peut suffire.
– Déterminer des critères de vote pour le/la meilleur(e) acteur/actrice : préparation de l'espace ; rôle connu par cœur ; intonations, jeu ; gestes, mimiques ; déplacements...
– La classe vote pour le meilleur acteur et la meilleure actrice.

Faits et gestes
Leçon 4 | Saluer

page 22

OBJECTIFS COMMUNICATIFS
- Prendre conscience du non-verbal dans la communication
- Sensibiliser aux gestes des salutations suivant la situation, l'âge, la fonction...

OBJECTIFS CULTURELS
- Connaître les symboles de la France et de quelques villes
- Avoir des informations géographiques et démographiques

activité 1 p. 22 ▸ activité 2 p. 22 ▸ activité 3 p. 22 ▸ activité 4 p. 23 ▸ activité 5 p. 23

Dans cette première vidéo, il s'agit d'une caméra subjective. Autrement dit, l'acteur parle à la caméra comme s'il s'adressait directement au spectateur. De ce fait, chaque personnage ne parle pas de la même manière : Juliette est différente d'Hugo, Hugo ressemble plus, dans son attitude, à sa sœur Lucie. Nathalie et Laurent sont plus formels dans leurs manières. Simon et Françoise sont plus décontractés. La manière dont ils se présentent tient compte de ces données. Comme ils se seraient présentés dans la vraie vie à des inconnus.

1 Salutations PO
page 22

Objectif : dire comment on fait dans sa langue maternelle pour pouvoir comparer avec les gestes des Français
Modalités : en grand groupe

– Projeter, si c'est possible, les trois photos. Le livre est fermé.
– Demander aux apprenants de dire à quoi correspondent ces gestes.
– Leur demander de dire dans quels pays ces gestes sont pratiqués.

Réponse attendue :
a dans de nombreux pays occidentaux
b en Thaïlande, au Sri-Lanka...
c dans les pays arabo-musulmans

– Leur demander de faire le geste que l'on fait dans leur culture.
– Demander aux apprenants d'ouvrir le livre p. 22.
– Lire la consigne et l'expliquer.
– Demander aux apprenants de choisir le geste qui correspond à leur culture.

2 Salutations CO
page 22

Objectif : identifier les gestes des salutations en tenant compte des différences d'âge, de situation, de statut, de style
Modalités : individuel, puis en binôme, enfin en grand groupe

– Avant de regarder la vidéo, lire la consigne de l'activité et l'expliquer.
– Comme exemple, montrer la photo a et leur demander si ce geste est dans la vidéo ou pas.
– Faire regarder la vidéo sans le son.
– Demander aux apprenants de faire l'activité. Les gestes a, c, d, e, f ne sont pas dans cette vidéo.
– Leur demander de comparer leurs réponses avec celles de leur voisin.

Corrigé :
Le hochement de tête correspond à la photo b.

Ils peuvent néanmoins reconnaître le geste d comme un geste de salutations même s'il n'est pas dans cette vidéo. En effet, il correspond à la photo a de l'activité 1.
Il ne s'agit pas là d'expliquer les autres gestes. Ils ne sont là que dans un objectif de discrimination.
Ce sont des gestes qui seront montrés plus tard, dans les autres dossiers.

3 Le bon geste CO/CE/PO
page 22

Objectif : associer les gestes, les attitudes, aux mots
Modalités : en binôme, puis en grand groupe

– Si vous pouvez, projeter cette activité.
– Lire la consigne et l'expliquer.
– Faire lire les phrases 1, 2, 3 et 4 par des apprenants différents.
– Demander aux apprenants comment s'appellent les personnages des photos.
– Visionner la vidéo avec le son.
– Demander aux apprenants de réaliser l'activité.
– Procéder à une correction en grand groupe.

Corrigé :
1 b
2 a
3 c
4 d

– Demander aux apprenants pourquoi, à leur avis, Nathalie ne dit pas *coucou !* ; pourquoi Juliette ne dit pas *enchantée*. Est-ce que Lucie pourrait dire *salut !* ?
– Leur faire remarquer que Nathalie est professeur, qu'elle a l'air très sérieux, qu'elle est plus âgée que Juliette, Lucie et Hugo. *Enchantée* étant une formule moins familière, elle lui correspond mieux.
Coucou, salut sont des formules plus décontractées que les jeunes utilisent beaucoup et que les moins jeunes utilisent entre amis, en situation informelle.

culture
La France

page 23

ENTRE PARENTHÈSES

http://www.france.fr/
Il s'agit du site officiel de la France. C'est une mine d'informations sur l'économie, la culture, les chiffres... Si vous faites défiler la page d'accueil et cliquez sur « Fiche d'identité », vous trouverez le type d'informations de la p. 23. Si vous cliquez sur « Vidéos », vous pourrez vous promener à travers le territoire ou bien faire la visite virtuelle d'un musée.

– Projeter dans la classe, si c'est possible, le document de la p. 23, tronqué. C'est-à-dire sans le texte, uniquement le drapeau français, la Marianne avec son écharpe tricolore et la France avec la tour Eiffel, la bouteille de vin, le cycliste, le citron et la baguette.
– Demander aux apprenants s'ils connaissent ce personnage (la Marianne).
– Leur dire comment elle s'appelle et ce qu'elle porte. Leur demander s'il y a un équivalent dans leur pays.
– Demander quelles sont les couleurs du drapeau français.
– Demander s'ils sont d'accord avec les objets choisis pour illustrer la France : le vin dans la région de Bordeaux, la tour Eiffel à Paris, le cycliste et son maillot jaune du tour de France, la baguette et le citron symbolisant la chaleur du Midi.
– Il faudra leur faire remarquer la différence entre les symboles de la République et ce qui représente la France pour les étrangers.

ENTRE PARENTHÈSES

http://www.elysee.fr/la-presidence/le-drapeau-francais/
Il s'agit du site de l'Élysée, très riche en informations. C'est un site très intéressant. On y connaît l'agenda du président, on peut y écouter ses discours, on peut même lui écrire.
En voici un extrait, concernant le drapeau tricolore :
« *Emblème national de la Cinquième République, le drapeau tricolore est né de la réunion, sous la Révolution française, des couleurs du roi (blanc) et de la ville de Paris (bleu et rouge). Aujourd'hui, le drapeau tricolore flotte sur tous les bâtiments publics. Il est déployé dans la plupart des cérémonies officielles, qu'elles soient civiles ou militaires.* »
http://www.elysee.fr/la-presidence/
les-symboles-de-la-republique-francaise
En allant sur ce lien, vous trouverez les symboles de la France et leur explication : le drapeau, *la Marseillaise*, Marianne, le 14 Juillet...

– Vous avez peut-être un timbre français, ou un euro sur lequel on voit Marianne, un document officiel... Les montrer à la classe dans le but de leur faire comprendre que pour la habitants de la France, Marianne est un symbole au quotidien, ce n'est pas seulement une statue de musée. Dans les écoles trône toujours un buste de Marianne. Vous pouvez leur dire aussi que régulièrement une célébrité est choisie pour poser pour un nouveau buste de Marianne (Brigitte Bardot, Catherine Deneuve, Laeticia Casta...).

– Demander aux apprenants d'ouvrir le livre à la p. 23.
– Leur demander de travailler en binômes. Leur proposer de lire les informations et de noter uniquement les informations culturelles.
– Écrire au tableau :
Informations culturelles
La devise : liberté, égalité, fraternité
L'hymne national : *la Marseillaise*
– Écrire le mot « drapeau » qui n'est pas dans le manuel.
– Expliquer aux apprenants les mots de la devise et expliquez-leur pourquoi l'hymne français s'appelle *la Marseille*. Vous pouvez la faire écouter, si c'est possible pour vous, à ce moment-là.

ENTRE PARENTHÈSES

Vous trouverez sur Internet de nombreux liens vidéo montrant des célébrations officielles lors desquelles *la Marseillaise* est chantée.

La devise est présente sur tous les documents officiels, ainsi qu'en haut des portes des écoles, collèges et lycées. Vous trouverez toutes les informations sur la devise sur le site de l'Élysée déjà mentionné.

– Demander aux apprenants s'il y a une devise dans leur pays. Si oui, demander à un apprenant d'aller l'écrire au tableau, en face de la devise française. Faites de même pour l'hymne.
– Demander aux apprenants de commenter les deux, de les comparer.

4 Les villes de France CE   page 23

Objectifs : repérer les principales villes françaises sur la carte de France et en connaître la population
Modalités : en binôme, puis en grand groupe

– Lire le titre de l'activité. L'expliquer et le faire répéter par un étudiant.
1 – Expliquer la consigne.
– Proposer la ville qui est en position numéro 2 pour aider les apprenants.

Dossier 1

– Écrire au tableau :
1 Paris
2
3
4
5
6
7
8
9
10 Toulon

– Demander à des binômes différents de répondre et noter le nom des villes au fur et à mesure.
– Faire répéter le nom des villes par les apprenants, en grand groupe, puis individuellement pour quelques-uns.

Corrigé :
1 Paris
2 Marseille
3 Lyon
4 Toulouse
5 Nice
6 Nantes
7 Strasbourg
8 Bordeaux
9 Lille
10 Toulon

2 – Expliquer la consigne et si vous avez une carte de France, montrer où se trouve une des villes.
– Demander ensuite aux apprenants de trouver chaque ville sur votre carte ou sur la carte de France p. 128.
– Procéder à la mise en commun : demander à différents apprenants de situer les villes.
– Faire systématiquement répéter chaque nom, par celui qui se déplacera ou qui situera la ville sur la carte, mais aussi par la classe.

5 Les symboles de la France PO   page 23

Objectif : dire sa représentation de la France
Modalités : en binôme, puis en grand groupe

– Si vous le pouvez, projeter toutes les photos dans la classe.
– Demander aux apprenants s'ils connaissent les mots pour chaque objet. Ils connaîtront sûrement *champagne*, *parfum* (qu'ils prononceront comme dans leur langue maternelle, mais qui sera peut-être le même mot), *les macarons*...
– Écrire le nom de chaque chose au tableau, dans le désordre :
une terrasse/un café
le chocolat
les macarons
le parfum
les gratte-ciel
le champagne
un chapeau-melon
– Demander aux apprenants de se mettre en binômes et d'associer un mot à chaque objet. Inutile qu'ils cherchent dans le dictionnaire. Il s'agit là d'une activité d'intuition.
– Leur laisser quelques minutes, puis procéder à une mise en commun en notant la lettre de chaque photo près du mot.
– Expliquer la consigne et vérifier la compréhension avec un objet qui n'est pas dans le livre, la photo d'un croissant par exemple. Leur demander si le croissant représente pour eux la France. Puis montrer la photo d'une bouteille de Coca-cola et poser la même question. Ils diront que le croissant représente la France mais pas le Coca-cola.

Corrigé :
Ce qui représente la France : le champagne, les macarons, le parfum, la terrasse de café.
Le chapeau-melon, c'est l'Angleterre ; les gratte-ciel, les États-Unis ; le chocolat, la Belgique.

Action ! Nous créons la fiche « contacts » de la classe.   page 26

Vous pouvez réaliser une fiche « papier » ou en version numérique. Vous trouverez ici les indications pour l'une et l'autre possibilité.

Objectifs : rendre les apprenants capables d'échanger des informations personnelles, de travailler en équipe sur un projet commun, et de tisser des liens avec les autres membres d'un groupe
Modalités : en sous-groupe, puis en grand groupe
Matériel : feuilles A3, colle, ciseaux, ou ordinateur, imprimante, les téléphones des apprenants, ou éventuellement des appareils photo.

▷ **MISE EN PLACE**

Option 1 (version papier)
– Avant la séance de la tâche (pour le cours qui précède celui où vous ferez réaliser la tâche), demander aux apprenants de vous apporter une petite photo d'eux (ou ce qu'ils auront choisi comme objet pour les cartons du premier cours du dossier 0). Il suffit qu'ils impriment la photo qu'ils auront choisie. Dire aux apprenants que la photo ne doit pas mesurer plus de 10 cm. Expliquer à la classe que les photos serviront à réaliser la tâche de fin de dossier.

– Quand vous aurez toutes les photos, placez-les dans une grande enveloppe et ayez-les le jour où vous effectuerez la tâche.

Option 2 (avec ordinateur)
Il s'agit d'une alternative en fonction de vos ressources et notamment si vous disposez d'une salle multimedia avec un ordinateur et une imprimante.

– Pour cette deuxième option, faire prendre les photos lors de la séance de la tâche (la réalisation de la fiche « contacts »).
– Mettre les apprenants par groupes de 5. Ils auront probablement des téléphones qui prennent des photos. Demander aux apprenants de se prendre les uns les autres en photo. Celui qui est pris en photo regarde la photo, les autres regardent aussi et, s'il n'est pas satisfait de sa photo, il demande qu'on lui en fasse une autre.
– Donner à la classe une adresse mail à laquelle ils pourront envoyer les photos. Chaque sous-groupe devra donc envoyer ses photos à l'adresse que vous aurez donnée.
– Chaque groupe récupère ses photos et les imprime. Vous pouvez aussi leur demander, la veille, s'ils ont un petit appareil photo qu'ils acceptent d'apporter. Il faut aussi penser au cable qui permet de télécharger les photos sur un ordinateur.

▷ POUR LANCER L'ACTIVITÉ

Cette phase d'exemple est la même pour la version papier et numérique (avec un ordinateur).

– Expliquer à la classe la tâche qu'ils vont réaliser : créer une fiche « contacts » pour avoir les coordonnées des membres de la classe.
– Donner un exemple. Se présenter à nouveau à la classe. Noter votre prénom et votre nom au tableau ainsi qu'un numéro de téléphone (celui de votre institution, par exemple). Demander aux apprenants de nommer chaque information que vous venez de donner.
– Montrer une feuille au format A3 et expliquer que cela servira à créer la fiche « contacts », ou bien leur dire que vous allez dans la salle multimedia.
– Désigner un apprenant qui servira d'exemple ou demander un volontaire. L'exemple se fera au tableau. Demander à la classe quelles questions on peut poser pour connaître le prénom, le nom et le numéro de téléphone : *comment tu t'appelles ?/vous vous appelez..., quel est ton/votre numéro de téléphone ?...*

– Demander à un apprenant de poser la question sur le prénom et le nom, et de demander comment ça s'écrit.
– Demander à celui/celle qui répond d'épeler son prénom.
– Nommer un autre apprenant qui écrira au tableau.
– Un autre apprenant posera la question pour connaître le numéro de téléphone.
– Nommer un autre apprenant pour écrire le numéro au tableau.
Souvenez-vous de l'enveloppe avec les prénoms de vos apprenants. Si vous n'obtenez pas de volontaires facilement, vous pouvez toujours tirer un prénom de votre enveloppe.
À ce stade-là, tout ce qui aura été appris avant devra être réutilisé : la langue de la classe, les gestes...
– En profiter pour faire des corrections phonétiques, demander de répéter individuellement.

▷ RÉALISATION DE LA TÂCHE

Option 1
– Demander à la classe de choisir un endroit pour l'affichage de la fiche.
– L'afficher à l'endroit choisi.
– Demander aux apprenants de se mettre par cinq. Au sein du groupe, ils doivent désigner « un secrétaire », celui qui écrira sur la fiche.
– Mettre à disposition des apprenants les photos qu'ils vous ont données. Demander à chaque groupe d'aller chercher leurs photos. Ils doivent les coller près du prénom.
– Éventuellement, demander à un apprenant de saisir la fiche sur un ordinateur. Photocopier la fiche pour chaque apprenant.

Option 2
– Les apprenants sont par cinq et doivent réaliser ensemble toutes les manipulations informatiques.
– Demander à la classe un volontaire pour « copier/coller » toutes les fiches afin d'avoir un document unique.
– Photocopier la fiche pour la donner aux apprenants et en afficher une dans la classe.

▷ « VOTRE AVIS »

– Demander à la classe d'évaluer l'activité.
– Projeter cette partie de la page Action !
– Compter combien il y a de +, de ++ ou +++.

Dossier 2

Identités

Dans le deuxième épisode de la vidéo, on voit les deux familles dans leur appartement. Les Bonomi dînent à table (table dressée, soupière, plateau de fromages…). M. Bonomi porte encore sa cravate. Les Le Tallec sont installés dans leur salon. Le salon n'est pas très bien rangé, on voit clairement l'aspect « bohème » de la famille Le Tallec. Ils attendent le livreur de pizza. Celui-ci arrive mais se trompe de porte et sonne chez les Bonomi. M. Bonomi va ouvrir, étonné qu'on sonne chez lui à l'heure du dîner. Simon Le Tallec entend la conversation sur le palier et ouvre. L'erreur du livreur de pizza permet aux deux familles de se présenter.

Page contrat

page 27

Objectifs : connaître le programme d'apprentissage ; sensibiliser au thème et au contenu à partir du nuage de mots
Modalités : en grand groupe

– Regarder cette page avec les apprenants ou la projeter, si c'est possible.
– Faire repérer les 8 zones d'informations dans l'ordre suivant :
    a. le numéro du dossier et sa couleur orange ;
    b. le titre du dossier ;
    c. la photo ;
    d. le nuage de mots ;
    e. la tâche à réaliser ;
    f. les objectifs fonctionnels ;
    g. le résumé de la vidéo ;
    h. le contenu socio-culturel et culturel.
– Faire repérer le numéro du dossier. Associer la couleur orange à ce dossier.
– Dire le titre de la leçon (*Identités*) et le faire répéter par quelques apprenants.
– Faire décrire la photo en langue maternelle ou dans la langue commune à la classe.
– Lire les mots du « nuage de mots » et faire répéter certains mots par quelques apprenants.
– Demander de classer ces mots en 4 champs :
    1. mots en relation avec la photo ;
    2. mots en relation avec le téléphone ;
    3. mots en relation avec le voyage ;
    4. mots en relation avec le titre du dossier (*Identités*).

On pourra passer par la langue maternelle ou la langue commune à la classe, si besoin.
– Écrire les mots classés dans ces 4 catégories au tableau.

> *Réponse attendue :*
> La photo : ma fille, mon mari
> Le téléphone : téléphoner, allô, parler
> Le voyage : le Mexique, Nantes
> Identités : architecte, français, et toi ?

– Demander aux apprenants ce qu'ils seront capables de faire à la fin du dossier (*ils créeront un site Internet pour la classe*).
– Leur demander à quelle page se trouve ce travail (*page 38*).
– Montrer la zone des objectifs fonctionnels et demander aux apprenants ce qu'ils apprendront à faire (*se présenter, poser des questions sur l'identité de quelqu'un*). S'assurer de la compréhension.
– Demander ce qui se passera dans la vidéo (*Les familles Bonomi et Le Tallec font connaissance*).
– Leur demander quel sera le contenu socio-culturel et culturel. Vérifier qu'ils comprennent bien (*les différentes manières de faire connaissance et Nantes*).

Leçon 5 | Moi, je suis...

pages 28-29

Dossier 2

OBJECTIF
– Se présenter (dire son âge, sa situation de famille, sa profession)

LE VOCABULAIRE
– De la famille (mariée, célibataire, la femme (de), le mari (de), le père, la mère, les enfants, le fils, la fille, le frère, la sœur)
– Des professions (un/une architecte, un/une professeur(e), un/une ingénieur(e), un/une étudiant(e), un/une journaliste, un/une secrétaire, un/une photographe, un/une médecin, un/une assistant(e))

GRAMMAIRE
– Les verbes *être* et *avoir* au présent
– Les pronoms toniques

PHONÉTIQUE
Le mot phonétique

---

activité 1 p. 28 ▷ activité 2.1 p. 28 ▷ activité 5 p. 29 ▷ activité 4 p. 36 ▷ activité 2 p. 28 ▷
activité 3 p. 28 ▷ activité 3 p. 36 ▷ activité 4 p. 29 ▷ activité 1 p. 36 ▷ activité 2 p. 36 ▷
activité 6 p. 29 ▷ activité 7 p. 29 ▷ activité 8 p. 29

---

1 20 rue Talensac CE page 28

Objectif : identifier les personnages, la situation et l'acte de parole (se présenter pour faire connaissance). Cette phase fonctionne comme une compréhension globale
Modalités : en grand groupe, puis en binôme

– Livre fermé, faire regarder la vidéo sans le son.
– Demander aux apprenants de noter le nom de cette vidéo.

   Réponse attendue :
   Moi, je suis...

– Demander aux apprenants, en langue maternelle ou dans la langue commune à la classe, de réagir à ce qu'ils ont vu, de donner leurs impressions, de décrire ce qu'ils ont vu : les uns à table, les autres assis par terre, deux styles différents...
– Faire dire par la classe le nom et les prénoms des personnages. Leur dire de regarder le rabat de la couverture, s'ils les ont oubliés.
– Demander à la classe quel est le problème (*le livreur s'est trompé de porte, personne ne paye le livreur de pizza*). Qu'est-ce qui se passe ? (*Ils se saluent, ils se présentent, font connaissance.*)
– Demander aux apprenants d'ouvrir le livre p. 28.
– Faire lire la consigne et en vérifier la compréhension.
– Faire réaliser l'activité en binôme.
– Procéder à la correction en grand groupe.

   Corrigé :
   a 2
   b 1

2 Présentations CO/CE page 28

Objectif : se présenter (dire l'âge, la situation de famille, la profession)
Modalités : en grand groupe, puis en sous-groupe
Outils cognitifs : corpus en colonnes, deux couleurs

Réflexion sur la langue
Cette activité se déroulera en deux temps : 1. émettre des hypothèses ; 2. vérifier ces hypothèses.
1 – Demander aux apprenants de regarder les photos et les bulles.
– Leur demander de lire les bulles. À ce stade-là, il ne faut pas les expliquer ni les lire. Il ne s'agit là que de faciliter la compréhension orale.
– Faire regarder la vidéo avec le son.
– Demander à la classe ce que font les deux familles.

   Réponse attendue :
   Ils se présentent.

– Leur faire remarquer que les hypothèses qu'ils avaient faites lors du visionnage sans le son, se vérifient.
– Écrire *se présenter* au tableau, comme un en-tête.
– Faire lire la consigne et en vérifier la compréhension en leur proposant l'exemple. L'activité consiste à comprendre « qui dit quoi ? ».

   Corrigé :
   a 3
   b 1
   c 2

– Procéder à un visionnage séquentiel : positionner votre lecteur et faire regarder. Chaque séquence permet d'écouter ce qui est retranscrit dans les bulles.
Vidéo à 1:22 : « Je suis mariée avec Simon. »
Vidéo à 1:29 : « Je suis étudiant en socio. »
Vidéo à 1:35 : « Je suis ingénieur à la SNCF. »
Vidéo à 1:37 : « Je suis architecte. »

– Faire répéter par quelques apprenants.
– Au tableau, recopier le corpus en mettant les énoncés concernant les professions les uns sous les autres ; « Je suis mariée avec Simon » dans la colonne du milieu et laisser de l'espace pour créer une troisième colonne, celle qui sera consacrée à l'âge.

Je suis étudiant en socio.	*Je suis mariée avec Simon.*	*(l'âge)*
Je suis ingénieur à la SNCF.	*Je suis architecte.*	

– Procéder à une analyse de la langue : faire repérer le mot « suis ».
– Faire remarquer que c'est le même mot à la fois pour Nathalie et pour Simon.
– Dire aux apprenants qu'il s'agit du verbe *être*. Écrire « ÊTRE » en majuscules au-dessus du corpus.
– Faire repérer les professions.
– Écrire en bas de la colonne : « *Je suis + profession* ».

ÊTRE		
Je suis étudiant en socio.	*Je suis mariée avec Simon.*	*(l'âge)*
Je suis ingénieur à la SNCF.	*Je suis architecte.*	
Je suis + profession		

– Montrer le mot « mariée » et faire faire des hypothèses sur le sens du mot. Expliquer le mot.
– Demander aux apprenants s'ils ont une idée du mot qu'on utilise quand on n'est pas marié.
– Laisser la classe faire des hypothèses pendant une à deux minutes. C'est toujours intéressant de les voir essayer de composer un mot. C'est normal qu'ils ne le connaissent pas. C'est la tentative de « francisation » d'un mot qui est intéressante.
– Demander aux apprenants de lire « Les mots... De la famille », p. 28 et de dire quel est l'opposé de « marié ».
– Écrire au tableau en opposition à « marié(e) », le mot « célibataire ».
– Demander aux apprenants qui est marié ou célibataire (à moduler selon les cultures et les pays).
– Leur faire répéter la phrase.

5 Professions CE page 29

Objectif : élargissement du lexique des professions
Modalités : individuel, puis en grand groupe

– Faire lire la consigne et en vérifier la compréhension.
– Faire un exemple avec la classe.
– Faire réaliser l'activité individuellement.
– Procéder à la correction en grand groupe.

> *Corrigé :*
> a journaliste
> b professeur
> c assistant
> d photographe
> e médecin
> f architecte

4 Les professions Réemploi page 36

Objectif : réemploi du vocabulaire des professions
Modalités : en grand groupe

– Faire lire la consigne et en vérifier la compréhension.
– Demander aux apprenants de lire « Les mots... Des professions », p. 28.
– Faire réaliser l'activité.
– Procéder à la correction.

> *Corrigé :*
> b un médecin   e une secrétaire
> c un ingénieur   f un journaliste
> d un architecte

– Demander à quelques apprenants quelle est leur profession.

2 Présentations CE/PO 3 page 28

Objectif : le verbe *être*
Modalités : en grand groupe

2 – Projeter l'activité 2.2, si c'est possible.
– Demander aux apprenants qui est représenté sur la photo, sa profession (*livreur de pizza*).
– Leur demander de compléter la bulle.

> *Corrigé :*
> Je suis livreur de pizza.

– Faire regarder la vidéo à 1:39 pour que les apprenants vérifient.

Objectif : le verbe *avoir*
Modalités : individuel, puis en binôme, enfin en grand groupe

3 – Faire lire la question à la classe. Vérifier la compréhension.
– Faire regarder la vidéo entre 1:17 et 1:32.
– Demander aux apprenants de répondre individuellement, puis de comparer avec leur voisin.
– Mettre en commun en grand groupe leurs propositions.

> *Corrigé :*
> Il a 20 ans.

4 – Repasser la vidéo en entier et demander aux apprenants de lire la transcription p. 121.
– Leur demander de vérifier leurs réponses.
– Noter « *Il a 20 ans* » au tableau, dans la colonne de droite.
– Faire observer le verbe « a » et noter l'infinitif en majuscules « AVOIR » en haut de la colonne et « *J'ai + âge* » en bas de la colonne.

	ÊTRE	AVOIR
Je suis étudiant en socio.	*Je suis mariée avec Simon.*	*(l'âge)*
Je suis ingénieur à la SNCF.	*Je suis architecte.*	*Il a 20 ans.*
Je suis + profession		*J'ai + âge*

– Demander aux apprenants de dire, à leur avis, quel âge ont Louise, Juliette, Simon...
– Faire observer « **Pour... Se présenter** », **p. 28**.
– Faire écouter les conjugaisons « ***Être* et *avoir* au présent** », **p. 29** et faire répéter. Insister sur la phonétique : les liaisons et les lettres qu'on ne prononce pas. Par exemple, sur l'encadré de grammaire projeté, barrer les lettres qu'on ne prononce pas (les -*s*, le -*st*, le -*t*), marquer la liaison de « nous‿avons, vous‿avez ».

Corrigé :
– Moi, je suis étudiant, j'ai 19 ans. Et vous ?
– Nous, nous sommes professeurs. Nous avons 35 ans. Et lui ?
– Lui, il a 25 ans, il est médecin.

3 Les enfants Le Tallec
CO/CE 3   page 28

Objectif : emploi des pronoms toniques pour les présentations
Modalités : en grand groupe, puis individuel

– Faire lire la consigne et en vérifier la compréhension.
– En exemple, faire avec les apprenants : « Moi », en précisant le geste qui y est associé.
– Procéder au visionnage de la vidéo entre 1:10 et 1:15.

Corrigé :
Moi, c'est Hugo.
Moi, c'est Louise.

– Demander aux apprenants de faire la suite individuellement.

Corrigé :
Lui, c'est Hugo.
Elle, c'est Louise.

– Procéder à la correction en grand groupe.
– Faire observer « **Les pronoms toniques** », **p. 29**.

3 C'est qui ? Réemploi   page 36

Objectif : les pronoms toniques
Modalités : individuel, puis en grand groupe

– Faire lire et expliquer la consigne.
– Faire l'exemple avec la classe.
– Faire réaliser l'activité individuellement.
– Procéder à la correction en grand groupe.

Corrigé :
a C'est lui.
b C'est lui.
c C'est elle.
d C'est lui.
e Ce sont eux.

4 Dialogue Réemploi   page 29

Objectifs : les pronoms toniques ; la conjugaison d'*être* et *avoir*
Modalités : en binôme, puis en grand groupe

– Faire lire la consigne et en vérifier la compréhension.
– Demander aux apprenants de réaliser en binômes l'activité.
– Procéder à la correction en grand groupe.

1 Présentations Systématisation
page 36

Objectif : les conjugaisons d'*être* et *avoir*
Modalités : en binôme, puis en grand groupe

– Faire lire et expliquer la consigne.
– Demander aux apprenants de réaliser en binômes l'activité.
– Procéder à la correction en grand groupe.

Corrigé :
a Je suis la femme de Carlos, je suis professeur, j'ai 26 ans.
b J'ai 44 ans, je suis célibataire, je suis photographe.
c Je m'appelle Rita, je suis étudiante, j'ai 20 ans.

– Faire observer « **Les mots... De la famille** », **p. 28**.
– Demander aux apprenants de lire les mots.
– Projeter les photos des deux familles de la vidéo. Les apprenants ont les photos sur le rabat de la couverture.
– Faire utiliser les mots avec les photos.
  Françoise est la femme de Simon.
  Laurent est le mari de Nathalie.
  Laurent est marié avec Nathalie.
  Simon, c'est le père ; Françoise, c'est la mère.
  Juliette, c'est la sœur.
  Hugo, c'est le fils, Juliette, c'est la fille.
  Hugo est célibataire.

2 La famille Réemploi   page 36

Objectif : les mots de la famille et des professions
Modalités : individuel, puis en grand groupe

– Faire lire et expliquer la consigne. Il s'agit du premier « chercher l'intrus ».
– Exploiter l'exemple pour faire comprendre le principe de l'exercice. Le lexique des professions et de la famille est mélangé.
– Faire réaliser l'activité individuellement.
– Procéder à la correction en grand groupe.

Corrigé :
a un architecte
b un étudiant
c professeur

Dossier 2

Phonétique

6 Je suis... CO 🎧 22 *page 29*

Objectif : sensibiliser au groupe rythmique
Modalités : en grand groupe, individuel

– Faire écouter et lire l'encadré « **Le mot phonétique** », p. 29.
– Faire remarquer qu'un groupe de mots se prononce comme un seul mot. On n'entend pas la « démarcation » des mots écrits.
– Écrire au tableau :

    Comment tu t'appelles ?
    J'ai vingt et un ans.
    J'habite à Paris.
    Je suis ingénieur.
    Félicitations !

– Montrer que pour chacun de ces mots phonétiques, on prononce le même nombre de syllabes :
da da daaa ☐☐☐☐ , peu importe le nombre de mots écrits.
– Faire réaliser l'activité. On peut faire répéter un mot phonétique par apprenant, puis un dernier apprenant répète l'ensemble des mots phonétiques et donc la phrase.

En français, un groupe grammatical et/ou un groupe de sens se prononce comme un seul mot : les syllabes sont prononcées sans couper la voix, comme si tous les mots « écrits » étaient attachés. C'est ce que l'on appelle un « groupe rythmique ». D'un point de vue pédagogique, mieux vaut parler de « mot phonétique », puisqu'un ensemble de mots « écrits » se prononcent comme un seul mot à l'oral, un mot phonétique.

7 Faire connaissance PO *page 29*

Objectif : se présenter à l'oral (oral en continu)
Modalités : en binôme, puis en grand groupe

– Utiliser l'enveloppe des prénoms des apprenants pour l'ordre de passage. L'aléatoire provoque toujours une bonne ambiance !
– Faire lire la consigne et en vérifier la compréhension.
– En guise d'exemple, projeter la photo de Françoise, si possible.
– Demander à la classe de préparer ce que Nathalie et Simon diraient pour se présenter. Nous ne connaissons pas leur âge, il est toujours possible d'imaginer.

Réponse attendue :
Je m'appelle Nathalie, j'ai 45 ans, je suis mariée, je suis la femme de Laurent, je suis professeur.
Je m'appelle Simon, j'ai 50 ans, je suis marié, je suis le mari de Françoise, je suis architecte.

– Demander aux apprenants de se préparer à se présenter. Ils peuvent préparer à l'écrit cette présentation, mais ensuite ils ne devront pas la lire.
– Les inviter à répéter en binômes.
– Tirer au sort pour l'ordre de passage des apprenants.
– En langue maternelle ou dans la langue commune à la classe, demander aux apprenants de noter l'âge de chacun. D'une part, cela les oblige à écouter les autres, d'autre part, cela permettra de réaliser l'activité 8.

8 L'âge de la classe PO *page 29*

Objectifs : dire son âge ; révision des nombres
Modalités : en sous-groupe

– Faire lire la consigne et en vérifier la compréhension.
– Demander à un apprenant de rappeler à la classe, comment on calcule une moyenne.
– Demander aux apprenants de se mettre par 3, de comparer les âges qu'ils ont notés. Chaque sous-groupe fait son calcul.
– Demander à chaque groupe de dire l'âge moyen qu'il a trouvé.
– Noter les propositions au tableau. S'il est difficile de trouver un résultat commun, demander aux apprenants de dire leur âge et tirer au sort un apprenant qui ira écrire les âges au tableau. L'apprenant devra dire : « J'ai x ans. »
– Vérifier la phonétique. Ne pas hésiter à les renvoyer à **3 Les nombres, p. 10**.

Bonus

– Demander aux apprenants de se mettre par 3.
– Passer dans chaque groupe et faire tirer au sort le prénom d'un apprenant.
– Demander ensuite à chaque groupe de préparer la présentation de l'apprenant dont ils auront tiré au sort le prénom. Cela suppose qu'ils s'en souviennent. Si ce n'est pas le cas, c'est une nouvelle occasion de faire connaissance.

Leçon 6 | Mes amis et moi

pages 30-31

OBJECTIFS
– Se présenter à l'écrit
– Dire une date, les langues parlées, le lieu d'origine et le lieu d'habitation

GRAMMAIRE
– Les verbes en -er au présent

PHONÉTIQUE
Sensibiliser au rythme et à l'accentuation du mot phonétique

LE VOCABULAIRE DES NATIONALITÉS
– mexicain(e)
– français(e)
– espagnol(e)
– brésilien(ne)
– italien(ne)
– allemand(e)
– chinois(e)
– japonais(e)
– philippin(e)
– polonais(e)
– américain(e)
– suisse
– belge
– coréen(ne)

OUTILS COGNITIFS
Couleurs différentes, encadrements, alignement en paradigmes

---

activité 1 p. 30 ▷ activité 2 p. 30 ▷ activité 3 p. 30 ▷ activité 4 p. 31 ▷ activité 5 p. 36 ▷ activité 6 p. 37 ▷
activité 5 p. 31 ▷ activité 7 p. 37 ▷ activité 6 p. 31 ▷ activité 8 p. 37 ▷ activité 7 p. 31 ▷ activité 8 p. 31

– Pour une mise en route (sensibilisation) en grand groupe, demander aux apprenants s'ils connaissent Facebook.
– Leur demander s'ils ont une page Facebook. Si oui, combien ont-ils d'amis ? Quelles informations ont-ils mis sur leur page d'accueil ?
– Si possible et si les apprenants sont d'accord, faire ouvrir la page d'accueil d'un apprenant ou deux (ou plus, mais 10 minutes maximum).

1 Profils CE
page 30

Objectif : comprendre une page d'accueil Facebook en français
Modalités : en grand groupe, puis en sous-groupe

– En grand groupe, projeter, si possible, seulement les photos des documents (la partie supérieure de chaque document).
– Faire identifier les 3 documents. Faire relever qu'il s'agit de 3 profils (page d'accueil) Totem, similaires à Facebook.
– Faire faire des hypothèses sur la nationalité de chaque personne en fonction de la photo de leur page d'accueil (on pourra faire décrire ces photos).

Réponse attendue :
Sur le document 3, on voit la tour Eiffel : Yvan Boucher est sans doute français.
Rodolfo Marin a un nom espagnol. On voit la mer, un village... plusieurs hypothèses sont possibles.
Sur la page d'Amelia Gadei, on voit le ciel et des nuages... Les hypothèses sont libres.

– En grand groupe toujours, projeter les documents en entier, si c'est possible.
– Faire vérifier les hypothèses précédentes.
– Faire relever le type d'informations données.
– Demander qui donne le plus d'informations.

Réponse attendue :
Types d'informations : date de naissance, sexe, situation amoureuse, profession, langues parlées, lieu d'habitation, lieu d'origine (qui peut équivaloir à la nationalité).

– Faire lire la consigne de l'activité et s'assurer de sa compréhension.
– Former des groupes et faire réaliser l'activité.
– Procéder à la correction en grand groupe.

Corrigé :
Amelia	villes :	Paris, Berlin
	pays :	France, Allemagne
Yvan	villes :	Tokyo, Paris
	pays :	Japon, France
Rodolfo Marin	ville :	Guadalajara
	pays :	Mexique

2 Messages CE
page 30

Objectif : comprendre un message de présentation
Modalités : en binôme, puis en grand groupe

– Faire lire la consigne et en vérifier la compréhension.
– Faire réaliser l'activité en binôme.
– Procéder à une mise en commun en grand groupe, en demandant de justifier.

Corrigé :
message a = profil 3
message b = profil 2
message c = profil 1
Justifications diverses : date de naissance, lieu d'habitation, lieu de provenance (nationalité), situation amoureuse...

3 Eux et elles

CE/Réflexion sur la langue page 30

Objectifs : comprendre une page d'accueil Facebook et un message de présentation ; repérer les façons de se présenter
Modalités : en binôme, puis en grand groupe

– Faire lire la consigne et en vérifier la compréhension.
– Faire réaliser l'activité en binôme.
– Procéder à une mise en commun en grand groupe en plusieurs étapes. Noter les réponses d'a et d (lieu d'origine et langues parlées) au tableau, classées par genre, avec le verbe en-tête.

Corrigé :
a Je suis   mexicain   allemande
              français
d Je parle   espagnol
              français
              allemand
              roumain

– Faire lire « **Les mots... Des nationalités** », p. 30 et « **Pour... Se présenter. Dire les langues parlées** », p. 30.
– Faire remarquer aux apprenants la relation masculin/féminin des adjectifs de nationalités (on rajoute « e » ou « ne » pour le féminin).
– Faire remarquer qu'on nomme une langue avec la nationalité au masculin.
– Demander à quelques apprenants leur nationalité et les langues qu'ils parlent. Bien corriger la structure : *je parle* + masculin de la nationalité.
– Noter au tableau les réponses de e : les dates de naissance d'Amélia, Yvan et Rodolfo.

Corrigé :
e Rodolfo : 1er juillet 1988.
  Amelia : 24 février 1978 → Je suis née le 24 février 1978.
  Yvan : 28 avril 1991.

– Faire observer aux apprenants la façon de dire une date en français : *nombre + mois + année*.
– Faire observer aux apprenants la façon de dire sa date de naissance en français (Amelia) :
Je suis née le + *nombre + mois + année*.
– Faire lire « **Pour... Se présenter. Pour dire une date** », p. 30.
– Faire se lever les apprenants : en 5 minutes, ils doivent demander et noter le maximum de dates de naissance d'apprenants de la classe.
– Demander à l'apprenant qui a obtenu le plus de dates de naissances de les communiquer à la classe. Les intéressés corrigent si nécessaire.
– Noter au tableau les réponses de b et c en deux colonnes : lieu d'origine et lieu d'habitation, en commençant par les villes.

Corrigé :
b et c Rodolfo : vient de Guadalajara
                habite à Guadalajara
       Amelia : vient de Berlin
                habite à Paris
       Yvan :   vient de Paris
                habite à Tokyo

– Faire repérer les structures : venir de + *ville* ; habiter à + *ville*.
– Faire lire « **Pour... Se présenter. Dire le lieu d'origine** », p. 30 et « **Pour... Se présenter. Dire le lieu d'habitation** », p. 30.
– Demander à quelques apprenants de quelle ville ils viennent et dans quelle ville ils habitent.
– Noter au tableau les réponses de b et c en deux colonnes : lieu d'origine et lieu d'habitation, en continuant par les pays.

Corrigé :
Rodolfo : j'habite au Mexique
Amelia : j'habite en France
Yvan :   j'habite au Japon

– Faire maintenant repérer aux apprenants les structures liées aux noms de pays.
– Faire des hypothèses sur l'utilisation de « en » et « au ».
– Faire lire « **Les prépositions + noms de pays** », p. 31.
– Faire remarquer que les noms de pays ont un genre. Et sont parfois pluriels.
– Demander aux apprenants le genre et le nombre de leur pays.

4 Des pays Recherche page 31

Objectif : trouver le genre et le nombre de quelques pays
Modalités : en binôme, puis en grand groupe

– Faire lire la consigne et en vérifier la compréhension.
– Faire réaliser l'activité en binôme. Les apprenants cherchent sur une carte du monde française, sur Internet ou sur tout autre support disponible.
Cette activité peut être anticipée et donnée à faire à la maison ou au centre de ressources (bibliothèque), en groupe ou individuel, à la fin de la séance précédente.
– Procéder à une mise en commun en grand groupe.
– Faire la liste et noter au tableau les pays classés en 3 colonnes :

Pays masculins   *Pays féminins*   *Pays pluriels et/ou commençant par une voyelle*

– Faire rappeler par les apprenants, la préposition utilisée pour chaque colonne, en contextualisant. Par exemple : *Edward habite en Angleterre*.

Corrigé :

Pays masculins	Pays féminins et/ou commençant par une voyelle	Pays pluriels
le Mexique	la France	les Philippines
le Japon	l'Allemagne	les Seychelles
le Canada	la Pologne	les États-Unis
le Mozambique	l'Argentine	les Pays-Bas

j'habite :
AU   EN   AUX
Edward habite en Angleterre.

Nous ne voyons ici que les prépositions concernant le pays d'habitation. Nous verrons plus tard celles concernant le pays de provenance. On peut, par contre, en fonction du groupe, indiquer dès à présent aux apprenants que ces prépositions sont les mêmes pour indiquer le pays de destination. *Je suis/je travaille au Mexique.*

5 Tour du monde Réemploi   page 36

Objectif : dire le nom de son pays, la nationalité, la langue parlée, le pays d'habitation
Modalités : individuel, puis en binôme, enfin en grand groupe

– Faire lire la consigne et en vérifier la compréhension.
– Faire réaliser l'activité individuellement.
– Demander aux apprenants de procéder à une mise en commun en binômes.
– Procéder à la correction en grand groupe.

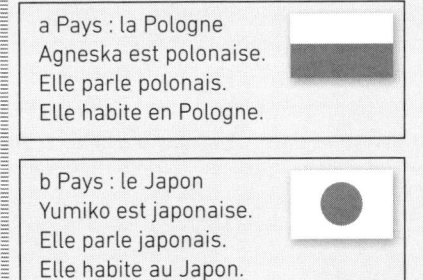

Corrigé :

a Pays : la Pologne
Agneska est polonaise.
Elle parle polonais.
Elle habite en Pologne.

b Pays : le Japon
Yumiko est japonaise.
Elle parle japonais.
Elle habite au Japon.

c Pays : la Chine
Jacky est chinois.
Il parle chinois.
Il habite en Chine.

Bonus

– En groupes, faire réaliser d'autres fiches « vierges » sur le modèle de l'activité 5, p. 36.
– Les apprenants préparent d'autres fiches avec de nouveaux drapeaux et prénoms et proposent aux autres groupes de les compléter.
– Chaque groupe corrige ses fiches.

6 Ici et là Systématisation   page 37

Objectif : utiliser les prépositions de ville et de pays
Modalités : en binôme, puis en grand groupe

– Faire lire la consigne et en vérifier la compréhension.
– Faire réaliser l'activité.
– Procéder à la correction en grand groupe en faisant justifier les réponses en cas de désaccord.

Corrigé :
a Ji Woong est née en Corée, elle vient de Séoul. Elle est professeure de coréen, à Tokyo, au Japon.
b Paolo vient de Rio, au Brésil. Il est étudiant à Paris, en France.
c Marylin est mexicaine. Elle est née à Guadelajara et travaille à Mexico.
e Ye est chinois. Il vient de Shangai. Il est étudiant à Varsovie, en Pologne.
F Silvia vient de Manille. Elle est née aux Philippines.

5 Conjugaison PO   page 31

Objectif : morphologie des verbes en -er au présent
Modalités : en grand groupe, puis individuel, enfin en binôme

– En grand groupe, demander aux apprenants de repérer, dans les documents de la p. 30 (profils et messages) comment sont indiqués les lieux d'habitation de Rodolpho, Amelia et Yvan.
– Inscrire les réponses au tableau comme ci-dessous :
j'   habitE à Paris/au Japon/au Mexique.
(il/elle) habitE à Guadalajara/Paris/Tokyo.
– En grand groupe, faire trouver l'infinitif du verbe et l'écrire au tableau comme ci-dessous :
habitER
– En grand groupe, faire lire et écouter (piste 23) « **Les verbes en -*er* au présent** », p. 31.
– S'assurer de la compréhension de la formation de la conjugaison des verbes en -er au présent en faisant conjuguer le verbe « travailler ».
– Écrire cette conjugaison au tableau comme ci-dessous :
travail**er**

je	travaill**e**
tu	travaill**es**
il/elle	travaill**e**
ils/elles	travaill**ent**
nous	travaill**ons**
vous	travaill**ez**

– En grand groupe, faire remarquer la prononciation identique du verbe avec les personnes *je, tu, il, elle, ils* et *elles*.
– Écrire au tableau la transcription phonétique (*voir* **Précis de phonétique, p. 94**) :
je/tu/il/elle/ils/elles [travaj]
nous [travajɔ̃]
vous [travaje].

- Indiquer que pour cette raison, l'utilisation du pronom personnel sujet est indispensable.
- Faire lire la consigne de l'activité 5 et en vérifier la compréhension.
- Observer l'exemple, puis faire réaliser l'activité individuellement.
- Demander aux apprenants de procéder à une mise en commun en binômes.
- Corriger en grand groupe : projeter le corrigé, si c'est possible, et faire lire chaque item par un apprenant. Corriger la prononciation.

> *Corrigé :*
> a Tu habites à Rouen. Tu parles français ?
> b Cathy et Paul habitent à Montréal. Ils parlent français et anglais.
> c Vous êtes français et vous habitez au Japon. Vous parlez japonais ?
> d Nous habitons à Marseille. Nous parlons français et italien.

7 Informations Systématisation

page 37

Objectifs : morphologie des verbes en *-er* ; utilisation des pronoms personnels sujets
Modalités : en binôme, puis en grand groupe

- Faire lire la consigne et en vérifier la compréhension.
- Observer l'exemple, puis faire réaliser l'activité en binôme.
- Procéder à la correction en grand groupe : projeter le corrigé, si c'est possible, et faire lire chaque item par un apprenant. Corriger la prononciation.

> *Corrigé :*
> a – Vous habitez à Paris ?
> – Oui, et nous travaillons à Paris.
> b – J'appelle* pour le rendez-vous.
> – Vous vous appelez comment ?
> c – Ils parlent russe ?
> – Oui, ils sont russes.
> d – Tu habites à New York ?
> – Non, j'habite en Italie.
> * La différence entre la forme pronominale « s'appeler » et la forme « normale » « appeler » sera abordée dans la leçon suivante.

6 Des étudiants CO

page 31

Objectif : comprendre et compléter des présentations à l'oral
Modalités : individuel, puis en grand groupe

- Faire lire la consigne et en vérifier la compréhension.
- Faire réaliser l'activité individuellement (1re écoute).
- Faire comparer les réponses en binôme et proposer une nouvelle écoute.
- Comme modalité de correction, proposer une 3e écoute avec la transcription p. 121.

- Faire répéter chaque item par un apprenant. Corriger la prononciation.

> *Corrigé :*
> a Je m'appelle Rachel, je suis américaine. Je viens de Philadelphie.
> b Bonjour, je suis Elizabetta, je suis polonaise. J'ai 34 ans. J'habite à Madrid parce que mon mari est espagnol.
> c Je m'appelle Adam et je viens de Pologne, j'ai 22 ans et je suis en France depuis 2012.

Phonétique

8 Rythme CO

Page 37

Objectif : le rythme dans les mots phonétiques
Modalités : individuel, puis en grand groupe

- En grand groupe, faire écouter (piste 25) et lire « **Le rythme (2)** », p. 31.
- Rappeler qu'un mot phonétique se prononce comme un seul mot (voir leçon 5).
- Rappeler que les syllabes sont régulières et que la dernière syllabe est plus longue (voir leçons 1 et 3). Ceci s'applique au mot phonétique.
- Faire répéter à quelques apprenants la phrase du tableau de phonétique.
- S'assurer du découpage en mots phonétiques, du nombre correct de syllabes de chaque mot phonétique (on peut taper dans les mains pour chaque syllabe), du rythme régulier et de l'allongement de la dernière syllabe de chaque mot phonétique.

1 – Faire lire la consigne de l'activité et en vérifier la compréhension à l'aide de l'exemple.
- Puis, faire réaliser l'activité individuellement.
- Proposer une deuxième écoute pour vérifier.
- Procéder à une correction en grand groupe, en tapant le nombre de syllabes dans les mains, par exemple.

> *Corrigé :*
> | | |
> |---|---|
> | Je parle anglais. | 4 syllabes |
> | 1 Oui ! | 1 syllabe |
> | 2 Bonsoir, | 2 syllabes |
> | 3 j'habite à Madrid, | 5 syllabes |
> | 4 j'ai vingt-huit ans, | 4 syllabes |
> | 5 je viens | 2 syllabes |
> | 6 de Tokyo. | 3 syllabes |
> | 7 Je suis né | 3 syllabes |
> | 8 le 2 janvier | 4 syllabes |
> | 9 1960. | 5 syllabes |

2 – Faire répéter aux apprenants la phrase écrite : chaque mot phonétique est répété par un apprenant différent, puis un septième apprenant lit la phrase complète.
- S'assurer du respect du rythme, de l'accentuation pour les 6 premiers apprenants.
- S'en assurer de même pour le 7e apprenant avec, en plus, le respect du découpage en 6 mots phonétiques.
- On pourra réécouter l'enregistrement (piste 29) comme correction.

7 À vous ! PO
page 31

Objectif : se présenter à l'oral
Modalités : individuel, puis en grand groupe

1 – Faire lire la consigne et en vérifier la compréhension.
– Donner 2 minutes aux apprenants pour préparer leur présentation. Leur dire qu'en aucun cas il ne faudra lire leur préparation.
– Le professeur commence et se présente à la classe selon le canevas proposé dans la consigne.
– Chaque apprenant, à tour de rôle, vient, debout, face à la classe et se présente à son tour. Les autres notent les informations sur un cahier ou une feuille.
2 – Grâce aux notes, la classe répond aux questions 2.
– On peut noter les réponses au tableau : le plus jeune, le plus âgé, les prénoms classés par mois de naissance.

8 Tweet PE
page 31

Objectif : se présenter à l'écrit
Modalités : individuel, puis en grand groupe

– Demander aux apprenants ce qu'est un tweet.

Réponse attendue :
Un court message écrit sur un smartphone, sur le réseau social Tweeter. 145 caractères maximum.

– Demander aux apprenants de se présenter sous forme de tweet. On pourra réutiliser la « matrice » de l'activité 7.1.
– Constituer un recueil des tweets de la classe.

Bonus

1 – Chaque apprenant écrit son profil Facebook sur le modèle des profils p. 30.
– Donner les informations écrites suivantes : date de naissance, sexe, situation amoureuse, profession, langues parlées, *habite à, vient de*.
– Trouver une photo format identité de soi et une photo grand format ; y insérer ses nom et prénom.
– Présenter sa page d'accueil (photos + texte) à la classe.
– La classe vote pour la page d'accueil la plus originale.
2 Faire créer un véritable compte Facebook pour la classe.

Leçon 7 | Toi
pages 32-33

OBJECTIFS
Poser des questions sur l'identité et les coordonnées

LE VOCABULAIRE
– Du contact (appeler, téléphoner, contacter, un rendez-vous)
– Du téléphone (allô, ne quittez pas ! j'appelle pour…)
– Des coordonnées (un numéro de téléphone, un fixe, un portable, un (e)mail, un courriel, arobase)

GRAMMAIRE
– L'adjectif possessif au singulier
– *Appeler/s'appeler*

PHONÉTIQUE
L'intonation

OUTILS COGNITIFS
Couleurs différentes, encadrements, alignement en paradigmes

activité 1 p. 32 ▷ activité 2 p. 32 ▷ activité 3 p. 32 ▷ activité 10 p. 37 ▷ activité 12 p. 37 ▷ activité 4 p. 33 ▷ activité 5 p. 33 ▷ activité 11 p. 37 ▷ activité 6 p. 33 ▷ activité 9 p. 37 ▷ activité 7 p. 33 ▷ activité 8 p. 33

1 Petite annonce CE
page 32

Objectif : comprendre une petite annonce de recherche d'acteurs
Modalités : en grand groupe, puis en binôme

– Pour la mise en route, projeter, en grand groupe, le document « Adèle Productions », si c'est possible.
– Faire repérer qu'il s'agit d'une petite annonce.
– Faire lire la consigne et s'assurer de sa compréhension.
– Faire réaliser l'activité en binôme.
– Procéder à la correction en grand groupe.

Corrigé :
a ; f ; i

– Demander aux apprenants comment contacter la production si l'on est intéressé.

Réponse attendue :
Par téléphone.

2 Au téléphone CO 🎧26   page 32

Objectif : comprendre de courts dialogues sur l'identité (questions/réponses)
Modalités : individuel, puis en binôme, enfin en grand groupe

– Indiquer aux apprenants qu'ils vont écouter deux personnes qui téléphonent pour l'annonce précédente.
– Leur projeter les deux fiches, si c'est possible, et s'assurer de la compréhension des entrées : nom, prénom, numéro de téléphone, mail, âge, profession.
– Faire lire la consigne et s'assurer de sa compréhension.
– Faire écouter les deux dialogues et faire réaliser l'activité individuellement.
– Demander de comparer les résultats en binôme.
– Si tous les binômes sont d'accord, mettre en commun en grand groupe, sinon, proposer une deuxième écoute (et peut-être une troisième).

> *Corrigé :*
> **Dialogue 1**
> Nom : Bailly
> Prénom : Caroline
> Numéro de téléphone : 07 45 23 18 65
> Mail : carob@gmail.com
> Âge : 28 ans
> Profession : *non indiquée*
>
> **Dialogue 2**
> Nom : Lefèvre
> Prénom : Nicolas
> Numéro de téléphone : 06 24 09 56 42
> Mail : nlefevre@gmail.com
> Âge : 40 ans
> Profession : professeur de sport

– En grand groupe, lire « **Culture/Savoir** », p. 32.
– Comparer avec la numérotation téléphonique du (des) pays des apprenants.

> **ENTRE PARENTHÈSES**
>
> Les numéros de fixes commençant par :
> – 01 sont situés dans la région parisienne ;
> – 02 dans un grand quart nord-ouest de la France ;
> – 03 dans un grand quart nord-est de la France ;
> – 04 dans un grand quart sud-est de la France ;
> – 05 dans un grand quart sud-ouest de la France ;
> – 09 correspondent aux boxes (réception d'Internet).

3 Questions
CO/Réflexion sur la langue 🎧27   page 32

Objectif : comprendre et repérer des questions sur l'identité
Modalités : individuel, puis en binôme, enfin en grand groupe

– Faire lire la consigne et s'assurer de sa compréhension.
– Faire écouter le dialogue et faire réaliser l'activité individuellement.

– Demander de comparer les résultats en binôme.
– Procéder à une mise en commun en grand groupe.

> *Corrigé :*
> 1 → c ; 2 → b ; 3 → d ; 4 → a

– En grand groupe, faire réécouter les deux dialogues (pistes 26 et 27) avec la transcription p. 121-122.
– Faire repérer les différentes questions posées par la secrétaire pour demander : le nom/prénom, le numéro de téléphone, le mail, l'âge et la profession.
– Les noter au tableau en les classant comme ci-dessous.

Nom : Vous vous appelez comment ?/Votre nom, s'il vous plaît ?
Numéro de téléphone : Vous avez un téléphone ?/Un téléphone ?
Mail : Vous avez un mail ?/Votre adresse mail ?
Âge : Votre âge ?/Vous avez quel âge ?
Profession : Qu'est-ce que vous faites dans la vie ?

– Faire lire « **Pour... Poser des questions sur l'identité et les coordonnées** », p. 32 et s'assurer de la compréhension des actes de parole.
– Faire lire « **Les mots... Du contact** », « **Les mots... Du téléphone** », p. 32 et « **Les mots... Des coordonnées** », p. 33, et s'assurer de la compréhension du lexique.

10 Au téléphone Réemploi   page 37

Objectif : utiliser *comment, qu'est-ce que, quel*
Modalités : individuel, puis en grand groupe

– Faire lire la consigne et s'assurer de sa compréhension.
– Faire réaliser l'activité individuellement.
– Procéder à la correction en grand groupe.

> *Corrigé :*
> – Bonjour, j'appelle pour le casting.
> – Bonjour. Vous vous appelez comment ?
> – Je m'appelle Émilie Joly.
> – Comment ça s'écrit ?
> – J. O. L. Y.
> – Vous avez quel âge ?
> – J'ai 26 ans.
> – Qu'est-ce que vous faites dans la vie ?
> – Je suis étudiante.
> – D'accord, je vous appelle pour le rendez-vous. Au revoir.

– Faire jouer ce mini-dialogue en binôme.

12 Votre email ?
Réemploi 🎧31   page 37

Objectif : comprendre des adresses mail
Modalités : individuel, puis en binôme, enfin en grand groupe

– Faire lire la consigne et s'assurer de sa compréhension.
– Faire écouter l'enregistrement et faire réaliser l'activité individuellement.

– Comparer les réponses en binôme. Proposer éventuellement une nouvelle écoute.
– Procéder à une correction en grand groupe. Un apprenant vient écrire le mail au tableau, la classe valide ou infirme.

> *Corrigé :*
> Exemple : l.aubrac@gmail.com
> a aeliot@gmail.com
> b catherinemangin@gmail.com
> c lpassegue@gmail.com
> d s.billon@gmail.com

4 À lui CE/Réflexion sur la langue page 33

Objectif : l'adjectif possessif au singulier
Modalités : en binôme, puis en grand groupe

– Faire lire la consigne et s'assurer de sa compréhension.
– Faire réaliser l'activité en binôme en demandant aux apprenants de lire la transcription p. 121-122 du manuel.
– Procéder à une mise en commun en grand groupe.

> *Corrigé :*
> a 3 ; b 1 ; c 1 ; d 2

– Faire lire « **L'adjectif possessif au singulier** », p. 33.
– Demander l'équivalent de chaque adjectif possessif singulier, s'il existe, dans la/les langues(s) des apprenants.

5 À qui ? Réemploi page 33

Objectif : l'adjectif possessif au singulier
Modalités : individuel, puis en grand groupe

– Faire lire la consigne et s'assurer de sa compréhension.
– Faire réaliser l'activité individuellement.
– Procéder à une mise en commun en grand groupe et écrire les réponses au tableau. Bien faire remarquer que c'est le genre du « possédé » qui est important, pas celui du possesseur, pour différencier *mon/ma*, *ton/ta* et *son/sa*.

> *Corrigé :*
> a ta fille
> b son portable
> c son fixe
> d votre nom

11 Ma famille Systématisation page 37

Objectif : l'adjectif possessif au singulier
Modalités : en binôme, puis en grand groupe

– Faire lire la consigne et s'assurer de sa compréhension.
– Faire réaliser l'activité en binôme.
– Procéder à une mise en commun en grand groupe.

> *Corrigé :*
> a Je te présente ma famille : ma femme s'appelle Isabelle ; mon fils s'appelle Antonin et ma fille Caroline. Et toi ? Comment s'appelle ton mari ?
> b Je suis célibataire mais ma sœur est mariée ; son mari s'appelle Alaster. Elle a deux enfants : son fils s'appelle Louis et sa fille Jeanne.

Phonétique

6 ↑ ou ↓ CO page 33

Objectif : sensibiliser à l'intonation
Modalités : individuel, puis en grand groupe

– Faire écouter et lire « **L'intonation** », p. 33.
– Faire répéter les exemples par quelques apprenants.
– Faire lire la consigne et s'assurer de sa compréhension.
– Faire réaliser l'activité individuellement.
– Procéder à une mise en commun en grand groupe et écrire les réponses au tableau. Les classer en 2 colonnes : voix montante = question, voix descendante = réponse.

Corrigé :

	↑	↓
Exemple : un téléphone ?	X	
1 Vous avez un email ?	X	
2 Vous êtes journaliste.		X
3 Vous avez 18 ans.		X
4 Vous parlez français.		X
5 Vous êtes marié ?	X	

9 Questions, réponses
Réemploi page 37

Objectif : l'intonation
Modalités : individuel, puis en grand groupe

1 – Faire lire la consigne et s'assurer de sa compréhension.
– Faire écouter l'enregistrement et réaliser l'activité individuellement.
– Procéder à une mise en commun en grand groupe.
2 – Faire lire la consigne et s'assurer de sa compréhension.
– Faire réécouter l'enregistrement et réaliser l'activité individuellement.
– Procéder à la correction en grand groupe. Faire répondre 2 ou 3 apprenants par question.

Corrigé :

1

	↑	↓
Exemple : Votre nom ?	X	
1 Vous avez quel âge ?	X	
2 Qu'est-ce que vous faites dans la vie ?	X	
3 C'est pour le casting.		X
4 Vous avez un email ?	X	
5 Votre portable.		X
6 Un téléphone ?	X	

2 Les apprenants doivent répondre aux items : exemple, 1, 2, 4 et 6.

7 Appeler Réflexion sur la langue   page 33

Objectif : sensibilisation aux verbes pronominaux
Modalités : en grand groupe

– Écrire au tableau : *J'appelle Simon* et *Je m'appelle Simon*.
– Demander aux apprenants quelle est la différence entre les deux phrases. S'ils n'arrivent pas à répondre, demander d'associer les phrases proposées dans l'activité 7.
– Écrire au tableau :
J'appelle Simon. = Je téléphone à Simon.
Je m'appelle Simon. = Mon nom, c'est Simon.
– Faire lire « *Appeler ou s'appeler ?* », p. 33.
– Rappeler la conjugaison du verbe *s'appeler* au présent (dossier 1 ou « *Le verbe s'appeler*, p. 98 ») et donner le nom de ce type de verbes particulier : les verbes pronominaux.
– Demander si ce type de verbes existe dans la langue de l'apprenant.

Corrigé :
J'appelle Simon. = Je téléphone à Simon.
Je m'appelle Simon. = Mon nom, c'est Simon.

8 À vos fiches ! PO   page 33

Objectif : poser des questions sur l'identité
Modalités : en grand groupe

– Distribuer aux apprenants (ou leur faire fabriquer) plusieurs fiches identiques à celle de l'activité 8. (Le nombre de fiches dépendra du nombre d'apprenants.)
– Faire lire la consigne et s'assurer de sa compréhension.
– Demander aux apprenants de se lever et de remplir le maximum de fiches en 10 minutes. Pour ce faire, ils doivent « rencontrer » un maximum de camarades dans la classe, leur poser les questions en français, et remplir une fiche pour chaque apprenant interrogé. S'assurer que les questions sont bien posées en français !
– Au bout des 10 minutes, arrêter l'activité. Demander qui a rempli le plus de fiches.
– La classe vérifie que les informations notées par l'apprenant ayant rempli le plus de fiches sont exactes. Si elles le sont, il a gagné. Sinon, on passe à l'apprenant suivant.

Faits et gestes
Leçon 8 | Faire connaissance   page 34

OBJECTIFS COMMUNICATIFS
– Sensibiliser aux gestes de salutations, suivant l'âge, lors de présentations
– Décrire (brièvement) son logement

LE VOCABULAIRE DU LOGEMENT

OBJECTIFS CULTURELS
– Sensibiliser aux différents types de logements à Nantes
– Découvrir Nantes

activité 1 p. 34 ▷ activité 2 p. 34 ▷ activité 3 p. 35

Dans cet épisode de la sitcom, les deux familles se présentent. Le livreur ayant sonné à la mauvaise porte, les deux familles se retrouvent sur le palier. Cette rencontre fortuite leur permet de faire connaissance.
Les Le Tallec ne sont pas nantais. Ils viennent d'emménager dans l'immeuble et n'avaient pas encore eu l'occasion de faire connaissance avec leurs voisins. Il n'est pas obligatoire en France de se présenter dès qu'on emménage. Parfois on attend d'être complètement installés pour inviter les voisins et se présenter.
L'intérieur de leur appartement nous montre deux styles de famille différents : les uns dînent dans le silence autour d'une table bien dressée, les autres, sont assis dans leur salon où traînent encore les cartons, indice de leur récente arrivée.

Si les adultes semblent différents, les enfants, d'à peu près le même âge, se ressemblent.
Ce qui sera intéressant à faire observer, ce sont les attitudes des uns et des autres : les adultes maintiennent un code de salutations assez formel, les jeunes, se regroupent de leur côté. Ils ont en commun une attitude décontractée et partagent, implicitement, les mêmes codes de salutations. Les distances entre eux ne sont pas les mêmes que celles respectées par les parents. Ces derniers restent bien face à face, un mètre au moins les séparant (Françoise se penche pour serrer la main mais n'avance pas, pour maintenir la distance « sociale ».)
Les apprenants auront remarqué que, victime du quiproquo, le livreur de pizza n'a pas été payé.

Au moment de rentrer, chacun dit bonsoir et ne fait qu'un signe de la main. Il s'agissait bien là d'une poignée de main de présentation. Lors des prochaines rencontres, il ne sera pas obligatoire de se serrer la main, sauf si on ne s'est pas vus depuis longtemps.

1 Salutations PO   page 34

Objectif : sensibilisation aux salutations
Modalités : en grand groupe

– Faire lire la consigne et en vérifier la compréhension.
– Il s'agit ici d'introduire le sujet : quel geste de salutations fait-on quand on se présente ?
– Demander à la classe si la poignée de main est normale, obligatoire, si un simple geste de la main suffit.
– Leur demander s'il est possible d'embrasser la personne. Faire préciser les variantes suivant l'âge, le sexe, le statut...

2 En France   page 34

Objectifs : associer un geste à une tranche d'âge ; associer le verbal, le non-verbal et l'âge/la relation/la situation
Modalités : en grand groupe, puis en binôme

1 – Demander aux apprenants d'observer particulièrement le moment où les familles sont sur le palier.
– Faire regarder la vidéo sans le son.
– Recueillir les impressions des apprenants, ce qui leur semble significatif.
– Leur demander si cela pourrait se passer dans leur pays. Faire lister ce qui serait commun, ce qui serait différent.
– Faire lire et expliquer la consigne.

– Demander aux apprenants de se mettre en binômes pour réaliser l'activité. Visionner à nouveau la vidéo si nécessaire.
– Procéder à la correction en grand groupe.

Corrigé :
Pour les présentations : 4, 5, 6, 7 – a ; 1, 2, 3 – b
Pour dire au revoir (vidéo à 01:44) : 4, 5, 6, 7 – b (Les jeunes ne se font aucun signe.)

Bonus

– Lors de la correction, faire observer les distances.
– Montrer la vidéo de 01:06 à 01:09.
– Faire un arrêt sur image à 01:26 : on voit nettement les jeunes, en cercle, ignorant ce que les adultes se disent. Les adultes eux sont bien face à face.

2 – Faire lire la consigne et en vérifier la compréhension.
– Nommer un apprenant pour donner la réponse.

Corrigé :
a les jeunes : b
b les adultes : a

3 – Faire lire la consigne et en vérifier la compréhension.
– Demander aux apprenants de se mettre en binômes et de lister les mots en relation avec les salutations et présentations à associer à l'une ou l'autre photo.
– Projeter si possible, la photo a et b pour faciliter la correction.
– Procéder à une correction en grand groupe.

Corrigé :
a Bonjour, je m'appelle.../Enchanté.
b Coucou !/Salut !/Moi, c'est...

Culture
Habiter à Nantes   page 35

– Projeter si possible les photos de la p. 35.
– En langue maternelle ou dans la langue commune à la classe, leur demander ce qu'ils pensent de ces façades nantaises.
– Faire commenter la photo de la maison.

3 Et vous ? PO   page 35

Objectif : sensibiliser aux différents modes de logement
Modalités : en grand groupe, puis en binôme

1 – Faire lire la consigne et en vérifier la compréhension.
– Demander aux apprenants la population de leur ville.
– Après quelques propositions, donner la bonne réponse

(que vous aurez trouvée en amont sur un site comme Wikipédia, mais vous pouvez chercher en classe si vous avez une connexion).

2 – Tracer le tableau suivant au tableau :

	% de ceux qui habitent dans un appartement	% de ceux qui habitent dans une maison
Nantes		
Notre ville		
Notre classe		

Les informations recueillies aux questions 2 et 3 y seront regroupées, afin de faire des comparaisons.

– Faire faire des recherches sur combien de personnes habitent dans une maison ou un appartement dans la ville des apprenants. Cette activité peut se dérouler en grand groupe, en classe, si vous avez une connexion dans la salle. Sinon les apprenants la font comme devoir. Il faudrait trouver un site Internet officiel qui centralise les statistiques, comme www.insee.fr pour la France.
– Noter le chiffre. Si toutefois, cette information s'avérait difficile à trouver, la comparaison se ferait sur les chiffres de la classe et ceux de Nantes.

3 – Demander aux apprenants qui habitent en appartement de lever la main, et faire de même pour ceux qui habitent une maison.
– Noter les chiffres au tableau.
– Demander aux apprenants de convertir les chiffres notés en pourcentages (diviser le nombre d'apprenants qui habitent un appartement par le nombre total des apprenants, puis multiplier le résultat par 100).
Les informations seront regroupées comme suit :

	% de ceux qui habitent dans un appartement	% de ceux qui habitent dans une maison
Nantes	72 %	21,7 %
Notre ville		
Notre classe		

– Demander aux apprenants de lire « **Culture/Savoir** », **p. 35** et de compléter le tableau de comparaison.
– Demander aux apprenants de commenter les différences.

4 – Leur demander de regarder le plan en 3D d'un logement typique.
– Faire lire et répéter les cinq mots pour les pièces.
– Demander aux apprenants de travailler en binômes. Leur demander de dessiner une maison et un immeuble de leur pays, région, ainsi que l'intérieur.
– Faire comparer leur dessin avec le plan 3D du manuel. Faire dire les différences éventuelles.
– Décrire l'appartement de l'image en utilisant *je* : *J'habite un appartement, j'ai une chambre, un salon, une salle de bains, une cuisine et une entrée.* Montrer, en même temps qu'on le dit, chaque pièce.
– Demander à quelques apprenants de décrire leur logement ou un logement fictif sur le même modèle.
– Puis, les apprenants étant en binômes, ils s'échangent leur dessin et l'un décrit le logement de l'autre.

ENTRE PARENTHÈSES

http://www.nantes.fr/home.html
Il s'agit du site de Nantes sur lequel on peut trouver des informations pratiques.

http://fr.wikipedia.org/wiki/Nantes
Il s'agit ici de Wikipedia, toujours intéressant pour des informations historiques.

http://www.nantes-tourisme.com/quartier-feydeau-12711.html
Il s'agit du site sur l'île Feydeau à Nantes (photo de la p. 35).

Action ! Nous créons un site Internet pour la classe. page 38

Objectifs : familiariser les apprenants avec l'informatique et la Toile ; les rendre capables de gérer un espace virtuel ; mettre en place les bases informatiques pour la publication des projets futurs ; inciter les apprenants à s'investir dans les projets futurs
Outils/Matériel : ce projet devrait se dérouler dans une salle équipée d'un vidéoprojecteur et d'une connexion Internet. Créer une adresse email professionnelle au cas où aucun apprenant ne propose de donner son adresse pour la création du site.
Modalités : en grand groupe, en sous-groupe

▷ MISE EN PLACE

– Demander aux apprenants d'ouvrir leur livre p. 38.
– Expliquer aux apprenants qu'ils vont créer un blog/site Internet pour la classe.
– Leur demander ce que, d'après eux, ils pourraient y publier.

> *Réponse attendue :*
> Petites productions écrites, photos d'activités, rendez-vous, indications du prof pour les devoirs à faire…

▷ POUR LANCER L'ACTIVITÉ

– En langue maternelle ou dans la langue commune à la classe, montrer aux apprenants quelques exemples concrets de l'utilisation de leur site. Leur demander d'aller p. 52 (Action !). Ne montrer que la partie « Après la sortie » = publier des photos et des commentaires. Ou bien encore p. 64 ou p. 78.
– Leur expliquer que le site est un espace virtuel commun d'apprentissage. Ils pourront le consulter de chez eux, l'enrichir, l'utiliser pour recopier une production qui pourra être corrigée en grand groupe en classe… Les possibilités sont nombreuses.
Un site Internet est comme un compte Facebook. La différence c'est qu'il ne s'agit pas de participer à un réseau. Il s'agit d'un espace virtuel, partagé par un nombre limité de personnes (le groupe classe). Leur préciser aussi que cela fonctionne comme un carnet de bord de leur apprentissage. Étant donné qu'il faut un mot de passe, le site est donc protégé, seuls les membres de la classe y auront accès.

▷ RÉALISATION DE LA TÂCHE

– Demander aux apprenants de revenir à la p. 38. Projeter cette page.
– Demander à la classe quelle est la première chose à faire.
– Lire l'adresse du site et demander à quelques apprenants de répéter.
– Projeter la page du moteur de recherche dans la classe. En fait, à partir de là, tout doit être projeté pour que tout le monde suive les opérations.
– Demander à un apprenant d'aller à l'ordinateur pour saisir le nom du site. Se connecter sur le site Jimdo.
– Demander à l'apprenant de cliquer sur « Créez votre site web gratuit ».
– Demander qui est d'accord pour donner son adresse email. Si personne n'est d'accord, proposer votre adresse professionnelle.
– Saisir l'adresse mail.
– Demander aux apprenants de se mettre en sous-groupes pour faire une liste de mots (5 ou 6) susceptibles de devenir des mots de passe.
– Leur donner quelques minutes puis, en grand groupe, lister les suggestions au tableau.
– Organiser un vote pour mettre les mots dans l'ordre de popularité.
– Veiller à ce que la liste ne soit pas trop courte. Il arrive qu'un mot qu'on avait choisi soit déjà pris. À ce moment-là, les mots choisis par les apprenants étant classés par ordre de popularité, il suffira de prendre le/les suivant(s).
– Saisir le mot de passe choisi, puis aller à l'étape suivante.
– Demander à un autre apprenant de venir à l'ordinateur. Il recopie de mot antispam qui apparaîtra à l'écran.
– À ce stade-là, Jimdo vous demandera de confirmer l'adresse email que vous aurez donnée.

Le message « Dans quelques instants : votre nouveau site Jimdo ! » apparaîtra.
– Demander aux apprenants de se remettre en sous-groupes pour choisir un titre pour leur site. Invitez-les à parcourir les pages du manuel déjà travaillées pour trouver des mots qu'ils aiment (soit pour sa sonorité, soit pour son sens, soit pour une tout autre raison). Le nom du site peut être un mot isolé, ou une expression. Chaque sous-groupe doit présenter un titre possible.
– Demander à chaque groupe de donner le titre choisi. Écrire au tableau chaque titre et faire les corrections si nécessaire (grammaticales ou/et phonétiques).
– La classe devra choisir un titre. Le vote est une technique efficace.
Une fois que le site est nommé, il existe. Il ne reste plus qu'à l'utiliser. Jimdo propose une utilisation vraiment simple.
– Récapituler au tableau :
        adresse du site : www.jimdo.com
        mot de passe :
        titre du site :
– Prendre une photo de la classe.
– Demander à un apprenant de se charger de poster la photo sur le site.
– Demander à un autre apprenant de venir à l'ordinateur écrire un texte pour se présenter. La page étant projetée, la correction se fait « participative ».
– Les autres apprenants écriront un texte de chez eux. Leur dire que vous les lirez et corrigerez sur le site lui-même.

▷ « VOTRE AVIS »

– Demander à la classe d'évaluer l'activité.
– Projeter cette partie de la page Action !
– Compter combien il y a de +, de ++ ou +++.

■ Préparation au DELF A1

pages 39-40

Faire réaliser les activités dans l'ordre proposé. On peut répartir les activités sur plusieurs séances.

I. Compréhension de l'oral 🎧32   page 39

– Faire lire les consignes et s'assurer de leur compréhension.
– Passer l'enregistrement deux fois.
– Laisser 2 minutes pour vérifier les réponses.

> *Corrigé :*
> 1 Laurentin.
> 2 c Le Canada.
> 3 Canadienne / Il est canadien.
> 4 En France.
> 5 Métier : acteur ; âge : 32 ans ; numéro de téléphone : 06 33 47 35 61 ; adresse mail : hugo.laurentin@gmail.com

II. Compréhension des écrits   pages 39-40

– Faire lire les consignes et s'assurer de leur compréhension.
– Faire réaliser l'activité.

> *Corrigé :*
> 1 Felipe a 27 ans.
> 2 d Felipe est de nationalité brésilienne.
> 3 Felipe parle 3 langues.
> 4 b Felipe vit à Paris.
> 5 b La mère de Felipe est photographe.
> 6 La sœur de Felipe s'appelle Eliane.

III. Production écrite   page 40

– Faire lire les consignes et s'assurer de leur compréhension.
– Faire réaliser les activités.

> *Pour évaluer l'apprenant :*
> – Correction sociolinguistique (formule d'appel et de congés et registre de langue) (1 point).
> – Capacité à informer et à décrire (4 points).
> – Lexique/orthographe lexicale (2 points).
> – Morphosyntaxe/orthographe grammaticale (2 points).
> – Cohérence et cohésion (1 point).

IV. Production orale   page 40

– Faire lire les consignes et s'assurer de leur compréhension.

1 – Faire venir chaque apprenant au tableau pour réaliser la production (production orale en continu). Si le nombre d'apprenants est trop important, faire réaliser l'activité en binôme ou ne faire passer que quelques apprenants, les autres seront sollicités ultérieurement.

2 Faire réaliser l'activité en binôme. Passer dans la classe pour évaluer.

> *Pour évaluer l'apprenant :*
> Dans l'exercice 1 :
> – L'enseignant s'assurera que l'apprenant peut se présenter, parler de soi de manière simple. (3 points)
>
> Dans l'exercice 2 :
> – L'enseignant s'assurera que l'apprenant peut poser des questions personnelles simples et qu'il comprend les réponses de l'autre étudiant. (3 points)
>
> La partie linguistique est à évaluer pour les deux parties de la production orale.
> – Lexique (étendue) / correction lexicale (2 points).
> – Morphosyntaxe / correction grammaticale (1 point).
> – Maîtrise du système phonologique (1 point).

Sorties

Dossier 3

Les familles Le Tallec et Bonomi se retrouvent au restaurant pour faire connaissance. La mère de Laurent Bonomi est là aussi. Il s'agit d'un déjeuner. C'est l'occasion pour les apprenants de voir les rituels du restaurant.

Page contrat

page 41

Objectifs : connaître le programme d'apprentissage ; sensibiliser au thème et au contenu à partir du nuage de mots
Modalités : en grand groupe

– Regarder cette page avec les apprenants ou la projeter, si c'est possible.
– Faire repérer les 8 zones d'informations dans l'ordre suivant :
    a. le numéro du dossier et sa couleur rose ;
    b. le titre du dossier ;
    c. la photo ;
    d. le nuage de mots ;
    e. la tâche à réaliser ;
    f. les objectifs fonctionnels ;
    g. le résumé de la vidéo ;
    h. le contenu socio-culturel et culturel.
– Dire le titre de la leçon (Sorties) et le faire répéter par quelques apprenants.
– Faire décrire la photo dans la langue maternelle ou dans la langue commune à la classe.

> *Réponse attendue :*
> C'est le soir, on voit des terrasses, des restaurants, des gens dehors. Il semble faire chaud. C'est le début de la soirée. C'est l'été, le week-end.

– Lire les mots du « nuage de mots », puis faire répéter certains mots par quelques apprenants.
– Demander de classer ces mots : mots en relation avec le titre du dossier. On pourra passer par la langue maternelle ou la langue commune à la classe, si besoin.

– Écrire les mots classés au tableau.
Sorties : ça te dit ?, visiter un musée, voir un film, faire la fête
– Demander aux apprenants d'écrire une phrase en relation avec la photo : ils peuvent la décrire ou utiliser certains mots du « nuage de mots ».

> *Réponse possible :*
> Le samedi soir, nous allons voir un film.
> Le samedi soir, je fais la fête.
> C'est le soir. Les Nantais sont dans la rue.

– Demander aux apprenants ce qu'ils seront capables de faire à la fin du dossier *(ils organiseront une sortie)*.
– Leur demander à quelle page se trouve ce travail *(page 52)*.
– Montrer la zone des objectifs fonctionnels et demander aux apprenants ce qu'ils apprendront à faire *(commander au restaurant, poser des questions, décrire une ville…)*. S'assurer de la compréhension.
– Leur demander ce qui se passera dans la vidéo *(Les familles Bonomi et Le Tallec vont au restaurant pour faire connaissance)*.
– Leur demander quel sera le contenu socioculturel et culturel *(au restaurant, Bienvenue à Paris)*.
– Demander à la classe qui connaît Paris.

Leçon 9 | Et pour vous ?

Dossier 3 — pages 42-43

OBJECTIFS
— Commander au restaurant
— Poser des questions en relation avec la commande : *est-ce que/qu'est-ce que*

LE VOCABULAIRE DE LA RESTAURATION
— le menu
— le plat
— la salade
— la viande : le poulet, un steak, un poisson, le saumon
— un dessert : la tarte aux pommes, la mousse au chocolat
— une boisson : une carafe d'eau, un jus de fruits, le vin
— le déjeuner, le dîner
— la carte
— l'addition
— une entrée : les escargots
— le sel, le poivre

GRAMMAIRE
— Les articles indéfinis et définis (2)
— Le verbe *prendre* au présent

PHONÉTIQUE
La liaison

OUTILS COGNITIFS
Couleurs différentes, alignements en paradigmes

---

activité 1 p. 42 ▷ activité 2.1 p. 42 ▷ activité 4 p. 50 ▷ activité 2.2 p. 42 ▷ activité 4 p. 43 ▷ activité 5 p. 43 ▷ activité 3 p. 50 ▷ activité 3 p. 43 ▷ activité 6 p. 43 ▷ activité 2 p. 50 ▷ activité 5 p. 50 ▷ activité 7 p. 43 ▷ activité 1 p. 50 ▷ activité 8 p. 43 ▷

---

1 Un déjeuner CE/PO p. 42

Objectifs : identifier les personnages et la situation, le lieu et l'acte de parole (commander au restaurant, poser des questions pour commander) – cette phase fonctionne comme une compréhension globale – ; anticiper le lexique du restaurant
Modalités : en grand groupe, puis en binôme

1 – Livre fermé, faire regarder le générique de la vidéo.
– Faire pause sur le titre : « Et pour vous ? »
– Demander aux apprenants de noter le nom de cette vidéo.
– Leur faire faire des hypothèses sur ce que cela veut dire et sur qui peut le dire. Ne pas leur donner la solution. Leur dire qu'une fois qu'elle aura vu la vidéo, la classe vérifiera ses hypothèses.
– Demander aux apprenants d'ouvrir le livre p. 42.
– Faire regarder la vidéo sans le son.
– Faire lire la consigne et en vérifier la compréhension.
– Demander aux apprenants de répondre aux questions.

Bonus
Demander aux apprenants, en langue maternelle ou dans la langue commune à la classe, de réagir à ce qu'ils ont vu, de donner leurs impressions, de décrire ce qu'ils ont vu. *Un restaurant, les Bonomi, une dame qu'ils ne connaissent pas encore, Françoise, il fait jour, ils affichent des signes d'impatience, Françoise semble embarrassée...*

– Faire dire par la classe le nom et les prénoms des personnages, sauf celui de la mère de Laurent, et où ils se trouvent.

> *Corrigé :*
> a Nathalie, Laurent, Françoise, Simon.
> b Ils sont au restaurant.

– Demander à la classe s'il y a un problème, proposer aux apprenants de répondre en langue maternelle ou dans la langue commune à la classe.

> *Réponse attendue :*
> Il manque Simon, qui est en retard, et Françoise semble embarrassée.

– Demander à la classe de décrire ce qui se passe en langue maternelle ou dans la langue commune à la classe.

> *Réponse attendue :*
> Ils attendent quelqu'un ; on peut imaginer que c'est Simon. Celui-ci finit par arriver. Ils déjeunent en parlant, puis Françoise paie. Ils sortent et Lucie revient pour déposer de l'argent sur la table : le pourboire.

2 – Faire lire la consigne et en vérifier la compréhension.
– Faire réaliser l'activité en binôme.
– Procéder à la correction en grand groupe. Au moment de la mise en commun, noter les mots au tableau en créant deux colonnes :

> *Corrigé :*
> Un menu   Le sel
> Une carafe d'eau   Le poivre
> Une serviette   L'addition
> Un comptoir

– Dire les mots et demander à quelques apprenants de les répéter.

2 La commande CO/CE 🎬 4   page 42

Objectifs : comprendre les mots clés (le lexique de la restauration) ; le verbe *prendre*
Modalités : en grand groupe, puis en binôme
Outils pédagogiques : photos de l'activité 2 (le menu, les différents plats et l'addition)
Outils cognitifs : corpus en colonnes, deux couleurs

Cette activité se fera en deux temps.
– Si c'est possible, projeter les photos des plats.
– Demander aux apprenants de les regarder.
– Lire le nom de chaque plat et leur demander de répéter.
1 – Faire lire la consigne et en vérifier la compréhension.
– Faire regarder la vidéo avec le son.
– Demander aux apprenants de répondre en binômes, puis de comparer avec leur voisin.
– Procéder à une mise en commun en grand groupe. Noter au tableau les prénoms et sous chaque prénom le plat choisi :

Simon	Françoise	Laurent	Nathalie	Lucie
un steak frites	le poulet basquaise	le poulet basquaise	le poulet basquaise	une salade italienne

> *Corrigé :*
> a Le saumon grillé et le poulet basquaise
> b Simon : un steak frites
> Françoise : le poulet basquaise
> Laurent : le poulet basquaise
> Nathalie : le poulet basquaise
> Lucie : une salade italienne

– Noter au tableau : *Le menu déjeuner.*
– Utiliser une couleur pour l'article défini et une autre couleur pour l'article indéfini.
– Faire regarder la vidéo de 0:28 à 0:47.
– Demander aux apprenants de noter ce qui compose le menu. Il sera possible de le faire en langue maternelle ou dans la langue commune à la classe.

> *Corrigé :*
> Le menu
>   une entrée
>   un plat
>   un dessert

– Demander aux apprenants de lire « *Prendre* au présent », p. 43.
– Faire écouter la conjugaison du verbe *prendre* (piste 33).
– Faire répéter la conjugaison, un pronom par apprenant.
– Projeter le tableau, si possible, et faire remarquer les 3 bases.
– Répéter et faire répéter.
– Utiliser le tableau que vous avez construit (voir ci-dessus l'activité 2.1) pour faire utiliser le verbe *prendre*. Dire, par exemple, en montrant le nom et le plat : « *Simon prend un steak frites.* » Puis, demander ce que prend Lucie, puis ce que prennent Françoise, Laurent et Nathalie.

4 Prendre Réemploi 🎧 33   p. 50

Objectif : phonie/graphie du verbe *prendre*
Modalités : en grand groupe

1 – Faire lire la consigne et en vérifier la compréhension.
– Demander aux apprenants de regarder « *Prendre* au présent », p. 43. Leur faire remarquer qu'il y a moins de sons retranscrits que de personnes.
2 – Faire écouter la piste 33 lors de la correction. Si possible, projeter l'activité. Si ce n'est pas possible, recopier au tableau les pronoms et la transcription phonétique.
– Faire répéter par quelques apprenants.

> *Corrigé :*
> je [prã]
> tu [prã]
> il/elle/on [prã]
> nous [prənɔ̃]
> vous [prəne]
> ils/elles [prɛn]

2 La commande CO 🎬 4   page 42

Objectif : compréhension affinée de la vidéo
Modalités : en grand groupe

2 – Faire lire les questions et en vérifier la compréhension.
– Pour la tarte aux pommes, arrêter la vidéo à 1:46.
– Procéder à une mise en commun. En ce qui concerne la tarte aux pommes, il s'agit de faire faire des hypothèses ; elles seront vérifiées plus tard.

> *Corrigé :*
> a Nathalie
> b Françoise
> c 92 euros

Bonus

Demander à la classe de réagir au prix du repas. Trouvent-ils cela cher ? Quel serait le prix d'un même repas dans leur pays ? Leur faire remarquer qu'ils n'ont pas pris de vin. Cela aurait ajouter peut-être 20 ou 30 euros à l'addition.

Réflexion sur la langue
– Au fur et à mesure, vous avez noté les différents éléments grammaticaux à observer. Votre corpus lexical est donc observable.
Le menu déjeuner
Le menu
    une entrée
    un plat
    un dessert
– Demander aux apprenants de trouver dans « **Les mots… De la restauration** », p. 42, un exemple d'entrée, de plat et de dessert.
– Faire remarquer aux apprenants que les articles ont changé. Leur faire faire des hypothèses sur l'utilisation des articles. Recueillir leurs impressions.

> *Réponse attendue :*
> Le menu = il est « connu », on ne peut pas le compter ;
> une entrée = c'est n'importe quelle entrée. Elle n'est pas encore définie, précisée, nommée. On peut la compter.

4 Les articles Réemploi   page 43

Objectif : vérifier la compréhension de la différence entre l'article défini et l'article indéfini
Modalités : en binôme, puis en grand groupe

– Faire lire la consigne et en vérifier la compréhension.
– Demander aux apprenants de réaliser l'activité en binômes.
– Procéder à une correction en grand groupe.

> *Corrigé :*
> a 3
> b 1
> c 2

5 *Chez Violette* Réemploi   page 43

Objectif : vérifier la compréhension de la différence entre l'article défini et l'article indéfini
Modalités : en binôme, puis en grand groupe

Comme il s'agit d'un point grammatical important deux activités de réemploi sont justifiées. L'activité 4 est plus simple que l'activité 5.
– Faire lire la consigne et en vérifier la compréhension.
– Demander aux apprenants de relire « **Les articles indéfinis et définis (2)** », **p. 43**.
– Faire réaliser l'activité en binôme.
– Procéder à la correction en grand groupe.

> *Corrigé :*
> Le restaurant *Chez Violette* propose un menu avec une entrée : la salade italienne ou les escargots ; un plat : le saumon grillé ou le poulet basquaise ; un dessert : la tarte aux pommes ou la mousse au chocolat.

3 Un bon restaurant !
Systématisation   page 50

Objectif : utiliser les articles définis et indéfinis
Modalités : en binôme, puis en grand groupe

Il est possible de donner à faire cette activité à la maison.
– Faire lire la consigne et en vérifier la compréhension.
– Demander aux apprenants de travailler en binômes.
– Leur dire, pour élargir les explications, que souvent, lorsque c'est la première fois qu'on dit le mot, on utilise l'article indéfini, et quand c'est la deuxième fois, ou les fois suivantes, l'article défini. Ce système est pondéré par les notions de comptable ou non comptable, général ou précision.

Cet exercice permet assez bien de vérifier ce système : Je connais *un* (c'est la première fois que je dis le mot « restaurant », c'est aussi comptable, je peux dire « 3 restaurants ») restaurant : c'est *le* (c'est la deuxième fois que j'utilise le mot, c'est non comptable à cause du nom) restaurant *Chez Félicie*. Il propose *une* (première fois) carte avec *un* (première fois) menu. Sur *la* (deuxième utilisation) carte, il y a *des* (on peut les compter) entrées, *des* (idem) plats, *des* (idem) desserts. *Les* (deuxième utilisation) entrées sont bonnes et j'aime *les* (idem) desserts, alors je prends toujours *le* (deuxième utilisation) menu. Comme plat, je prends *un* (on peut le compter) steak ou *une* (idem) salade : *le* (deuxième utilisation) steak à point et *la* (deuxième utilisation) salade italienne. *Le* (troisième utilisation) restaurant n'est pas cher.

> *Corrigé :*
> Je connais un restaurant : c'est le restaurant *Chez Félicie*. Il propose une carte avec un menu. Sur la carte, il y a des entrées, des plats, des desserts. Les entrées sont bonnes et j'aime les desserts, alors je prends toujours le menu. Comme plat, je prends un steak ou une salade : le steak à point et la salade italienne. Le restaurant n'est pas cher.

3 Serveur ou client ?
CO/CE 4   page 43

Objectifs : être capable de comprendre le serveur ; poser des questions et commander
Modalités : en grand groupe, puis en binôme

– Projeter, si possible, les deux photos de la page 43.
– Livre fermé, faire regarder la vidéo avec le son.
– Demander aux apprenants d'ouvrir leur livre p. 43.
– Faire lire la consigne et en vérifier la compréhension.
– Demander aux apprenants de travailler en binômes pour associer les énoncés aux personnes.
– Repasser la vidéo de 00:32 à 2:00.
– Demander aux apprenants de vérifier leurs réponses. Donner la correction.

> *Corrigé :*
> a Le serveur
> b Les clients
> c Le serveur
> d Les clients

Réflexion sur la langue
– Noter au tableau :

Le serveur	Le client
Comme plat du jour il y a le poulet basquaise et le saumon grillé. Et comme boissons ? Est-ce que vous prenez du vin ?	Un steak frites, à point, s'il vous plaît. L'addition, s'il vous plaît.

– Repasser la vidéo de 00:32 à 1:19.
– Demander aux apprenants de repérer trois autres commandes, afin de compléter le tableau fonctionnel.

Corrigé :
Nathalie : Le poulet.
Laurent : Trois poulets.
Lucie : Pour moi, une salade italienne, s'il vous plaît.

– Ajouter ces énoncés au tableau.

Le serveur	Le client
Comme plat du jour, il y a le poulet basquaise et le saumon grillé. Et comme boissons ? Est-ce que vous prenez du vin ?	Un steak frites, à point, s'il vous plaît. L'addition, s'il vous plaît. **Le poulet. Trois poulets. Pour moi, une salade italienne, s'il vous plaît.**

– Faire observer la ponctuation dans les deux colonnes.
– Faire remarquer que le serveur pose des questions.
– Faire observer le début des phrases affirmatives et le début des phrases interrogatives.
– Demander aux apprenants ce qu'ils remarquent (*les affirmatives commencent par un article*).
– Montrer et encadrer en couleur « est-ce que ».
– Repasser la vidéo et demander aux apprenants de lire la transcription p. 122.
– Leur demander de relever dans la transcription trois questions en relation avec la commande. Cela pourra être fait en langue maternelle ou dans la langue commune à la classe.

Corrigé :
Qu'est-ce qu'on mange ?
Qu'est-ce que tu prends ?
Il est bon le poulet basquaise ?

– Ajouter ces énoncés au tableau.

Le serveur	Le client
Comme plat du jour, il y a le poulet basquaise et le saumon grillé. Et comme boissons ? Est-ce que vous prenez du vin ?	Un steak frites, à point, s'il vous plaît. L'addition, s'il vous plaît. Le poulet. Trois poulets. Pour moi, une salade italienne, s'il vous plaît. **Qu'est-ce qu'on mange ? Qu'est-ce que tu prends ? Il est bon le poulet basquaise ?**

– Montrer et encadrer en couleur « qu'est-ce que ».
– Demander aux apprenants de regarder « **Pour... Poser des questions** », p. 42. Le projeter, si c'est possible.
– Leur faire remarquer les réponses : oui/non pour *est-ce que*, un mot ou une phrase pour *qu'est-ce que*.
– Repasser la vidéo pour une confirmation de la règle :
pour *qu'est-ce que* : de 00:48 à 00:57 ;
pour *est-ce que* : de 00:30 à 00:38.
– Pour procéder à la vérification de la compréhension de la différence entre *est-ce que* et *qu'est-ce que*, montrer sur le tableau la question « Il est bon le poulet basquaise ? »
– Repasser la vidéo de 00:48 à 1:03.
– Demander aux apprenants si cette question avec l'intonation peut être dite avec *qu'est-ce que* ou *est-ce que* ? La réponse est *est-ce que* car Laurent répond : « Ah, oui ! »

6 Questions CE Réemploi — page 43

Objectif : l'utilisation de *est-ce que/qu'est-ce que*
Modalités : individuel, puis en binôme, enfin en grand groupe

– Faire lire la consigne et en vérifier la compréhension.
– Préciser aux apprenants qu'ils doivent consulter « **Pour... Poser des questions** » et « **Les mots... De la restauration** », p. 42.
– Demander aux apprenants de réaliser l'activité, puis de comparer leurs réponses avec leur voisin.

Corrigé :
Les réponses sont à trouver dans le bandeau bleu.
a Le poulet basquaise, le saumon grillé.
b Non/Oui : une salade, les escargots.
c La mousse au chocolat.

– Procéder à la mise en commun : demander à la classe qui a pris quoi.
– Demander qui a pris une entrée ? Quelle entrée ? (Cela oblige à utiliser « **Pour... Poser des questions** » et « **Les mots... De la restauration** », p. 42.)
– Vérifier la compréhension des escargots et de la mousse au chocolat.

2 Questions Systématisation — page 50

Objectif : différencier les deux structures de la question en y répondant personnellement (pour mieux se rendre compte de la nécessité de développer *qu'est-ce que*, ou juste dire *oui/non*)
Modalités : en grand groupe

– Faire lire la consigne. En vérifier la compréhension.
– Faire répondre aux questions en grand groupe.

ENTRE PARENTHÈSES

Voici un site sur les escargots dans la cuisine française. Il propose des données historiques et des recettes. Si vous disposez d'Internet dans votre classe, montrez ce site aux apprenants. Ils en seront très étonnés.
http://www.cuisine-escargot.com/tout-savoir/embleme-de-la-gastronomie-francaise
Si on ne cuisine plus trop les escargots à la maison, on en profite pour en manger lorsqu'on va au restaurant.

– Demander aux apprenants de lire « **Culture/Savoir** » p. 42.
– Leur expliquer qu'il s'agit de la cuisson de la viande.
– Leur poser les questions suivantes : comment mange-t-on la viande dans leur pays ? Comment la mangent-ils ?

ENTRE PARENTHÈSES

Voici un site d'un producteur de viande qui explique les temps de cuisson.
http://www.charal.fr/vous-et-nous/vos-questions/question.html?id=14

Dossier 3

Phonétique

5 Les liaisons CO 🎧 page 50

Objectif : sensibiliser à la liaison
Modalités : individuel, puis en binôme, enfin en grand groupe

– Faire écouter (piste 34) et lire « **La liaison** », p. 43.
– Faire répéter l'exemple : « un apéritif ».
– Faire remarquer que ces deux mots écrits constituent un mot phonétique et doivent donc se prononcer sans s'interrompre. La consonne finale muette de « un » est prononcée avec la voyelle du mot suivant « a » pour former la syllabe : « na ».
– On peut faire répéter chaque syllabe par un apprenant différent :
apprenant 1 → [ɛ̃]
apprenant 2 → [na]
apprenant 3 → [pe]
apprenant 4 → [ri]
apprenant 5 → [tif]
Un 6ᵉ apprenant prononce l'ensemble : [ɛ̃naperitif].

Pour rappel, la définition de la liaison est : « Dans le mot phonétique, une consonne finale muette d'un mot écrit peut former une syllabe avec la voyelle initiale du mot suivant. C'est la liaison. » En fait, les blancs graphiques des mots écrits sont inexistants à l'oral. Les mots disparaissent au profit de syllabes qui s'enchaînent en attachant tous les mots entre eux, pour former un seul mot phonétique.
Ceci est très important, car tout nom commençant par une voyelle ou « h » n'est jamais prononcé « comme dans le dictionnaire ». Ainsi, on n'entendra jamais « apéritif », mais « napéritif », « zapéritif », « lapéritif »..., selon l'article ou l'adjectif placé avant « apéritif ». Il en va de même avec tous les noms commençant par une voyelle (ou « h ») : *an, ami, école, addition, entrée*... Il est donc très important de sensibiliser les apprenants à ce phénomène si particulier du français oral. C'est l'objectif de l'activité suivante.
– Faire lire la consigne de l'activité 5 et s'assurer de sa compréhension.
– Dire et faire répéter chacun des 3 mots phonétiques proposés : [naperitif], [zaperitif], [taperitif].
– On pourra faire reproduire le tableau aux apprenants, ou leur en donner une copie. Ne pas indiquer les mots écrits, donner juste les numéros.

	[naperitif]	[zaperitif]	[taperitif]
Exemple	✗		
1			
2			
3			
4			

– Faire l'exemple en grand groupe.
– Faire réaliser l'activité individuellement.
– Demander de comparer les résultats en binôme.
– Proposer une nouvelle écoute si nécessaire.
– Procéder à une mise en commun en grand groupe.

Corrigé :

	[naperitif]	[zaperitif]	[taperitif]
Un apéritif	✗		
1 Des apéritifs		✗	
2 Un bon apéritif	✗		
3 Un petit apéritif			✗
4 Deux apéritifs		✗	

– Faire répéter les items aux apprenants.

Bonus

On pourra proposer une activité de production supplémentaire :
– le professeur écrit « ami » au tableau.
– Puis il dit : « un » et sollicite un apprenant qui doit répondre : « un_ami » ([ɛ̃nami], ainsi de suite avec : *des, mon, deux, petit, ton, trois, un.*
On peut faire de même avec d'autres noms commençant par une voyelle : *étudiant, enfant, architecte, escargot, an...*
On vérifiera que l'apprenant prononce bien le mot phonétique « comme un seul mot », sans s'interrompre, avec un rythme régulier et en respectant la liaison.

7 Le menu PE page 43

Objectif : utiliser les mots de la restauration et les articles
Modalités : en grand groupe, puis en binôme ou en sous-groupe

– Faire lire la consigne et en vérifier la compréhension.
– Faire un exemple au tableau avec la classe.
– Demander aux apprenants de travailler en binômes ou par trois.
– Circuler parmi les groupes pour les corrections.
Si vous disposez d'un TNI, demander à un sous-groupe de prendre en photo la production et de vous l'envoyer sur votre adresse email professionnelle. Vous n'aurez plus qu'à faire une capture d'écran pour la projeter et pouvoir ainsi faire une correction en grand groupe. C'est toujours intéressant car cela permet de faire justifier par le groupe les choix grammaticaux. La règle est ainsi redite, voire réexpliquée.
– Ramasser les productions (que vous aurez corrigées en passant dans les groupes). Les menus ainsi créés par les apprenants serviront pour l'activité 8.

1 Au restaurant
Systématisation page 50

Objectifs : exercice de type divergent : comprendre un dialogue et placer le lexique adéquat au contexte
Modalités : individuel, puis en binôme, enfin en grand groupe

– Faire lire la consigne et en vérifier la compréhension.
– Demander aux apprenants de travailler seuls, puis de comparer avec leur voisin.

– Demander aux apprenants de regarder « Pour... Commander au restaurant », p. 42.
– Leur dire de lire d'abord tous les énoncés pour comprendre le sens général.
– Procéder à la correction en grand groupe.

> *Corrigé :*
> – Bonsoir monsieur, qu'est-ce que vous prenez ?
> – Je prends la salade italienne et un steak.
> – Quelle cuisson ?
> – À point/Saignant/Bien cuit, s'il vous plaît.
> – Et comme boisson ?
> – Une carafe d'eau, s'il vous plaît. Qu'est-ce que vous avez comme dessert ?
> – Aujourd'hui, il y a la mousse au chocolat.
> – La mousse au chocolat ? Non, merci.

8 Chez Félix PO   page 43

Objectif : commander au restaurant
Modalités : en sous-groupe, puis en grand groupe
Outils : petits papiers avec écrit dessus « client » ou « serveur », enveloppe des prénoms de la classe

– Faire lire la consigne et en vérifier la compréhension.
– Demander à la classe de travailler par 3 ou 4.
– Ensemble, ils préparent à l'écrit ce qu'ils auront à dire pour jouer la scène. À ce stade-là, ils ne savent pas qui sera le client ou le serveur. Leur préciser aussi que certains joueront ensuite la scène devant la classe. Dites-leur que vous tirerez au sort les prénoms. Ils doivent ainsi préparer tous les rôles.
– Une fois leur préparation à l'écrit terminée, leur demander de répéter à l'oral ce qu'ils ont préparé. Il est important de leur dire qu'ils ne liront pas. Il s'agit d'une activité orale.
– Circuler parmi les groupes pour voir si la consigne a bien été comprise.
– Tirer au sort les prénoms de ceux qui joueront la scène devant la classe. Il faut 3 ou 4 clients et 1 serveur. Vous tirez donc au sort 4 ou 5 prénoms.
– Demander éventuellement aux apprenants d'installer la classe de manière à ce qu'il y ait un espace central avec des chaises et des tables.
– Une fois les 4, 5 prénoms tirés au sort, faire passer l'enveloppe avec les petits papiers « client » et « serveur » afin de distribuer les rôles.
– Demander aux apprenants de jouer la scène. Donner une consigne d'écoute aux apprenants qui regardent : demander à une partie de la classe de noter les entrées, à une autre partie de noter les plats.
– Demander à tout le monde d'imaginer l'addition.
– Ne pas intervenir au moment de la scène. Noter les erreurs des apprenants pour un feed-back différé.
– Mettre en commun les notes prises par la classe. En profiter pour faire répéter les mots, faire des corrections phonétiques, revoir la prononciation des nombres.

Leçon 10 | À Paris

pages 44-45

OBJECTIFS	GRAMMAIRE
– Décrire une ville – Dire le temps qu'il fait	– Le pluriel des noms – Le verbe *faire* au présent – Le pronom *on*
LE VOCABULAIRE	**PHONÉTIQUE**
– Des activités (retrouver des amis, écouter de la musique, découvrir, faire une promenade, faire la fête, regarder, bronzer, pique-niquer) – De la ville (une rive, une place, un musée, un bateau, un jardin) – De la météo (il fait beau, il pleut, il fait chaud, il fait froid)	La prononciation du nom au singulier et au pluriel

OUTILS COGNITIFS
Couleurs différentes, encadrements, alignement en paradigmes

activité 2 p. 45 ▷ activité 1 p. 44 ▷ activité 7 p. 51 ▷ activité 3 p. 45 ▷ activité 8 p. 51 ▷ activité 6 p. 50 ▷ activité 4 p. 45 ▷ activité 5 p. 45 ▷ activité 6 p. 45

– Pour la mise en route, projeter, si possible, le plan p. 44 (seulement le plan, pas le texte).
– En grand groupe, demander d'identifier le document, la ville.

> *Réponse attendue :*
> Un plan de Paris.

– Noter la réponse au tableau.
– Demander aux apprenants s'ils sont déjà allés à Paris. Ce qu'ils ont vu à Paris.
– Anticiper le lexique en demandant aux apprenants s'ils connaissent certains lieux, objets sur le plan (par exemple : la Seine, le Louvre, un bateau...).

– Noter les propositions au tableau et demander à l'apprenant qui a proposé ce mot de l'expliquer à la classe (et de le montrer sur le plan).
– Faire lire « Culture/Savoir », p. 44.

2 C'est Paris CE   page 45

Objectif : comprendre quelques mots de la ville
Modalités : en binôme, puis en grand groupe

– En grand groupe, continuer de projeter, si possible, le plan et l'encadré bleu « Paris est romantique… ».
– Faire lire cet encadré bleu.
– Vérifier si certains mots ont été explicités dans l'activité de mise en route ; sinon, ne rien expliquer.
– En grand groupe, faire lire la consigne et s'assurer de sa compréhension. Montrer l'exemple sur le plan (a = la rive droite).
– Faire réaliser l'activité en binôme. Les apprenants peuvent utiliser un dictionnaire. Il n'est pas nécessaire qu'ils lisent les 3 colonnes sous le plan.
– En grand groupe, procéder à la mise en commun. Noter les lettres sur le plan. S'assurer de la compréhension des 11 mots ou expressions.
– En grand groupe, faire lire « Les mots… De la ville », p. 44.

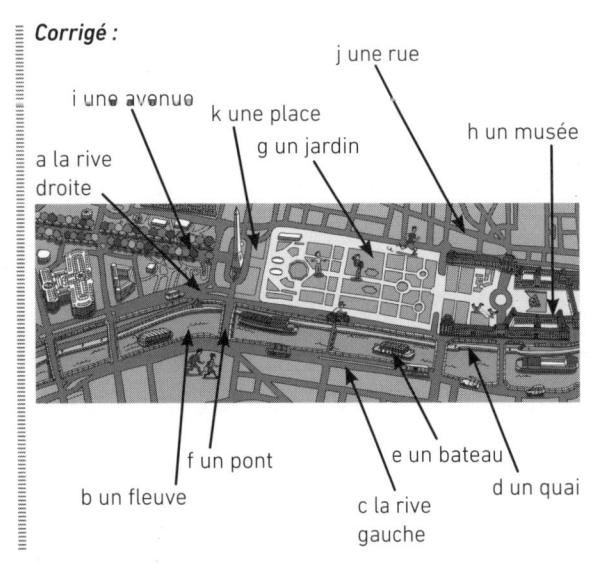

Corrigé :

a la rive droite
b un fleuve
c la rive gauche
d un quai
e un bateau
f un pont
g un jardin
h un musée
i une avenue
j une rue
k une place

– On pourra faire compléter ce lexique de la ville par quelques autres mots demandés par les apprenants.

1 Des activités parisiennes CE   page 44

Objectifs : comprendre la description écrite d'une ville ; le pluriel des noms ; le verbe *faire* au présent ; le pronom *on*.
Modalités : en binôme, puis en grand groupe

1 – Projeter l'ensemble du document (plan + texte).
– Faire repérer les 3 parties : les ponts, les quais, les bouquinistes. (Ne pas expliquer ce dernier mot pour l'instant.)
– Faire lire la consigne et en vérifier la compréhension.
– Faire réaliser l'activité en binôme.
2 – Faire lire la consigne et en vérifier la compréhension.
– Faire réaliser l'activité en binôme.

– Procéder à la mise en commun en grand groupe en demandant de justifier dans le texte.

Corrigé :
1 a = 3
b = 4
c = 1
d = 2
2 b ils vendent des livres = bouquins. Les bouquinistes sont des vendeurs de livres sur les quais de la Seine. (Faire souligner les phrases du texte ou surligner dans le texte projeté.)

– Faire lire « Les mots… Des activités », p. 44 et s'assurer de sa compréhension.
– En grand groupe, demander aux apprenants combien de ponts il y a à Paris. Leur faire relever la phrase exacte dans le texte.
– Écrire cette phrase au tableau : *Il y a 37 ponts à Paris*.
– En grand groupe, demander aux apprenants de relever une phrase similaire dans le texte. L'écrire au tableau sous la première phrase : *Il y a le fleuve*. Bien veiller à l'alignement sujet + verbe + complément.
– Faire repérer aux apprenants la façon de décrire : *il y a* + description.
– Faire lire le bandeau « Pour… Décrire une ville », p. 44.
– Faire traduire dans la langue des apprenants : *il y a le fleuve ; il y a 37 ponts*.
– En grand groupe, faire repérer aux apprenants, dans la 2e partie du texte (les quais à Paris), comment est conjugué : *faire la fête/faire une promenade*.
– Écrire la réponse au tableau. Bien veiller à l'alignement sujet + verbe + complément.

<u>On</u>   **fait**   une promenade.
<u>Les Parisiens</u>   **font**   la fête.

– Faire lire ces deux phrases.
– En grand groupe, montrer que « on » désigne « les Parisiens ». Expliquer l'utilisation du pronom « on » : « on » remplace un ensemble de personnes (ici, les Parisiens) ; il se conjugue à la 3e personne du singulier. C'est UN ensemble de personnes.
– Faire lire « *Faire* au présent », p. 46. Faire écouter (piste 36) et faire répéter la conjugaison. Insister sur la prononciation similaire des 3 premières personnes du singulier.
– Faire lire « Le pronom *on* », p. 46.

7 Qui fait quoi ? Réemploi   page 51

Objectifs : le verbe *faire* au présent ; les activités
Modalités : en binôme, puis en grand groupe

– Faire lire la consigne et en vérifier la compréhension. Indiquer que plusieurs réponses sont possibles.
– Faire réaliser l'activité en binôme.
– Procéder à la correction en grand groupe.

Corrigé :
a 1 (3 et 5 possibles)
b 3 (1 possible ; 5 bizarre !)
c 2
d 5 (1 et 3 possibles)
e 4 et 6
f 7
g 4 et 6

– Projeter à nouveau le document p. 44.
– Souligner, entourer ou surligner les parties suivantes :
(colonne 2, les quais de Paris) « sur la rive »
(colonne 3, les bouquinistes) « sur les deux rives ».
– Écrire au tableau :
la rive
les deux rives
– En grand groupe, demander aux apprenants pourquoi les formes changent.

> *Réponse attendue :*
> singulier/pluriel.

– Compléter le tableau avec :
les quais
– En grand groupe, demander de trouver le singulier.

> *Réponse attendue :*
> les quais
> le quai

– Compléter le tableau comme suit :
singulier :   la rive   le quai
pluriel :   les deux rives   les quais
– Faire repérer les marques du pluriel : on ajoute un « s » à la fin du nom et l'article change (voir « **L'article défini** », p. 17, leçon 1).
– Lire et faire répéter par quelques apprenants, les mots verticalement : *la rive/les rives ; le quai/les quais*. Insister sur la non-prononciation du « s » final au pluriel.

– Faire lire « **Le pluriel des noms** », p. 45.
– Faire écouter et lire « **Le nom au singulier et au pluriel** », p. 45.

Phonétique

Objectif : la prononciation du nom au singulier et au pluriel
Modalités : en grand groupe

– Faire lire et écouter (piste 35) « **Le nom au singulier et au pluriel** », p. 45.
– Insister sur le fait que le pluriel « ne s'entend pas » ; le nom a la même prononciation au singulier et au pluriel. C'est l'article qui permet de différencier, à l'oral, le singulier du pluriel.
– Faire répéter les exemples par quelques apprenants.

3 Singulier ou pluriel ?
Réemploi   page 45

Objectif : le pluriel des noms
Modalités : en binôme, puis en grand groupe

– Faire lire la consigne et en vérifier la compréhension. S'aider de l'exemple.
– Faire réaliser l'activité en binôme.
– Procéder à la mise en commun en grand groupe.

> *Corrigé :*
> a le bouquiniste
> b l'ami
> c les rues
> d les places
> e les rives
> f les avenues

8 Activités Systématisation   page 51

Objectifs : le singulier et le pluriel ; les articles définis et indéfinis
Modalités : en binôme, puis en grand groupe

– Faire lire la consigne et en vérifier la compréhension.
– Faire réaliser l'activité en binôme.
– Procéder à la mise en commun en grand groupe.

> *Corrigé :*
> a On va sur le pont des Arts ?
> b L'été, il fait du sport.
> c Elle regarde la Seine.
> d On retrouve les amis de Léa.
> e Nous découvrons les jardins des Tuileries.
> f J'ai une amie à Paris.

– En grand groupe, demander aux apprenants de trouver dans la partie « Les quais à Paris » du document p. 44, quand on bronze et on pique-nique sur la rive droite.

> *Réponse attendue :*
> L'été.

– Demander pourquoi on peut bronzer.

> *Réponse attendue :*
> Il fait beau.

– En grand groupe, faire observer le schéma « **La météo** », p. 45.
– Faire répéter les phrases : *Il pleut./Il fait froid ; Il fait beau./Il fait chaud*. S'assurer de leur compréhension.
– Faire lire « **Les mots... De la météo** », p. 44.
– Faire remarquer l'utilisation du verbe *faire* pour la météo.
– Demander aux apprenants la météo du jour.

6 Météo Réemploi   page 50

Objectif : dire le temps qu'il fait
Modalités : en binôme, puis en grand groupe

– Faire lire la consigne et en vérifier la compréhension.
– Faire répéter l'exemple. Donner la prononciation de « 2° » = 2 « degrés ».
– Faire réaliser l'activité en binôme.
– Procéder à la mise en commun en grand groupe. Faire oraliser les réponses.

> *Corrigé :*
> À Strasbourg, il pleut et il fait froid : 8°.
> À Lyon, il pleut et il fait chaud : 26°.
> À Bordeaux, il fait beau et il fait chaud : 23°.
> À Marseille, il fait beau et il fait chaud : 28°.

4 Qu'est-ce qu'on fait ?
Réemploi page 45

Objectifs : déterminer une activité en fonction d'un lieu et du temps qu'il fait ; utiliser le pronom *on*
Modalités : en binôme, puis en grand groupe

– Faire lire la consigne et en vérifier la compréhension. S'aider de l'exemple.
– Faire réaliser l'activité en binôme.
– Procéder à la correction en grand groupe en interrogeant quelques binômes. Corriger la forme mais s'assurer aussi de la cohérence des réponses.

Corrigé possible :
Il pleut. À la maison, on écoute de la musique.
Il fait chaud. Au jardin du Luxembourg, on pique-nique.
Il fait froid. Au cinéma, on regarde un film.
Dans les jardins, il fait beau, on fait une promenade.
Sur la rive droite, il fait chaud, on fait la fête !

5 Votre ville PE
page 45

Objectif : décrire sa ville dans une brochure
Modalités : en sous-groupe

– Faire lire la consigne de l'activité et en vérifier la compréhension. On aura pu demander aux apprenants, lors de la séance précédente, d'apporter des photos de leur ville ou de quartiers de leur ville.
– Indiquer qu'il faudra écrire une petite brochure, simple et courte, en s'inspirant du document p. 44. Il faudra décrire la ville ou le quartier, indiquer les activités l'été et l'hiver, dire le temps qu'il fait. Les amorces proposées aideront les apprenants. Donner un temps limite pour faire l'activité.

– Prévoir des feuilles A3 sur lesquelles les apprenants pourront coller leurs photos (ou dessiner s'ils n'ont pas apporté de photos) et écrire leur texte.
– Les groupes affichent leur brochure dans la classe. Chaque groupe prend connaissance des autres affiches et peut poser des questions à leurs auteurs.
– La classe vote pour l'affiche la plus convaincante. Au préalable, déterminer, en grand groupe, quelques critères de vote : par exemple, l'esthétique, la mise en page, la qualité du texte, le respect des consignes (titre, *il y a...* ; *l'été, on...* ; *l'hiver, on...*), le choix des photos...

6 Votre quartier PO
page 45

Objectif : décrire son quartier à l'oral
Modalités : individuel, puis en grand groupe

– Faire lire la consigne et en vérifier la compréhension : il ne faudra pas donner le nom du quartier puisque la classe doit le deviner.
– Donner 5 minutes aux apprenants pour préparer leur présentation. Leur dire qu'en aucun cas, il ne faudra lire leur préparation. On pourra aussi demander aux apprenants de préparer ce travail chez eux.
– Si le groupe est timide, le professeur commence et décrit son quartier à la classe. La classe essaie de trouver le nom du quartier du professeur.
– Chaque apprenant, à tour de rôle, vient, debout, face à la classe et décrit son quartier (sans lire ses notes). Les autres devinent de quel quartier il s'agit. Commencer par des volontaires. Selon le nombre d'apprenants, il n'est pas nécessaire que tous passent devant la classe. Il faudra alors veiller à solliciter ceux qui n'ont pas parlé cette fois, lors d'une activité similaire ultérieure.

Leçon 11 | Métro Odéon
pages 46-47

OBJECTIFS
– Proposer une sortie
– Dire l'heure
– Situer dans l'espace
– Organiser un rendez-vous

LE VOCABULAIRE
– De la journée (le matin, le midi, le soir, l'après-midi, la nuit, aujourd'hui, demain)
– Des activités culturelles (voir un film au cinéma, visiter un musée, aller au théâtre, sortir)

GRAMMAIRE
– Les verbes *aller* et *venir* au présent
– La négation

PHONÉTIQUE
Les enchaînements

OUTILS COGNITIFS
Couleurs différentes, encadrements, alignement en paradigmes

activité 1 p. 46 ▹ activité 2 p. 46 ▹ activité 13 p. 51 ▹ activité 12 p. 51 ▹ activité 3 p. 46 ▹ activité 4 p. 47 ▹ activité 10 p. 51 ▹ activité 5 p. 47 ▹ activité 9 p. 51 ▹ activité 11 p. 51 ▹ activité 6 p. 47

– Pour la mise en route, projeter, si possible, les 3 photos de la P. 46.
– En grand groupe, demander d'identifier les 3 lieux.

> *Réponse attendue :*
> Photo 1, le musée du Quai Branly ; photo 2, un cinéma ; photo 3, un café, un bar, un restaurant.

– Si personne ne reconnaît la photo 1 (musée du Quai Branly), ne pas donner la réponse. On peut par contre repérer la tour Eiffel, il s'agit donc de Paris.
– Dire aux apprenants qu'ils vont écouter 3 dialogues et que dans un de ces dialogues, ce lieu sera cité.
– Pour les 3 photos, indiquer que ce sont des lieux de sorties.

1 On va où ? CO 🎧37   page 46

Objectif : comprendre une proposition de sortie à l'oral
Modalités : individuel, puis en binôme, enfin en grand groupe

1 – Faire lire la consigne et s'assurer de sa compréhension.
– Faire réaliser l'activité individuellement.
– Faire mettre en commun les réponses en binôme.
2 Faire lire la consigne et s'assurer de sa compréhension.
– Faire réaliser l'activité individuellement.
– Faire mettre en commun les réponses en binôme.
– En cas de nécessité, proposer une seconde écoute, sinon, mettre en commun en grand groupe.
– Demander de justifier les réponses et de trouver le lieu de la photo 1, s'il n'avait pas été identifié lors de la mise en route.

> *Corrigé :*
> 1 Photo 1, dialogue 3. Un musée. Il s'agit du musée du Quai Branly.
> Photo 2, dialogue 2. Un film, le cinéma.
> Photo 3, dialogue 1. Dîner, resto, cuisine italienne.
> 2 b

2 Les 3 sorties CO 🎧37   page 46

Objectifs : comprendre des propositions de sorties à l'oral ; indiquer la date, l'heure, le lieu, l'activité
Modalités : en binôme, puis en grand groupe

– Indiquer aux apprenants qu'ils vont réécouter les 3 dialogues.
– Préparer à l'avance et photocopier (ou projeter et faire copier sur l'instant aux apprenants) le tableau suivant :

	Où ?	Quand ?	À quelle heure ?	Pour faire quoi ?
Dialogue 1				
Dialogue 2				
Dialogue 3				

– Faire lire la consigne et s'assurer de sa compréhension.
– Faire écouter le 1er dialogue et faire compléter, en grand groupe, la 1re ligne du tableau.
– Faire écouter les dialogues 2 et 3 et faire compléter, en binôme, le tableau.
– Si tous les binômes sont d'accord, procéder à la mise en commun en grand groupe, sinon, proposer une 3e écoute (et peut-être une 4e).

> *Corrigé :*
>
> | | Où ? | Quand ? | À quelle heure ? | Pour faire quoi ? |
> |---|---|---|---|---|
> | Dialogue 1 | Chez Paparazzi (restaurant) | Demain soir | À 20 heures | Dîner |
> | Dialogue 2 | Au Champo (cinéma) | Dimanche | À 11 h 45 | Voir un film |
> | Dialogue 3 | Au musée du Quai Branly | Aujourd'hui (jeudi) ; le soir | Pas d'heure précise ; mais le soir, avant 21 heures | Visiter le musée |

Selon le nombre d'apprenants, on pourra diviser la classe en deux groupes : un groupe complète le tableau pour le dialogue 2, l'autre pour le dialogue 3. Une mise en commun en grand groupe permettra de mutualiser les réponses.
– En grand groupe, faire observer la 3e colonne du tableau : « À quelle heure ? »
– Faire repérer la préposition « à » pour donner l'heure.
– Faire observer « **L'heure** », p. 46, ainsi que « **Pour... Dire l'heure** », p. 46.
– Faire repérer et écrire au tableau : *Il est* + heure.
– Montrer que pour les minutes « positives », on ajoute les minutes sans préposition (il est 10 h 20) sauf pour « ET quart » et « ET demie » (10 h ET quart, 10 h ET demie). Pour les minutes « négatives », on ajoute « moins » (il est 10 h MOINS 20). Pour le quart, « MOINS LE » (10 h MOINS LE quart).

Bonus

L'heure peut être amenée en demandant régulièrement, toutes les 5 minutes, l'heure aux apprenants et en l'écrivant au tableau (quelle que soit l'activité engagée, on peut l'interrompre 1 min).
Une fois un corpus suffisant écrit au tableau, on peut réfléchir à la façon de donner l'heure en français.

Phonétique

– Faire écouter (piste 39) et lire « **Les enchaînements** », p. 47.
– Faire répéter les deux exemples : « Il est sept heures » et « Quatre heures et quart ».
– Faire remarquer que l'heure constitue un mot phonétique et doit donc se prononcer en enchaînant. Chaque consonne finale est prononcée avec la voyelle du mot suivant.

– On peut faire répéter chaque syllabe par un apprenant différent (s'aider de la transcription du tableau) :
apprenant 1 → [i]
apprenant 2 → [lɛ]
apprenant 3 → [sɛ]
apprenant 4 → [tœr]
Un 5ᵉ apprenant prononce l'ensemble : [ilɛsɛtœr].
– Faire faire la même chose pour « quatre heures et quart » :
apprenant 1 → [ka]
apprenant 2 → [trœ]
apprenant 3 → [re]
apprenant 4 → [kar].
Un 5ᵉ apprenant prononce l'ensemble : [katrœrekar].

Pour rappel, la définition de l'enchaînement est : « dans le mot phonétique, une consonne finale prononcée d'un mot écrit forme toujours une syllabe avec la voyelle initiale du mot suivant. » En fait, les blancs graphiques des mots écrits sont inexistants à l'oral. Les mots disparaissent au profit de syllabes qui s'enchaînent en attachant tous les mots entre eux, pour former un seul mot phonétique.
Ceci est très important, notamment pour dire l'heure, qui doit être prononcée « comme un seul mot phonétique ». Ceci entraîne la « disparition » du mot « heure ». On n'entendra jamais « heure », mais « nheure », « zheure », « trheure », « kheure », etc. selon le nombre placé avant « heure » (et donc selon l'heure qu'il est). Il est donc important de sensibiliser les apprenants à ce phénomène si particulier du français oral. C'est l'objectif de l'activité suivante.

13 Les enchaînements
Réemploi 🎧 41   page 51

Objectif : sensibiliser aux enchaînements
Modalités : individuel, puis en binôme, enfin en grand groupe

– Faire lire la consigne et s'assurer de sa compréhension.
– Dire et faire répéter chacune des 6 syllabes proposées : [nœr], [kœr], [trœr], [tœr] ou [zœr], [vœr].
– On pourra faire reproduire le tableau aux apprenants, ou leur en donner une copie. Ne pas indiquer les mots écrits, donner juste les numéros.

	[nœr]	[kœr]	[trœr]	[tœr]	[zœr]	[vœr]
Exemple :						
1						
2						
3						
4						
5						

– Faire l'exemple en grand groupe.
– Faire réaliser l'activité individuellement.
– Demander de comparer les résultats en binôme.
– Procéder à une mise en commun en grand groupe.
– On pourra faire répéter chaque item aux apprenants.

Corrigé :

	[nœr]	[kœr]	[trœr]	[tœr]	[zœr]	[vœr]
Il est trois heures.					x	
Il est cinq heures.		x				
Il est huit heures.				x		
Il est une heure.	x					
Il est quatre heures.			x			
Il est neuf heures.						x

12 Quelle heure est-il ?
Réemploi   page 51

Objectif : dire l'heure
Modalités : individuel, puis en binôme, enfin en grand groupe

– Faire lire la consigne et s'assurer de sa compréhension.
– Faire réaliser l'activité individuellement.
– Demander de comparer les résultats en binôme.
– Procéder à une mise en commun en grand groupe. Un apprenant dit l'heure. Pour la correction, s'assurer aussi qu'il respecte les enchaînements.

Corrigé :
a Il est quatre heures et quart.
b Il est dix heures dix.
c Il est huit heures moins le quart.
d Il est minuit.
e Il est huit heures et demie.
f Il est midi.

Bonus

– Demander de situer chaque heure dans la journée : matin, après-midi, soir, nuit.
– Demander d'autres heures en les écrivant au tableau de façon numérique (ex. : 7 h 35).
– Demander régulièrement l'heure exacte dans la classe.

– Revenir au tableau récapitulatif de l'activité 1 p. 47.

	Où ?	Quand ?	À quelle heure ?	Pour faire quoi ?
Dialogue 1	Chez Paparazzi (restaurant)	Demain soir	À 20 heures	Dîner
Dialogue 2	Au Champo (cinéma)	Dimanche	À 11 h 45	Voir un film
Dialogue 3	Au musée du Quai Branly	Aujourd'hui (jeudi) ; le soir	Pas d'heure précise ; mais le soir, avant 21 heures	Visiter le musée

– En grand groupe, faire observer la 2e colonne du tableau : « Quand ? »
– Déduire, en grand groupe, les différents moments de la journée.
– Faire observer « Les mots... De la journée », p. 47. S'assurer de sa compréhension. Le compléter éventuellement à la demande des apprenants (exemple : « hier »).
– En grand groupe, faire observer la 4e colonne du tableau : « Pour faire quoi ? »
– Demander aux apprenants s'ils connaissent d'autres activités culturelles. Rappeler le titre du dossier : Sortir.
– Faire observer « Les mots... Des activités culturelles », p. 47. S'assurer de sa compréhension et le compléter avec d'éventuelles propositions des apprenants.

3 Pour sortir
CO/Réflexion sur la langue 🎧 37   page 46

Objectifs : comprendre des propositions de sorties à l'oral ; proposer une sortie ; organiser un rendez-vous ; les prépositions de lieu ; les verbes *aller* et *venir* au présent
Modalités : individuel, puis en binôme, enfin en grand groupe

1 – Faire lire la consigne et s'assurer de sa compréhension.
– Faire écouter les dialogues et faire réaliser l'activité individuellement.
– Demander de comparer les résultats en binôme.
– Proposer de nouvelles écoutes séquencées si besoin.
– Procéder à une mise en commun en grand groupe.
2 – En grand groupe, faire vérifier les réponses par une dernière écoute accompagnée de la lecture des dialogues, p. 123.
– Écrire les réponses au tableau.

> *Corrigé :*
> Ça te dit ?
> a Tu fais quoi ?
> b Tu viens avec nous ?
> c Vous venez avec moi ?
> L'ordre des réponses correspond à l'ordre d'apparition.

– Faire repérer la structure : *ça te dit + de + infinitif*.
– Faire lire « **Pour... Proposer une sortie** », p. 46 et s'assurer de sa compréhension.
– Faire lire ces deux phrases écrites au tableau : *Tu viens avec nous ? Vous venez avec moi ?*
– Demander aux apprenants de quel verbe il s'agit.

> *Réponse attendue :*
> Le verbe *venir*.

– Demander si les apprenants connaissent la conjugaison de ce verbe aux autres personnes.
– Écrire les réponses au tableau. Seules les formes connues par les apprenants seront écrites.
– Faire de même avec le verbe *aller*.
– Écrire au tableau : *Je vais au musée* (dialogue 3).
– Demander l'infinitif du verbe.
– Demander, et écrire au tableau, les formes conjuguées connues des apprenants.

– Faire écouter (piste 38) et lire « ***Aller* et *venir* au présent** », p. 47.
– Faire répéter les formes aux apprenants.
– En grand groupe, pour les dialogues 1 et 2, demander de repérer, dans la transcription p. 123, les questions posées entraînant les réponses suivantes (ces réponses sont écrites au tableau, centrées à droite) :

> Chez Marcel, à la Bastille.
> À 20 heures.
> Dimanche.

– Écrire les questions trouvées, en face de leur réponse, au tableau.

> *Corrigé :*
> Où ?   → Chez Marcel, à la Bastille.
> À quelle heure ?   → À 20 heures.
> Quand ?   → Dimanche.

– Faire repérer la fonction de « où ? », « à quelle heure ? » et « quand ? ».

> *Réponse attendue :*
> Demander le lieu, la date et l'heure du rendez-vous.

– Faire lire « **Pour... Organiser un rendez-vous** », p. 46. S'assurer de sa compréhension.
– En grand groupe, demander aux apprenants où est le rendez-vous du dialogue 2.

> *Réponse attendue :*
> Devant le cinéma.

– Faire expliquer « devant » (traduction possible en langue maternelle ou dans la langue commune à la classe).
– Demander son opposé : « derrière ».
– Faire observer le petit schéma « **La localisation** », p. 47. S'assurer de sa compréhension.
– On pourra donner quelques prépositions supplémentaires à la demande des apprenants.
– Faire lire « **Pour... Situer dans l'espace** », p. 46.

> **Bonus**
>
> Organiser un jeu avec les prépositions de lieu.
> **1** L'objet caché : un apprenant sort de la classe ; la classe cache un objet désigné auparavant. L'apprenant entre et pose des questions pour trouver l'objet. Par exemple : *il est sur la table ?*
> **2** La classe folle : par deux ; un apprenant donne des instructions à un autre. Par exemple : *la chaise, sur la table !*

4 On sort ! Réemploi   page 47

Objectif : réutiliser les acquis (proposer une sortie, organiser un rendez-vous, les mots de la journée, les verbes *aller* et *venir* au présent)
Modalités : individuel, puis en binôme, enfin en grand groupe

– Faire lire la consigne et s'assurer de sa compréhension.
– Faire réaliser l'activité individuellement.

– Comparer les réponses en binôme.
– Procéder à la correction en grand groupe.
– Faire jouer à deux le petit dialogue.

Corrigé :
Julie : Tu viens avec moi au ciné ?
Jules : Quand ?
Julie : Demain soir.
Jules : À quelle heure ?
Julie : À 19 heures.
Jules : D'accord, on se retrouve où ?
Julie : Devant le cinéma.
Jules : Ok, à demain.

10 Les sorties
Systématisation — page 51

Objectif : les verbes *aller*, *venir* et *faire* au présent.
Modalités : individuel, puis en binôme, enfin en grand groupe

– Faire lire la consigne et s'assurer de sa compréhension.
– Faire réaliser l'activité en binôme.
– Procéder à la correction en grand groupe.
– On pourra, ici aussi, faire jouer le dialogue par quelques binômes.

Corrigé :
– Tu fais quoi aujourd'hui ?
– Je vais au cinéma. Tu viens avec moi ?
– Non, avec Lucie, nous allons au musée.
– Pierre et Mariane viennent avec vous ?
– Non, ils vont au restaurant !
– Et demain, ils font quoi ?
– Demain, on va au théâtre tous les quatre.
– Ah ! Demain, je viens avec vous !

5 Non ! Réflexion sur la langue — page 47

Objectif : la négation
Modalités : en grand groupe, puis individuel

– Écrire au tableau les phrases des dialogues 2 et 3 :
Tu viens avec Pierre ? → *Non, il n'est pas à Paris, il est à Marseille.*
Vous connaissez ? → *Non, je ne connais pas.*
– En grand groupe, faire comparer aux apprenants ces différentes phrases pour repérer les éléments de la négation. S'aider du « Non » précédant les phrases négatives.
– On pourra aider cette réflexion en surlignant ou soulignant les adverbes de négation :
Il n'est pas à Paris.
Je ne connais pas.
– Faire déduire la structure de la phrase négative (continuer d'utiliser les mêmes soulignements/surlignements, couleurs) :
sujet + *ne* (*n'*) + verbe + *pas*.
– Faire rappeler que *ne* + voyelle (ou « h ») devient *n'*.

– Insister sur les deux parties constituant la négation. On pourra indiquer qu'à l'oral, c'est la deuxième partie – « pas » – qui est indispensable (pas la première) ; à l'écrit, les deux sont nécessaires.
– Comparer avec la négation en langue maternelle ou dans la langue commune à la classe. Une partie ou deux ? Leur place par rapport au sujet et au verbe ?
– Faire lire **« La négation », p. 47**.
– Faire lire la consigne et s'assurer de sa compréhension.
– Faire réaliser l'activité individuellement.
– Procéder à la mise en commun en grand groupe.

Corrigé :
a Non, je ne viens pas avec toi.
b Non, nous ne venons pas samedi. /
Non, je ne viens pas samedi.
c Non, nous n'aimons pas le cinéma français. /
Non, je n'aime pas le cinéma français.
d Non, je ne visite pas les musées.

9 Non, non et non !
Systématisation — page 51

Objectif : la négation
Modalités : en binôme, puis en grand groupe

– Faire lire la consigne et s'assurer de sa compréhension.
– Faire réaliser l'activité en binôme.
– Procéder à une mise en commun en grand groupe.

Corrigé :
a Je ne connais pas Paris.
b Il ne fait pas beau.
c Les Français n'aiment pas pique-niquer l'été.
d Je ne viens pas chez toi demain.
e Nous n'allons pas au cinéma le vendredi soir.

11 Et vous ? PE — page 51

Objectif : dire le jour, l'heure, le lieu, l'activité
Modalités : individuel, puis en grand groupe

– Faire lire la consigne et s'assurer de sa compréhension.
– Faire réaliser l'activité individuellement, à la maison, pour le cours suivant : demander aux apprenants de répondre aux questions par écrit, le jour qu'ils veulent, au moment qu'ils souhaitent, avant le prochain cours.
– Procéder à une mise en commun en grand groupe, au cours suivant : quelques apprenants lisent leurs réponses ; les autres notent : le jour, le moment, l'heure, le lieu, l'activité.
– Les productions sont relevées et corrigées par le professeur pour le cours suivant.

Corrigé possible :
a Aujourd'hui, on est samedi.
b Il est 19 heures, c'est le soir.
c Je suis chez moi.
d J'écoute de la musique et je fais mon exercice.

6 On s'organise PO
page 47

Objectifs : décider une sortie ; organiser le rendez-vous
Modalités : en binôme, puis en grand groupe

– Faire lire la consigne et s'assurer de sa compréhension : les apprenants doivent choisir une activité culturelle qui sera suivie d'un resto. Ils doivent décider du lieu, de la date et de l'heure du rendez-vous. Ils joueront la scène devant la classe ; indiquer qu'il sera alors interdit de lire les notes.
– S'assurer de la compréhension des deux types d'activités culturelles : expo, cinéma.
– Faire passer quelques binômes devant la classe. Les apprenants ne doivent pas lire leurs notes, ni les apprendre par cœur.
– Les autres apprenants notent : l'activité culturelle choisie, le jour, l'heure et le lieu du rendez-vous. Il s'agit donc d'une écoute active avec une tâche d'écoute.

– La correction se fait après la production. Ce sont les apprenants qui ont écouté qui commencent en indiquant ce qu'ils ont noté en fonction de la tâche d'écoute demandée. Si toutes les informations sont dites (activité, date, heure, lieu), la production est réussie. S'il manque des informations, faire proposer à la classe une correction.
– Terminer en corrigeant quelques erreurs fonctionnelles, grammaticales, lexicales et phonétiques, liées aux objectifs, que vous aurez éventuellement notées, et qui n'auront pas été corrigées par les apprenants lors de la phase précédente.

Pour dynamiser cette production orale et la rendre authentique, tâche réelle, le professeur pourra proposer comme support, des activités culturelles du moment, de la ville des apprenants (expos, cinéma, théâtre...), ainsi que des restaurants de la ville.

Faits et gestes
Leçon 12 | Au restaurant
page 48

OBJECTIFS COMMUNICATIFS	OBJECTIFS CULTURELS
Sensibiliser aux gestes et aux attitudes de la communication non-verbale	– Les rituels du repas au restaurant – La pratique du pourboire – Découvrir Paris

activité 1 p. 48 ▷ activité 2 p. 48 ▷ activité 3 p. 48 ▷
activité 4 page 49 ▷ activité 5 p. 49 ▷ activité 6 p. 49

Les familles Le Tallec et Bonomi se retrouvent au restaurant pour faire connaissance. La mère de Laurent Bonomi est là aussi. Il s'agit d'un déjeuner. C'est l'occasion pour les apprenants de voir les rituels du restaurant. Cet épisode au restaurant permet de remarquer de nombreuses mimiques et gestes. Certains vont plutôt exprimer un sentiment, sans intention particulière de le communiquer, d'autres sont directement en relation avec la communication et accompagnent les paroles.
Les apprenants ont déjà eu l'occasion de remarquer les différences entre les deux familles. S'ils semblent avoir le même âge et être du même milieu socio-économique, ils présentent néanmoins des différences d'attitude : les Le Tallec sont plutôt décontractés, les Bonomi apparaissent plus conventionnels. Nous le vérifions au restaurant aussi : Simon arrive en retard, toujours souriant et « cool », ses vêtements sont comme d'habitude (il ne fait aucun effort vestimentaire pour aller au restaurant). Laurent Bonomi en revanche porte toujours sa cravate. Impossible donc de savoir si c'est le week-end ou la semaine.
L'espace du restaurant et les rituels qui y sont liés sont très significatifs d'une culture. Voici donc une occasion de voir des Français partager de manière informelle, un déjeuner.
Les mimiques et attitudes montrent l'impatience ou l'hésitation. Des gestes accompagnent les mots : faire « tchin-tchin », trinquer ; appeler le serveur ; montrer un chiffre avec les doigts ; saisir rapidement l'addition pour signifier qu'on invite.

1 Mimiques et gestes
CE
page 48

Objectif : sensibilisation aux gestes et aux mimiques
Modalités : en grand groupe, puis individuel

Il s'agit ici d'introduire le sujet : les différentes attitudes suivant le moment du repas, selon les relations (personnelles, avec le serveur et parmi les convives). Il s'agit aussi d'identifier la situation : les deux familles décident de se retrouver au restaurant pour faire connaissance. Par ailleurs, on identifie clairement plusieurs étapes : avant l'arrivée de Simon (l'embarras), la commande, les présentations de Lucie et Simon, le tchin-tchin – moment à partir duquel tout le monde est plus détendu – et enfin, le moment de l'addition avec l'invitation (ce qui veut dire payer). Les Bonomi étaient plutôt pour le partage de l'addition.

1 – Demander à la classe si une telle situation serait possible dans leur culture (proposer à ses voisins de déjeuner au restaurant).
– Passer la vidéo en entier.
– Demander aux apprenants de bien observer les attitudes des uns et des autres (les clients) pour identifier les différentes étapes :
jusqu'à 00:23 = l'embarras
jusqu'à 01:07 = la commande
jusqu'à 01:13 = les excuses et le début de la « détente »
jusqu'à 01:30 = les présentations
jusqu'à 01:37 = la fin de la commande et les hésitations
jusqu'à 01:53 = le repas, détendu et amical
jusqu'à 02:15 = l'invitation et le paiement
enfin, le départ et le pourboire.
Il ne sera pas nécessaire de faire remarquer les étapes aussi précisément, il suffit de les identifier dans l'ensemble pour faire remarquer les attitudes qui changent.
– Faire lire la consigne et en vérifier la compréhension. Vérifier que les apprenants comprennent attente/hésitation. Si c'est possible, projeter les deux photos de l'activité.
– Faire décrire les photos : les doigts qui tapotent la table, les joues gonflées (hésitation).

> *Corrigé :*
> a 2
> b 1

– Demander aux apprenants si le geste de tapoter la table est aussi un signe d'impatience dans leur culture. Comment manifeste-t-on l'hésitation dans la culture de la classe ? Cette mimique est-elle transparente pour eux ?

Objectif : associer un geste à une phrase
Modalités : en grand groupe, puis individuel, enfin en binôme

2 – Si possible, projeter les photos et les phrases de l'activité 1.2
– Faire lire la consigne et en vérifier la compréhension. Vérifier aussi que les apprenants ont bien compris les phrases.
– Demander aux apprenants de réaliser l'activité individuellement, puis de comparer avec leur voisin.
– Procéder à la mise en commun. Si vous disposez d'un TNI, faire glisser les phrases sur la photo.

> *Corrigé :*
> a 2
> b 4
> c 1
> d 3

– Demander aux apprenants quel geste de leur culture ils associeraient aux mêmes phrases. Dit-on *tchin-tchin* ? Auraient-ils dit 3 avec les doigts ? Les mêmes doigts ? Appelle-t-on un serveur en pointant l'index ? Qu'auraient-ils fait de l'addition dans le cas où ils veulent inviter (sans que la somme soit visible) ?

ENTRE PARENTHÈSES

Quel est le rituel du paiement au restaurant ? En France, il est possible de partager une addition ou bien l'un invite tous les autres et la fois suivante, c'est un autre qui invitera.
Le temps passé à table par les Français est de 2 h 22 contre 2 h 06 en 1986. C'est un phénomène unique à l'heure du grignotage. 80 % des repas pris par les Français sont en compagnie d'autres personnes.

2 Un seul mot CE — page 48

Objectif : comprendre des formules de politesse de la communication orale
Modalités : en binôme, puis en grand groupe

– Faire lire la consigne et en vérifier la compréhension. Vérifier aussi que les apprenants ont bien compris les mots.
– Demander aux apprenants de travailler en binômes.
– Passer la vidéo en entier.
– Au moment de la mise en commun en grand groupe, repasser les moments de la vidéo où chaque formule est dite.

> *Corrigé :*
> a Une seconde. (00:48 → 00:55)
> b Désolé./ Je suis désolée. (00:12 → 00:20)
> (01:06 → 01:13) (01:17 → 01:26)

Préciser qu'« une seconde » est une formule qui peut être familière. Cela signifie toujours qu'on est un peu agacé. Notre famille, nos amis peuvent l'accepter. Le dire à des inconnus pourrait paraître vraiment impoli.

Bonus

En langue maternelle ou dans la langue commune à la classe, préparer quelques situations dans lesquelles on dirait *pardon/désolé/une seconde*. Exemple :
Vous arrivez en retard en classe.
Vous n'avez pas fini votre exercice et le voisin s'impatiente pour comparer.
Vous n'avez pas fait l'activité demandée à la maison…

3 Le pourboire PO — page 48

Objectif : connaître la pratique du pourboire en France
Modalités : en grand groupe

– Faire lire la consigne. En langue maternelle ou dans la langue commune à la classe, expliquer chaque question.
– Faire lire et expliquer « **Culture/Savoir – Le pourboire** », p. 48. Dire à la classe ce que *pourboire* signifie. Cela les fait souvent sourire.
– Poser les questions a et b à la classe.
– Leur demander s'ils se souviennent de combien était l'addition (92 euros). Ils feront donc un commentaire sur la somme donnée.

Culture
Bienvenue à Paris

page 49

Dossier 3

Il s'agit d'une vidéo produite par l'Office de tourisme de Paris. Elle présente un Paris touristique mais aussi plus « quotidien ». Voici le lien : http://www.parisinfo.com/

– Demander à la classe qui a visité Paris, qui aimerait visiter Paris. Pourquoi ?
– Ceux qui connaissent déjà pourront dire quels monuments ils ont visités, lesquels ils ont préférés. Comment décriraient-ils Paris ?

4 Monuments PO/CE 5   page 49

Objectif : sensibiliser au patrimoine culturel et historique de Paris
Modalités : en grand groupe

Il n'est pas nécessaire d'avoir visité Paris pour faire cette activité. Les monuments qu'on y voit sont très connus.
– Montrer la vidéo.

Monuments et lieux par ordre d'apparition :
La tour Eiffel vue du Trocadéro
La cathédrale Notre-Dame (00:06)
L'Arc de triomphe (00:07)
Le Louvre (00:08)
Le Centre Georges Pompidou (00:10)
L'hôtel des Invalides (00:11)
La colonne de Juillet (place de la Bastille) (00:12)
La place des Vosges (00:13)
L'Hôtel de ville de Paris (00:14)
Le musée du Quai Branly (00:15)
La Bibliothèque nationale de France (site François-Mitterrand) (00:16)
Le canal Saint-Martin (00:17-00:20)
Les quais avec, en arrière-plan, le pont des Arts
Les bouquinistes près de Notre-Dame
La cathédrale Notre-Dame
Le Louvre
L'intérieur du Louvre
L'Arc de triomphe du Carrousel (00:40)
Un bassin des jardins des Tuileries
Une allée du jardin des Tuileries
Le Centre Georges Pompidou
L'intérieur du Centre Georges Pompidou
La fontaine Stravinsky (00:47)
Une cour d'un hôtel particulier du Marais
Le musée du Quai Branly
L'intérieur du musée du Quai Branly
L'hôtel des Invalides
La coupole des Invalides
Le pont Alexandre III
Le pont des Arts
Le pont Simone de Beauvoir

La Bibliothèque nationale de France
L'Opéra de la Bastille
La place des Vosges
Le Palais de Chaillot (Trocadéro) (01:29)
Paris vu de la tour Eiffel
Les Champs-Élysées (1:32)
L'Arc de triomphe
La tour Eiffel
L'Hôtel de ville
Le Sacré Cœur (01:51)
Le Moulin rouge (01:52)
Le Louvre et le pont du Carrousel
La cathédrale Notre-Dame
Le pont Alexandre III (01:57)
L'Institut de France (l'Académie française) (01:58)
Le musée d'Orsay (01:59)
La tour Eiffel (scintillante, toutes les heures à partir de 22 heures).

1 – Faire lire la consigne et en vérifier la compréhension.
– Vous pouvez repasser la vidéo et l'arrêter sur les différents monuments, ceux que les apprenants connaissent (pour les avoir visités ou de nom).

Objectif : sensibiliser aux activités des Parisiens
Modalités : en binôme, puis en grand groupe

2 – Faire lire la consigne et en vérifier la compréhension.
– Les photos sont en fait des captures faites de la vidéo. Ces photos fonctionnent comme des « arrêts sur image ». Après avoir regardé la vidéo deux fois, ces images sont parfaitement reconnues.
– Vérifier que chaque verbe est bien compris.
– Faire un exemple avec la classe. Si c'est possible, projeter les photos. Montrer par exemple la photo 1. Il s'agit du jardin de la place des Vosges. Ce qui est important c'est de dire qu'il s'agit d'un jardin. Que peut-on faire dans un jardin à Paris ? Comme ils auront regardé la vidéo au moins deux fois, ils auront vu les Parisiens occupés à ces activités.
Il est donc possible de *manger, se rencontrer, se promener*.
– Demander aux apprenants de travailler en binômes.
– Procéder à la mise en commun en grand groupe.

Corrigé possible :
1 a, d, g
2 a, c, d, g
3 f, g, b, d, e
4 a, e, c
5 g
6 b, g
7 c, h
8 c, a, h
9 d, g

5 Quel siècle ? CE/PO totem 5

page 49

Objectif : connaître l'époque de quelques monuments parisiens
Modalités : en binôme, puis en grand groupe

– Faire lire la consigne et en vérifier la compréhension. Préciser qu'il s'agit de trouver un seul exemple par période. En aucun cas faire dater chaque monument.
– Dire et faire répéter 19e siècle, 13e siècle, 17e siècle et l'époque moderne.
– Si nécessaire, faire appel à la culture des apprenants pour évoquer les différentes époques. Faire nommer un personnage du 13e siècle, du 17e siècle et de l'époque moderne. Ou bien, dire le nom de personnages historiques que tout le monde connaît et demander aux apprenants de dire à quel siècle ils correspondent. Il faut adapter les exemples à la culture du pays des apprenants.
Les Français pourraient dire : Saint-Louis pour le 13e siècle, Molière pour le 17e siècle, Camille Claudel pour le 19e siècle, Sartre pour l'époque moderne.
– Repasser la vidéo.
– Demander aux apprenants de travailler en binômes.
– Procéder à la correction en grand groupe.

> *Corrigé :*
> (Cette liste n'est pas exhaustive.)
> 19e siècle : l'Arc de triomphe, l'Arc de triomphe du Carrousel, la colonne de Juillet, l'Hôtel de ville de Paris, le canal Saint-Martin.
> a 13e siècle : la cathédrale Notre-Dame.
> b 17e siècle : le Louvre, l'Hôtel des Invalides, la place des Vosges.
> c L'époque moderne : le Centre Pompidou, le musée du Quai Branly, la Bibliothèque nationale de France, la fontaine Stravinsky, l'Opéra de la Bastille, le Trocadéro, le Palais de Chaillot.

Bonus

Pour changer totalement les modalités et dynamiser la classe, montrer la vidéo sans le son et proposer aux apprenants d'intervenir, en langue maternelle ou dans la langue commune à la classe, lorsqu'ils croient savoir la période d'un monument.

ENTRE PARENTHÈSES

Paris a accueilli en 2012, 29 millions de touristes ; c'est un record.

Voici le site de l'Office du tourisme :
http://www.parisinfo.com/

En ce qui concerne l'histoire de Paris :
http://fr.wikipedia.org/wiki/Histoire_de_Paris
http://paris-atlas-historique.fr/

6 À Paris PO

page 49

Objectifs : sélectionner des lieux en fonction des caractéristiques d'une personne qu'on connaît ; utiliser une partie du contenu grammatical et lexical des leçons précédentes
Modalités : en binôme, puis individuel
Matériel : un plan de Paris avec les monuments à afficher dans la classe ou si vous avez un TNI, une carte de Paris projetée avec les principaux monuments

– Faire lire la consigne et en vérifier la compréhension. Il s'agit d'une production avec une contrainte : le parcours doit être faisable en une journée.
– Demander aux apprenants de se regrouper en binômes.
– Leur demander de parcourir les leçons précédentes et de lister la grammaire et le vocabulaire dont ils auront besoin. Ils doivent aussi penser à quelqu'un qu'ils connaissent et qui ne connaît pas encore Paris.
– Demander aux apprenants de préparer le travail à l'écrit. Préciser qu'il s'agira d'une production orale, il ne faudra donc pas lire.
– Chacun devra dire son parcours à son binôme pour répéter. Circuler parmi les sous-groupes pour vérifier et corriger éventuellement.
– Procéder à une mise en commun : prendre l'enveloppe des prénoms pour tirer au sort ceux qui diront leur itinéraire devant la classe. Tirer au sort aussi le nom de deux apprenants qui iront montrer l'itinéraire sur le plan de Paris. À chaque nouvel apprenant tiré au sort, deux autres apprenants montreront le parcours sur le plan de Paris.
– Dans nos classes à Paris, on entend parfois les apprenants dire que Paris est une ville romantique, la ville de l'amour, du shopping, des rencontres et des surprises. Conclure la leçon en demandant aux apprenants ce qu'ils en pensent. Pour eux, Paris est la ville de quoi ?

Action ! Nous organisons une sortie.

page 52

Objectifs : organiser un événement social ; souder le groupe
Modalités : en grand groupe, puis en sous-groupe
Matériel : un appareil photo (ou un téléphone) ; des guides de sorties culturelles de la ville des apprenants ; un calendrier ; un plan de la ville ; une salle multimédia, si possible

▷ MISE EN PLACE

– Demander aux apprenants d'ouvrir leur livre p. 52.
– Expliquer aux apprenants qu'ils vont organiser une sortie.

▷ POUR LANCER L'ACTIVITÉ

– Annoncer que la classe va organiser une sortie pour aller ensemble au restaurant, au cinéma, au musée, au théâtre, à une exposition...
– Demander des propositions de budget. Faire voter la classe pour décider du budget de la sortie : environ 20, 30 ou 40 € (ou l'équivalent dans la monnaie du pays) par personne. Laisser la possibilité de réduire (10 €) ou augmenter ce budget (50 €) selon le groupe.
– Projeter le tableau « choisir un lieu » à la classe.
– Indiquer la démarche à suivre : en groupe, choisir un lieu, en fonction du budget préétabli. Les apprenants auront recours à des guides culturels de leur ville, fournis par le professeur ou apportés par eux-mêmes. Selon les possibilités de votre école, ils pourront aussi chercher ces informations de programmes culturels sur Internet. Les sites seront donnés par le professeur ou cherchés et proposés par les apprenants eux-mêmes.
– Chaque groupe propose à la classe le quartier choisi et l'activité privilégiée (restaurant, musée, cinéma ou autre). Le groupe indique les motivations de son choix.
– La classe vote pour le lieu et l'activité qu'elle préfère (en fonction du budget, du lieu, de l'activité proposée, du programme).
– Projeter le tableau « choisir un jour... ». En grand groupe, en fonction de l'activité choisie précédemment, la classe décide du jour et du moment de la journée pour la sortie. Il faut arriver à un consensus pour que tout le monde puisse participer à la sortie. Tenir donc compte de la majorité mais aussi des impondérables de chacun.

Cette phase en grand groupe est à gérer par les apprenants eux-mêmes. Quelqu'un vient au tableau ? note les préférences, comment ? C'est aux apprenants de se prendre en charge aussi bien sur le fond que sur la forme (modalités) ; seul un temps limite sera donné par le professeur.
– Le budget, le lieu, l'activité, le jour et le moment sont maintenant décidés. Il reste à déterminer le rendez-vous (lieu et heure). De la même façon que précédemment, laisser les apprenants gérer cette phase en leur projetant le tableau « nous mettre d'accord sur le rendez-vous ».
– Préparer, en grand groupe, une « fiche navette » sur laquelle seront inscrits les prénoms et n^{os} de téléphone des participants. Cette fiche sera photocopiée pour chaque apprenant. (Le professeur peut se charger des photocopies.)
– Peut-être faudra-t-il, selon l'activité retenue, réserver pour le jour et l'heure dite. Charger un groupe d'apprenants de s'en occuper.

▷ RÉALISATION DE LA TÂCHE

– Il faut organiser la prise de photos de la soirée. Il faut qu'il y ait au moins 4 ou 5 appareils photo disponibles. Un téléphone fera très bien l'affaire ! Désigner plusieurs « photographes », pour partager les points de vue de la soirée.
– Après la sortie, 4 ou 5 groupes sont formés. Chaque groupe choisit une photo de la sortie. Le choix est libre selon des critères déterminés par chaque groupe (le lieu, le rendez-vous, le spectacle, un moment particulier de la sortie...).
– Chaque groupe écrit un court commentaire de sa photo.
– Une mise en commun est effectuée en classe : chaque groupe montre sa photo et son commentaire à la classe.
– Un binôme (ou un représentant de chaque groupe) est chargé de publier la/les photo(s) sur le site de la classe créé dans le dossier 2.

▷ « VOTRE AVIS »

– Demander à la classe d'évaluer l'activité.
– Projeter cette partie de la page Action !
– Compter combien il y a de +, de ++ ou +++.

Dossier 4

Achats

Dans cette vidéo du dossier 4, Hugo se rend dans un magasin à la mode à la recherche d'une veste. Il a un rendez-vous important pour lui et souhaite soigner son apparence. C'est ici l'occasion de montrer les rituels de l'achat, les marques de politesse et la galanterie.

Page contrat

page 53

Objectifs : connaître le programme d'apprentissage ; sensibiliser au thème et au contenu à partir du nuage de mots
Modalités : en grand groupe

– Regarder cette page avec les apprenants ou la projeter, si c'est possible.
– Faire repérer les 8 zones d'informations dans l'ordre suivant :
    a. le numéro du dossier et sa couleur bleue ;
    b. le titre du dossier ;
    c. la photo ;
    d. le nuage de mots ;
    e. la tâche à réaliser ;
    f. les objectifs fonctionnels ;
    g. le résumé de la vidéo ;
    h. le contenu socio-culturel et culturel.
– Dire le titre de la leçon *(Achats)* et le faire répéter par quelques apprenants. Donner le verbe : *acheter*.
– Faire décrire la photo. Ne pas donner le mot « marché », s'il n'est pas trouvé par les apprenants.

> *Réponse attendue :*
> On voit des fruits, des légumes, de la viande ; des personnes qui regardent (des clients)…

– Lire les mots du « nuage de mots », puis faire répéter certains mots par des apprenants.
– Demander quel est le mot du nuage qui nomme la photo.

> *Réponse attendue :*
> Au marché → le marché.

– Demander de classer les mots en 2 champs : mots en relation avec la nourriture et mots en relation avec les vêtements. Indiquer que certains mots pourront se retrouver dans les deux catégories. On pourra passer par la langue maternelle ou la langue commune à la classe, si besoin.
– Écrire les mots classés dans ces 2 catégories au tableau.
    Nourriture : au marché, des ingrédients, un kilo, un poireau, rouge, les magasins.
    Les vêtements : une veste, une robe, rouge, bleu, les magasins.
– Demander aux apprenants ce qu'ils seront capables de faire à la fin du dossier *(ils organiseront une fête pour la classe)*.
– Leur demander à quelle page se trouve ce travail *(page 64)*.
– Montrer la zone des objectifs fonctionnels et demander aux apprenants ce qu'ils apprendront à faire *(acheter dans un magasin, indiquer une quantité, faire les courses)*. S'assurer de la compréhension.
– Demander ce qui se passera dans la vidéo *(Hugo achète une veste)*.
– Leur demander quel sera le contenu socio-culturel et culturel *(la bonne attitude ; le bien-manger)*.

Leçon 13 | Ça vous plaît ?

pages 54-55

OBJECTIF
Acheter un vêtement dans un magasin

LE VOCABULAIRE
– De l'intensité (un peu, très, trop)
– Des vêtements (une veste, une cravate, un pantalon/un jean, une chemise, une robe, des chaussures, porter, la taille)

OUTILS COGNITIFS
Couleurs différentes, encadrements, alignement en paradigmes

GRAMMAIRE
– L'adjectif interrogatif *quel*
– L'inversion sujet-verbe
– Les adjectifs démonstratifs

PHONÉTIQUE
Discriminer les sons [œ], [E] et [O]

activité 1 p. 54 ▷ activité 2 p. 54 ▷ activité 3 p. 54 ▷ activité 2 p. 62 ▷ activité 3 p. 62 ▷
activité 6 p. 62 ▷ activité 5 p. 62 ▷ activité 6 p. 55 ▷ activité 4 p. 62 ▷ activité 5 p. 55 ▷
activité 1 p. 62 ▷ activité 7 p. 55 ▷ activité 8 p. 55 ▷ activité 4 p. 55

1 Hugo chez Modesign
CE/PO page 54

Objectifs : identifier les personnages et la situation, le lieu et l'acte de parole (acheter un vêtement) – cette phase fonctionne comme une compréhension globale – ; lexique des vêtements
Modalités : en grand groupe, puis en binôme
Outils pédagogiques : photos de l'activité 1

– Livre fermé, faire regarder la vidéo sans le son.
– Demander aux apprenants quels sont les personnages principaux (*un vendeur, une vendeuse, apparemment chef, et Hugo*), ce qui se passe dans cette vidéo (*Hugo achète une veste*).
– Leur demander comment ils trouvent le magasin. De quel type de magasin s'agit-il ? (*Un magasin de vêtements pour homme.*) Dans leur ville existe-t-il un magasin similaire ?
Cette première phase fonctionne comme une compréhension globale (pourtant sans le son) pour repérer le contenu pragmatique.
– Repasser la vidéo, toujours sans le son.
– Demander aux apprenants d'ouvrir le livre à la p. 54.
– Faire lire la consigne et en vérifier la compréhension.
– Faire réaliser l'activité après le visionnage en binôme.
– Dire et faire répéter les mots par quelques apprenants. Inutile de compléter, à ce stade-là, le vocabulaire des vêtements. L'activité 5 permettra d'élargir le lexique.

Corrigé :
a
c
d
e
(Il y a bien des chaussures, mais ce ne sont pas des chaussures de femme.)

– Au moment de repasser la vidéo (pour l'activité 2), faire pause sur le titre de la leçon « Ça vous plaît ? ».

– Leur faire faire des hypothèses sur ce que cela veut dire. Ne pas leur donner la solution. Leur dire qu'une fois la vidéo vue, la classe vérifiera ses hypothèses.

Bonus

– Demander aux apprenants, en langue maternelle ou dans la langue commune à la classe, de réagir à ce qu'ils ont vu, de donner leurs impressions, de décrire ce qu'ils ont vu : le style de magasin, l'attitude d'Hugo, poli, discret, galant. Que pensent-ils de la veste ?
– Dire les mots et demander à quelques apprenants de les répéter.

2 L'achat
CO/CE page 54

Objectif : comprendre la vidéo plus en détail et réutiliser le lexique vu dans l'activité 1
Modalités : en grand groupe

– Faire regarder la vidéo avec le son.
– Faire lire la consigne et en vérifier la compréhension. Leur rappeler qu'ils ont tous les éléments linguistiques pour pouvoir répondre (*une veste, rendez-vous, une sortie, (un petit) 48, 139 euros*).
– Procéder à la correction en grand groupe.

Corrigé :
a Une veste (vidéo 00:56 - 01:02).
b Pour un rendez-vous (vidéo 00:56 - 01:02).
c 48 (vidéo 01:03 - 01:10).
d 139 euros (vidéo 01:59 - 02:02).

– Faire lire « Culture/Savoir », p. 54 sur les tailles en France.
– Demander aux apprenants quelle est leur taille française. Ne poser cette question que si le groupe d'apprenants est disposé culturellement à répondre.
– Leur faire remarquer que les tailles ne sont pas les mêmes pour les hommes et femmes.

3 Le client ou la vendeuse ?
CO/CE page 54

Objectifs : acheter un vêtement (comprendre le vendeur) ; lexique des couleurs
Modalités : en binôme ; puis en grand groupe

– Faire lire la consigne et en vérifier la compréhension.
– Écrire au tableau les mots « vendeur/vendeuse » et « Hugo » sous lesquels vous classerez les différents énoncés.
– Donner une minute aux apprenants pour qu'ils lisent les énoncés. Inutile de lire à haute voix. Il ne s'agit là que de faciliter la compréhension à l'oral. Le repérage des phrases sera plus facile.
– Repasser la vidéo.
– Demander aux apprenants de travailler en binômes.
– Procéder à la mise en commun en grand groupe.
– Écrire au tableau, au fur et à mesure de la correction, les énoncés classés sous « vendeur/vendeuse » et « Hugo ».
Veiller à ce que les énoncés soient en vis-à-vis (question/réponse).

Corrigé :

Vendeur/Vendeuse	Hugo
Bonjour monsieur. Je peux vous aider ? (00:20 - 00:29)	Je cherche une veste. (00:20 - 00:29)
Vous voulez une veste de quelle couleur ? (00:34 - 00:43)	
Voulez-vous l'essayer ? (01:10 -01:22)	C'est combien ? (01:56 - 02:03)
139 euros. (01:56 - 02:03)	
Vous payez comment ? (02:07 - 02: 23)	En liquide. (02:07 - 02: 23)

– Procéder à un visionnage séquentiel : remontrer chaque échange suivant le timing indiqué. Le contexte et l'énoncé complet permettent de faire les explications lexicales.
Je peux vous aider/je cherche = ceci est dit dans tous les magasins, quel que soit l'objet qu'on veut acheter. Chaque langue a son équivalent.
Vous voulez une veste de quelle couleur ? = le vendeur décline 3 couleurs : noire, bleue, rouge.
– Demander aux apprenants de regarder **« Les couleurs », p. 54**. Si c'est possible, projeter le nuancier dans la classe.
– Montrer aux apprenants le noir, le bleu, le rouge.
– Demander aux apprenants de quelle couleur est le pantalon et la chemise du vendeur. Positionner le lecteur vidéo sur 00:39.
– Dites le nom de chaque couleur et faites répéter par quelques apprenants.
– Regarder les couleurs de leurs vêtements et demander à certains : « De quelle couleur est votre pantalon/chemise/tee-shirt ? » Veiller à ne pas développer à ce moment-là le lexique des vêtements. Il ne s'agit pour l'instant que de répétitions des couleurs.
Vous pouvez aussi demander quelle(s) couleur(s) ils aiment.

2 Les couleurs Réemploi page 62

Objectif : utilisation du vocabulaire des couleurs
Modalités : en binôme, puis en grand groupe

– Faire lire la consigne et en vérifier la compréhension.
– Faire réaliser l'activité en binôme.
– Procéder à la correction en grand groupe.

Corrigé :
a bleu
b orange
c rose
d blanc

3 Au magasin Réemploi page 62

Objectif : réemploi du savoir-faire (acheter dans un magasin)
Modalités : en binôme, puis en grand groupe

– Faire lire la consigne et en vérifier la compréhension.
– Demander aux apprenants de regarder « Pour... Acheter dans un magasin », p. 54.
– Faire réaliser l'activité en binôme.
– Procéder à la correction en grand groupe.

Corrigé :
– Bonjour madame, je peux vous aider ?
– Oui, je cherche un pantalon.
– Un pantalon de quelle couleur ?
– Noir.
– Comme ça ?
– Oui.
– Quelle taille ?
– 38. C'est combien ?
– 70 euros.
– Je le prends.
– Vous payez comment ?
– Par chèque./Par carte./En liquide.

6 La robe noire Systématisation page 62

Objectif : systématiser le savoir-faire (acheter dans un magasin)
Modalités : en binôme, puis en grand groupe

– Faire lire la consigne et en vérifier la compréhension. Il s'agit ici de remettre les énoncés dans l'ordre, il faut donc bien comprendre l'enjeu de la communication.
– Demander aux apprenants de travailler en binômes.
– Procéder à la correction en grand groupe.

Corrigé :
c, f, h, e, a, d, g, b, j, i, k

– Les énoncés correspondant aux actes de parole de l'achat sont maintenant observables. Demander aux apprenants de regarder le tableau. Leur demander ce qu'ils remarquent en termes de quantité d'énoncés *(plus de phrases du côté « vendeur »)*. Hugo n'est pas

très bavard. Ils ont certainement vu lors de l'activité 1 qu'Hugo était un peu timide, pas très bavard, un peu embarrassé. Ce qui explique donc qu'il ait peu parlé. Une autre explication est aussi possible : les vendeurs sont toujours bavards car ils veulent nous faire acheter.
– Faire remarquer la ponctuation. Faire conclure : vendeur : 4 questions, Hugo : 1 question.

Vendeur/Vendeuse	**Hugo**
Bonjour monsieur.	
Je peux vous aider ?	Je cherche une veste.
Vous voulez une veste de quelle couleur ?	
Quelle est votre taille ?	
Voulez-vous l'essayer ?	C'est combien ?
139 euros.	
Vous payez comment ?	En liquide.

Réflexion sur la langue
– Entourer « Voulez-vous » sur l'énoncé au tableau.
– Demander aux apprenants de dire ce qu'ils remarquent. Les aider en montrant en même temps l'énoncé qui se trouve au-dessus. Leur faire dire ce qui est différent (*l'inversion sujet-verbe*). Leur faire dire à quoi ça sert.
– Demander aux apprenants de lire « L'inversion sujet-verbe », p. 55.
– Pour vérifier la compréhension, demander à la classe par quoi on répond à cette question (*oui/non*).
– Leur demander par quel autre procédé l'inversion peut être remplacée (*intonation/est-ce que*).
– Récapituler. Pour poser des questions il y a 3 possibilités : l'intonation (la voix monte), *est-ce que* et l'inversion sujet-verbe.
– Demander aux apprenants de lire « L'inversion sujet-verbe », p. 102 (précis grammatical).
– Entourer « quelle » en rouge sur l'énoncé écrit au tableau.
– Repasser la vidéo et demander aux apprenants de lire la transcription p. 123.
– Leur demander de trouver une question similaire. (00:58 - 01:03) *Quel genre de veste ?*
– Ajouter cet énoncé au corpus du tableau. Entourer « quel » en bleu. Faire remarquer la différence *quel/quelle* et faire justifier (*masculin/féminin*).

Vendeur/Vendeuse	**Hugo**
Bonjour monsieur.	
Je peux vous aider ?	Je cherche une veste.
Vous voulez une veste de quelle couleur ?	
Quel genre de veste ?	
Quelle est votre taille ?	
Voulez-vous l'essayer ?	C'est combien ?
139 euros.	
Vous payez comment ?	En liquide.

– Demander aux apprenants de lire « L'adjectif interrogatif *quel* », p. 55.
– Repasser la vidéo de 00:46 à 00:52.
– Demander aux apprenants de lire la transcription p. 123, uniquement ce passage.

– Leur demander ce que fait le vendeur (*il lui montre une veste*) et ce qu'il dit en même temps. Demander aussi ce que répond Hugo.
« *Ce style, ça vous plaît ?* »
« *Cette veste est un peu…* »
– Écrire au tableau les deux énoncés. Souligner en bleu *ce* et en rouge *cette*. Le code couleur (toujours le même) est un procédé pédagogique très économique.

Vendeur/Vendeuse	**Hugo**
Bonjour monsieur.	
Je peux vous aider ?	Je cherche une veste.
Vous voulez une veste de quelle couleur ?	
Quel genre de veste ?	
Ce style, ça vous plaît ?	**Cette** veste est un peu…
Quelle est votre taille ?	
Voulez-vous l'essayer ?	C'est combien ?
139 euros.	
Vous payez comment ?	En liquide.

– Demander aux apprenants de dire quand on utilise *ce/cette*. Si vous faites pause à 00:48, on voit clairement le vendeur montrant la veste à Hugo.
– Demander aux apprenants de lire « Les adjectifs démonstratifs », p. 55. Ils peuvent ainsi comparer/vérifier leur explication de la règle avec ce qui est écrit dans l'encadré.
– Faire remarquer que phonétiquement, il n'y a pas de différence.
– Passer la vidéo de 00:47 à 00:57 et demander aux apprenants de lire la transcription de ce passage p. 123. Si possible projeter cette partie de la transcription ou bien la recopier au tableau.
– *Ce style, ça vous plaît ?*
– *Cette veste est un peu…*
– *Trop grande, trop chaude, un peu chère peut-être.*
– En langue maternelle, demander aux apprenants de dire quels sont les mots qui permettent d'atténuer ou bien de renforcer une caractéristique.
– Encadrer *un peu, trop*.
– Demander aux apprenants de regarder « Les mots… De l'intensité », p. 54.
– Recopier la structure au tableau.

Vendeur/Vendeuse	**Hugo**
Bonjour monsieur.	
Je peux vous aider ?	Je cherche une veste.
Vous voulez une veste de quelle couleur ?	
Quel genre de veste ?	
Ce style, ça vous plaît ?	Cette veste est un peu…
Trop grande, trop chaude, un peu chère peut-être ?	
Quelle est votre taille ?	
Voulez-vous l'essayer ?	C'est combien ?
139 euros.	
Vous payez comment ?	En liquide.

Dossier 4

5 Albert et Célestine 🎧
Réemploi/CO page 62

Objectif : utiliser les marqueurs de l'intensité
Modalités : individuel, puis en binôme, enfin en grand groupe

– Faire lire la consigne et en vérifier la compréhension. Même si c'est un exercice de réemploi, il suppose de comprendre oralement les énoncés.
– Faire écouter le document.
– Montrer que le dessin correspond à la description du texte. C'est ce qu'ils devront faire. Préciser qu'il ne s'agit pas d'être doué en dessin. Il suffit de signifier qu'on a compris les mots de d'intensité et les adjectifs. Si possible projeter l'activité. Cela facilitera la compréhension.
– Demander aux apprenants de travailler individuellement, puis de comparer leurs dessins avec leur voisin.
– Au moment de la correction, inviter un apprenant à passer au tableau. Repasser le document oral. Faites des pauses à chaque information pour faciliter la représentation. La transcription se trouve p. 124.

6 Un client pas content 🎧
Réemploi/CO/CE page 55

Objectif : l'adjectif interrogatif et démonstratif
Modalités : individuel, puis en binôme, et enfin en grand groupe

– Faire lire la consigne et en vérifier la compréhension.
– Demander aux apprenants de travailler individuellement, puis de comparer avec leur voisin. Si possible projeter l'activité. Cela facilitera la justification masculin/féminin.
– Procéder à la correction en grand groupe.

> *Corrigé :*
> – Je voudrais cette veste.
> – Quelle veste ?
> – Cette veste.
> – Quelle couleur ?
> – Cette couleur. Je voudrais aussi un pantalon.
> – Quel pantalon ?
> – Ce pantalon. Et cette cravate.
> – Quelle cravate ?
> – Et une chemise.
> – Quelle chemise ?
> – Cette chemise. Et un tee-shirt noir. Ce tee-shirt.
> – Quelle taille ?
> – Je peux payer par carte ?

– Au moment de la correction, repréciser le genre de chaque mot et faire répéter par quelques apprenants.

4 Aux Champs-Élysées
Systématisation page 62

Objectif : fixer la règle de l'utilisation des adjectifs démonstratifs
Modalités : en binôme, puis en grand groupe

– Faire lire la consigne et en vérifier la compréhension.
– Demander aux apprenants de réaliser l'activité en binômes.
– Procéder à la correction en grand groupe.

> *Corrigé :*
> Le client : Bonjour.
> La vendeuse : Bonjour, monsieur.
> Le client : Je voudrais cette veste, ce pantalon, ces chaussures, cette cravate, ce blouson, ce tee-shirt et cette robe, pour ma femme.
> La vendeuse : C'est tout ?

5 Culture mode CE/PO page 55

Objectif : élargir et utiliser le vocabulaire des vêtements
Modalités : en binôme, puis en grand groupe

1 – Si possible, projeter les dessins de l'activité 5.
– Faire lire la consigne et en vérifier la compréhension.
– Demander aux apprenants de travailler en binômes.
– Prendre l'enveloppe des prénoms et tirer au sort un apprenant qui fera la description de la femme et un autre celle de l'homme.
2 – Lorsque le dernier qui a parlé à fini la description du dessin, lui demander ce qu'il porte. Cette phase aura servi d'exemple pour la suite de l'activité.
– Demander aux apprenants de lire « Les mots... Des vêtements », p. 54.
– Donner quelques minutes aux apprenants pour qu'ils se disent mutuellement ce qu'ils portent.
– Ensuite, tirer au sort quelques prénoms d'apprenants qui décriront leurs vêtements à la classe.

Bonus

Pour utiliser les mots des vêtements, vous pouvez organiser un défilé de mode dans la classe.
• Dire aux apprenants qu'ils vont organiser un défilé de mode dans la classe.
• Leur dire de :
– vérifier qu'il y a dans la classe tous les vêtements listés dans « Les mots... Des vêtements », p. 54.
– décider de l'ordre du défilé (par apprenant) ainsi que celui/celle qui va faire le commentaire des vêtements (nom + couleur). L'idéal, c'est que tout le monde défile, et qu'à tour de rôle, on commente.
C'est généralement une activité qui fonctionne bien. Après un long moment d'analyse de la langue, ce moment ludique fait du bien à la classe.
À chaque nouvel apprenant sur le « podium » (le centre de la classe) apparaît un nouveau commentateur : « X porte une veste bleue, un pantalon jaune des chaussures noires. »

> **ENTRE PARENTHÈSES**
> Voici deux incontournables de la mode. Vous pouvez y trouver de nombreuses photos, exemples de tenues et vidéos de défilés.
> http://www.elle.fr/
> http://www.vogue.fr/

1 À la mode Systématisation — page 62

Objectif : systématiser le vocabulaire des vêtements et des couleurs
Modalités : en binôme, puis en grand groupe

– Faire lire la consigne et en vérifier la compréhension.
– Faire l'exemple au tableau avec la classe. Si possible projeter les photos.
– Demander aux apprenants de travailler en binômes. Veiller à ce qu'ils fassent les accords.
– Procéder à la correction en grand groupe.

> *Corrigé :*
> b Elle porte un pantalon gris, une veste grise, une chemise rose, des chaussures.
> c Il porte un pantalon noir, une chemise bleue, une cravate rose.
> d Elle porte une robe bleue.

7 *Elle* magazine PE — page 55

Objectif : écrire un texte sur les vêtements
Modalités : en binôme (cette production peut être donnée à faire à la maison)

– Faire lire la consigne et en vérifier la compréhension.
– Demander aux apprenants de consulter « Les mots... de l'intensité » et « Les mots... Des vêtements », p. 54.
– Demander aux apprenants de travailler en binômes.
– Pour illustrer l'article, ils peuvent soit dessiner, soit découper une photo. Si vous disposez d'un ordinateur dans la classe, demander à un sous-groupe de faire le travail directement sur le blog de la classe. Cela permettra une correction en grand groupe. Si vous donnez l'activité à faire à la maison, proposer à un apprenant de le faire sur le blog. Ramasser les autres textes pour les corriger et les rendre au cours suivant.

8 Sur les Champs-Élysées PO — page 55

Objectif : simuler un achat dans un magasin (réinvestissement du contenu de la leçon)
Modalités : en binôme, puis en grand groupe
Outils : petits papiers où il est noté « client » ou « vendeur », enveloppe des prénoms de la classe

– Faire lire la consigne. En vérifier la compréhension. Bien préciser les indications qui sont données : accueillir le client, faire des propositions...
– Demander à la classe de travailler en binômes.

– Ensemble, ils préparent à l'écrit ce qu'ils auront à dire pour jouer la scène. À ce stade-là, ils ne savent pas qui sera client ou serveur. Leur préciser aussi que certains joueront ensuite la scène devant la classe. Leur dire que vous tirerez au sort les prénoms. Ils doivent ainsi préparer les deux rôles.
– Une fois leur préparation à l'écrit terminée, ils doivent répéter à l'oral ce qu'ils auront préparé. Ils devront répéter à la fois le rôle de vendeur et de client. Il est important de leur dire qu'ils ne liront pas. Il s'agit d'une activité orale.
– Circuler parmi les groupes pour voir si la consigne a bien été comprise.

Pour leur passage devant la classe, les apprenants devront disposer de vêtements, les accessoires du jeu de rôle. Il faudra veiller à disposer de vêtements et de couleurs variés.
– Tirer au sort les prénoms de ceux qui joueront la scène devant la classe. Il faut 1 vendeur/vendeuse et un client. Vous tirez donc au sort 2 prénoms.
– Demander éventuellement aux apprenants d'installer la classe de manière à ce qu'il y ait un espace central avec des chaises et des tables.
– Une fois les prénoms tirés au sort, faire passer l'enveloppe avec « client » et « vendeur », afin de distribuer les rôles.
– Demander aux apprenants de jouer la scène.
– Donner une consigne d'écoute aux apprenants qui regardent : leur demander de noter le nom et la couleur du vêtement acheté ainsi que son prix.
– Si un ou plusieurs groupes sont d'accord pour être filmés, demander à un apprenant de filmer la scène. Ils peuvent faire deux ou trois films. Celui que les apprenants préfèrent pourrait être posté sur le site de la classe.
– Ne pas intervenir au moment de la scène. Noter les erreurs des apprenants pour un feed-back différé.
– Mettre en commun les notes prises par la classe. En profiter pour faire répéter les mots, faire des corrections phonétiques, revoir la prononciation des nombres.

Phonétique

4 [œ] CO — page 55

Objectifs : discriminer les sons [œ], [E] et [O]
Modalités : individuel, puis en binôme, enfin en grand groupe

– Distribuer (ou demander aux apprenants de reproduire) le tableau suivant :

	Identiques =	Différents ≠
Exemple :		
a		
b		
c		
d		
e		
f		
g		
h		

– Faire lire la consigne et s'assurer de sa compréhension.
– Faire l'exemple en grand groupe.
– Faire réaliser l'activité individuellement.
– Demander aux apprenants de comparer leurs réponses en binôme, puis proposer une deuxième écoute pour vérifier les réponses.
– Procéder à la mise en commun en grand groupe ; proposer une 3e écoute si les apprenants ne sont pas unanimement d'accord sur les réponses.

Corrigé :

	Identiques =	Différents ≠
Exemple : un peu – un peu	x	
a un peu – un pot		x
b il peut – il peut	x	
c il paie – il peut		x
d deux jupes – deux jupes	x	
e une robe bleue – une robe bleue	x	
f des cravates – deux cravates		x
g ce manteau – ce manteau	x	
h ce pantalon – ces pantalons		x

– En grand groupe, faire écouter (piste 42) et lire l'encadré « Le son [œ] », p. 55.
– Montrer aux apprenants les particularités articulatoires du son [œ] : les lèvres sont arrondies, la langue est appuyée sur les dents du bas ; le son est donc aigu. On pourra faire répéter les mots du tableau sur une intonation montante, comme une question.
   Deux ? ; neuf ? ; ce ?
– Faire répéter les items de l'activité 4.
   Exemple : un peu – un peu
   1 un peu – un pot
   2 il peut – il peut
   3 il paie – il peut
   4 deux jupes – deux jupes
   5 une robe bleue – une robe bleue
   6 des cravates – deux cravates
   7 ce manteau – ce manteau
   8 ce pantalon – ces pantalons

Au niveau A1, il n'est pas demandé de discriminer les sons [ø], [ə] et [œ] ; nous utilisons donc l'archiphonème [Œ] qui regroupe ces 3 phonèmes. De même, n'est-il pas nécessaire, à ce niveau, de discriminer les sons [e] et [ɛ] qui sont regroupés par l'archiphonème [E] et les sons [o] et [ɔ] qui sont regroupés par l'archiphonème [O]. Par contre, il est nécessaire de discriminer [Œ] de [E] et [Œ] de [O]. C'est l'objectif de cette leçon.

Leçon 14 | Qu'est-ce qu'on mange ?
pages 56-57

OBJECTIFS
– Comprendre une recette
– Indiquer une quantité

LE VOCABULAIRE DE LA CUISINE
– Les ingrédients (une tomate, une courgette, un oignon, l'ail, des herbes de Provence, l'huile)
– Les ustensiles (la cocotte, la poêle, le moule, la cuillère, le four)
– Les actions (éplucher, couper en morceaux, verser, ajouter, faire cuire, continuer la cuisson, servir)

GRAMMAIRE
– L'impératif
– Les quantificateurs

PHONÉTIQUE
L'élision

OUTILS COGNITIFS
Couleurs différentes, encadrements, alignement en paradigmes

activité 1 p. 56 ▷ activité 2 p. 56 ▷ activité 9 p. 63 ▷ activité 3 p. 57 ▷ activité 4 p. 57 ▷ activité 8 p. 63 ▷ activité 5 p. 57 ▷ activité 7 p. 63 ▷ activité 10 p. 63 ▷ activité 6 p. 57

– Pour la mise en route, demander aux apprenants s'ils aiment faire la cuisine, s'ils cuisinent régulièrement et quelles sont leurs spécialités.

1 Le livre des recettes CE page 56

Objectif : comprendre la couverture d'un livre de recettes
Modalités : en grand groupe

– En grand groupe, projeter, si possible, le document 1. Faire identifier le document.

> *Réponse attendue :*
> Il s'agit d'un livre.

– Faire identifier le titre, l'auteur, l'édition, le sous-titre. Ne pas expliquer chaque mot.

> *Réponse attendue :*
> Titre : On mange quoi ce soir ?
> Auteur : Sylvia Gabet
> Édition : Édition de la Martinière
> Sous-titre : 80 recettes faites en 20 minutes pour les soirs de la semaine.

– Faire lire la consigne de l'activité et en vérifier la compréhension.
– Faire réaliser l'activité en grand groupe.
– Demander de justifier la réponse.

> *Corrigé :*
> a car recettes en 20 minutes, pour les soirs de la semaine.

2 Le veau à la provençale
CE/Réflexion sur la langue page 56

Objectifs : comprendre une recette ; indiquer une quantité (les quantificateurs) ; le lexique des ingrédients
Modalités : en binôme, puis en grand groupe

1 – Projeter le document 2, si possible.
– En grand groupe, sans lire en détail, faire identifier le document et faire repérer les 5 parties.

> *Réponse attendue :*
> Une recette ; 5 parties : le titre de la recette, le temps nécessaire, les ingrédients, la préparation, la conclusion.

– Faire lire la consigne et en vérifier la compréhension.
– Faire l'exemple en grand groupe en continuant de projeter le document pour montrer que les informations se trouvent dans la partie « ingrédients » du document.
– Faire réaliser l'activité en binôme. Les apprenants pourront utiliser un dictionnaire si nécessaire.
– Procéder à la mise en commun en grand groupe en demandant de justifier dans le texte.

> *Corrigé :*
> a 700 g de veau
> b 2 gousses d'ail
> c 2 cuillères à café d'herbes de Provence
> d 5 tomates
> e 200 g de courgettes
> f un peu d'huile

– Faire lire « Les mots... La cuisine – Les ingrédients » p. 56. S'assurer de la compréhension des mots.
– Quelques autres ingrédients peuvent être donnés par le professeur à la demande des apprenants, mais pas plus de 4 ou 5.

2 – Faire lire la consigne de l'activité et en vérifier la compréhension.
– En grand groupe, faire réaliser l'activité. En partant de l'exemple et des réponses à l'activité 2.1, guider les apprenants pour faire découvrir les différentes façons d'indiquer la quantité.
– Les noter au tableau en partant chaque fois des exemples tirés du document. Élargir le lexique (par exemple : gramme > kilo ; une cuillère > un verre, une bouteille ; un peu > beaucoup).

> *Corrigé :*
>
> | 2 oignons, 5 tomates... | nombre + ingrédient. |
> |---|---|
> | 200 grammes *de* courgettes, 700 grammes *de* veau... | x grammes, x kilos + *de (d')* + ingrédient |
> | 2 cuillères *d'*herbes, 2 gousses *d'*ail... | nombre + « contenant » + *de (d')* + ingrédient |
> | 2 cuillères, un verre, une bouteille... *d'*eau | |
> | Un peu *d'*huile : un peu *de (d')* ≠ beaucoup *de (d')* + ingrédient. | |

– Faire lire « Pour... Indiquer une quantité », p. 56 et s'assurer de sa compréhension. Insister sur le fait que la quantité est connue.

9 Combien ? Réemploi page 63

Objectif : indiquer une quantité
Modalités : en binôme, puis en grand groupe

– Faire lire la consigne et en vérifier la compréhension.
– Faire réaliser l'activité en binôme.
– Procéder à la mise en commun en grand groupe. Faire oraliser les réponses.

> *Corrigé :*
> un kilo : de courgettes.
> un peu : d'ail, d'eau, d'huile, de courgette, de sel.
> 3 : bananes
> une cuillère : d'eau, d'huile, de sel.
> une bouteille : d'eau, d'huile.

3 La préparation
CE/Réflexion sur la langue page 57

Objectifs : comprendre une recette ; le lexique des ustensiles, des actions ; l'impératif
Modalités : individuel, puis en binôme, enfin en grand groupe

1 – Faire lire la consigne et en vérifier la compréhension.
– Faire l'exemple en grand groupe pour montrer que les informations se trouvent dans la partie « préparation » de la recette. Indiquer que l'image « d » pourra se retrouver deux fois.
– Faire réaliser l'activité individuellement.
– Mettre en commun en binôme.
– Procéder à la mise en commun en grand groupe en demandant de justifier les réponses dans le texte de la recette.

Corrigé :
1 b : coupez la viande en morceau.
2 e : épluchez et coupez les oignons.
3 a : versez l'huile dans une cocotte.
4 d : faites cuire la viande et les oignons.
5 c : ajoutez les tomates.
6 d : faites cuire, continuez la cuisson.

2 – Faire lire la consigne et en vérifier la compréhension. Indiquer que les réponses se trouvent encore dans la partie « préparation » de la recette.
– Faire réaliser l'activité en binôme.
– Procéder à la mise en commun en grand groupe.

Corrigé :
Épluchez les oignons.
Coupez la viande en morceaux (accepter aussi : les oignons).
Versez l'huile.
Ajoutez les tomates.
Faites cuire la viande et les oignons.

– Faire lire « Les mots… La cuisine – Des actions », p. 57. S'assurer de la compréhension des mots.
– En grand groupe, faire repérer aux apprenants comment sont conjugués ces verbes d'action dans la recette. Demander si l'on utilise un pronom personnel sujet.

Réponse attendue :
Ils sont conjugués à la 2e personne du pluriel. Non, on n'utilise pas de pronom sujet (pas de « vous », en l'occurrence).

– Écrire quelques verbes au tableau : *épluchez, coupez, versez…*
– Demander aux apprenants à qui l'on s'adresse.

Réponse attendue :
À nous.

– Demander pourquoi il n'y a pas le pronom « vous ».

Réponse attendue :
Parce qu'il s'agit d'une recette. On nous demande de faire quelque chose. Dans ce cas, le verbe est conjugué à l'impératif.

– Indiquer qu'on peut demander de faire quelque chose à « vous » ou à « toi ». L'impératif n'existe donc qu'aux 2es personnes du singulier et du pluriel. À l'impératif, la conjugaison est identique au présent mais on « supprime » le pronom sujet.
– Faire lire « L'impératif » p. 57.
– Faire relever, que pour les verbes en -er, le « s » disparaît à la 2e personne du singulier.

À ce niveau et pour cet acte de parole, nous avons choisi de ne présenter que les 2es personnes du singulier et du pluriel de l'impératif. Bien sûr, si le professeur le souhaite, il pourra donner la 1re personne du pluriel.

4 Les pommes au four
Réemploi   page 57

Objectifs : l'impératif ; les verbes d'action d'une recette
Modalités : en binôme, puis en grand groupe

– Faire lire la consigne et en vérifier la compréhension.
– Faire réaliser l'activité en binôme.
– Procéder à la correction en grand groupe.

Corrigé :
Épluchez les pommes. Coupez les pommes en morceaux. Faites cuire les morceaux dans une poêle pendant 2 min. Versez les pommes dans un moule. Ajoutez le sucre. Faites cuire au four pendant 20 min. Servez avec de la crème Chantilly !

8 La ratatouille
Systématisation   page 63

Objectifs : l'impératif ; la recette
Modalités : en binôme, puis en grand groupe

– Faire lire la consigne et en vérifier la compréhension. S'aider de l'exemple.
– Faire réaliser l'activité en binôme.
– Procéder à la mise en commun en grand groupe.

Corrigé :
1. c. Épluchez les oignons, coupez les courgettes, les tomates et l'ail.
2. e. Versez l'huile dans la poêle.
3. a. Faites cuire les oignons.
4. f. Ajoutez l'ail, les courgettes et les tomates.
5. d. Salez et poivrez.
7. b. Continuez la cuisson pendant 45 min.

5 Les ustensiles CE   page 57

Objectif : les ustensiles
Modalités : en binôme, puis en grand groupe

– Faire lire la consigne et en vérifier la compréhension.
– Faire réaliser l'activité en binôme.
– Procéder à la mise en commun en grand groupe. Comparer les dessins. Choisir les meilleurs ! (Selon la pertinence et l'esthétique.)
– Faire lire « Les mots… La cuisine – Les ustensiles », p. 56 et s'assurer de la compréhension.
– Quelques autres noms d'ustensiles peuvent être donnés par le professeur à la demande des apprenants, mais pas plus de 4 ou 5.

7 L'intrus Réemploi
page 63

Objectif : les mots de la cuisine
Modalités : en binôme, puis en grand groupe

– Faire lire la consigne et en vérifier la compréhension. S'aider de l'exemple.
– Faire réaliser l'activité en binôme.
– Procéder à la correction en grand groupe en interrogeant quelques binômes et en demandant de justifier les réponses.

Corrigé :
a une fraise
b une pomme de terre
c acheter

Phonétique
page 57

Objectif : l'élision
Modalités : en grand groupe

– En grand groupe, demander aux apprenants de dire quelques ingrédients.
– Écrire au tableau les mots proposés en les classant par « le », « la », « les » et « l' » (sans écrire ces entrées). S'arrêter dès que chaque colonne contient au moins un mot.
Par exemple :
la tomate   le sel   les herbes   l'ail
                                     l'oignon
– Demander aux apprenants pourquoi vous avez classé les mots ainsi.

Réponse attendue :
Ingrédient masculin : « le » ; féminin : « la » ; pluriel : « les » ; mot singulier commençant par une voyelle ou « h » : « l' ». (Rappeler le tableau de la leçon 1 : « L'article défini », p. 17.)

– Faire lire « L'élision », p. 57.
– Montrer que le phénomène se passe aussi avec *je, ne, de, se, ce, me* et *te*.
– Faire répéter les exemples par quelques apprenants en insistant bien sur la continuité de la voix : la consonne se prononce et forme une syllabe avec la voyelle initiale du mot suivant ; il n'y a pas d'interruption de la voix.
– On pourra noter au tableau et faire répéter :
l'a = la, l'ail = lail ; j'ha = ja, j'habite = jhabite ; d'huile = dhuile ; t'aime = taime.

10 Ingrédients Réemploi
page 63

Objectif : l'élision
Modalités : en grand groupe, puis individuel

– Faire lire la consigne et en vérifier la compréhension.
– Faire l'exemple en grand groupe.
– Faire réaliser l'activité individuellement.
– Procéder à la correction en grand groupe.

Corrigé :
a le sel   e l'oignon
b la tomate   f le lait
c l'ail   g la pomme
d les courgettes   h la banane

6 Le livre de recettes de la classe PO/PE
page 57

Objectifs : dire son plat préféré, en donner les ingrédients ; écrire une recette ; créer le livre de recettes de la classe
Modalités : individuel, puis en binôme, enfin en grand groupe.

1 – En grand groupe, demander aux apprenants de lire « Culture/Savoir », p. 57.
– Rechercher sur Internet des photos et les ingrédients de ces plats. (Si la classe ne dispose pas d'un accès Internet, demander la veille aux apprenants de faire la recherche chez eux.)

Réponse attendue :
Photo magret de canard ; ingrédient : viande de canard.
Photo moules frites ; ingrédients : moules, frites (pommes de terre).
Photo couscous ; ingrédients principaux : viande, semoule, courgettes, pommes de terre...

– Faire lire la consigne et s'assurer de sa compréhension.
– Laisser quelques minutes aux apprenants pour chercher les ingrédients de leur plat préféré. (Ou leur demander de faire ce travail, la veille chez eux.) Bien faire comprendre que les quantités ne nous intéressent pas ici, seuls les ingrédients principaux doivent être donnés.
– À tour de rôle, les apprenants viennent, devant la classe, dire leur plat préféré et ses ingrédients principaux. Ils ne doivent pas lire leurs notes. Si les apprenants sont trop nombreux, n'en faire passer qu'une dizaine.
2 – Faire lire la consigne et s'assurer de sa compréhension.
– Indiquer aux apprenants qu'il faudra présenter la recette comme dans le document 2 p. 56 : un titre, les temps de préparation et de cuisson, les ingrédients et le texte de la préparation. (La petite conclusion n'est pas obligatoire.)
– Faire réaliser l'activité en binôme. Donner un temps limite.
– Une fois corrigée, demander aux binômes de taper leur recette et de créer un fichier. Si les apprenants n'ont pas d'ordinateur à leur disposition, s'en charger.
3 – Faire lire la consigne et s'assurer de sa compréhension.
– En groupe, faire trouver un titre, une proposition de couverture (sous-titre, photos, auteurs, édition...).
– En grand groupe, la classe choisit la meilleure couverture.
– Le professeur peut se charger des photocopies mais ce sont les apprenants qui relieront leur livre.

Bonus

Demander à un groupe d'apprenants de publier le livre sur le site de la classe.

Leçon 15 | Au marché

pages 58-59

OBJECTIF
Faire les courses (demander un produit, indiquer la quantité, demander le prix)

LE VOCABULAIRE
– Des magasins (la boulangerie, la boucherie, la poissonnerie, le fromager, le primeur)
– Du marché (un poireau, une salade, des haricots verts, une carotte, une pomme de terre, une banane, une fraise, une orange, du raisin, le lait, les œufs, le pain)

OUTILS COGNITIFS
Couleurs différentes, encadrements, alignement en paradigmes

GRAMMAIRE
– La quantité : les quantificateurs (rappel)
– Les articles partitifs
– Les verbes *vouloir* et *pouvoir* au présent
– *Je voudrais*
– Les présentatifs *c'est, voilà, ça*

PHONÉTIQUE
Identifier les sons [œ] et [E]

---

activité 1 p. 58 ▷ activité 2 p. 58 ▷ activité 3 p. 59 ▷ activité 2 p. 58 ▷ activité 4 p. 59 ▷ activité 11 p. 63 ▷
activité 13 p. 63 ▷ activité 6 p. 59 ▷ activité 5 p. 59 ▷ activité 12 p. 63 ▷ activité 7 p. 59 ▷ activité 8 p. 59

---

1 Le marché de Talensac

Sensibilisation page 58

Objectif : (re)connaître quelques magasins et quelques légumes
Modalités : en grand groupe

1 et **3** – Projeter, si possible, les 5 photos de la p. 58.
– En grand groupe, demander aux apprenants ce qu'ils connaissent.

> *Réponse attendue :*
> Les apprenants ont vu dans la leçon 14 « courgettes, oignons, tomates, ail, herbes de Provence, viande » ; peut-être connaissent-ils d'autres produits visibles sur les photos : pain, poisson... et les lieux où on les vend : boulangerie...

– Ne pas se lancer dans une explication, ne pas répondre à d'éventuelles questions. Tout sera abordé dans la leçon. Ne noter au tableau que les propositions des apprenants. Celui qui propose un mot doit l'expliquer à la classe (en le montrant sur la photo).
2 – Faire lire la consigne et s'assurer de sa compréhension.
– Réaliser l'activité en grand groupe.

> *Corrigé :*
> a 4
> b 5
> c 2
> d 3
> e 1

– Faire lire « Les mots... Des magasins », p. 58 et s'assurer de la compréhension.
– À la demande des apprenants, le professeur peut compléter la liste des magasins alimentaires, mais pas plus de 3 ou 4.

– Faire lire **Culture/Savoir**, p. 58.
– Si la classe a un accès à Internet, montrer d'autres photos de ce célèbre marché de Nantes.

2 Les courses CE 🎧 46

page 58

Objectifs : comprendre des listes de courses ; (re)connaître le nom de quelques légumes et fruits
Modalités : en grand groupe

L'activité se fera en deux temps.
– Projeter, si possible les 4 listes.
– En grand groupe, demander aux apprenants d'identifier ces documents.

> *Réponse attendue :*
> Il s'agit de 4 listes de courses.

– En groupe, demander aux apprenants de lire les 4 listes et de classer les aliments en 2 colonnes : les légumes et les fruits.
– Laisser les apprenants chercher par eux-mêmes la signification du lexique (acquis, dictionnaire...).
– Procéder à une mise en commun en grand groupe, noter les réponses au tableau. S'assurer de la compréhension.

> *Réponse attendue :*
> | les légumes | les fruits |
> |---|---|
> | de la salade | des poires |
> | du potiron | des pommes |
> | des carottes | des cerises |
> | des tomates | |
> | des courgettes | |
> | des poireaux | |
> | des pommes de terre | |
> | des oignons | |
> | des haricots verts | |

3 Des fruits CE
page 59

Objectif : (re)connaître le nom de quelques fruits et légumes
Modalités : en grand groupe

1 – Projeter, si possible, les 4 fruits, p. 59.
– Réaliser l'activité en grand groupe.

> *Corrigé :*
> a 4 ; b 3 ; c 1 ; d 2

– Noter au tableau ces 4 nouveaux fruits, comme ci-dessous :

les légumes	**les fruits**
de la salade	des poires
du potiron	des pommes
des carottes	des cerises
des tomates	**une fraise**
des courgettes	**du raisin**
des poireaux	**une orange**
des pommes de terre	**une banane**
des oignons	
des haricots verts	

2 – Demander aux apprenants s'ils connaissent d'autres fruits.
– Les noter au tableau.
– Faire lire « **Les mots... Du marché** », p. 58.
– Demander de trouver les 3 aliments qui ne sont ni des fruits ni des légumes.

> *Réponse attendue :*
> Le lait, les œufs, le pain.

– S'assurer de la compréhension du lexique.

2 Les courses (2)
CO/Réflexion sur la langue 🎧46
page 58

Objectifs : comprendre deux dialogues au marché ; faire les courses (demander un produit, indiquer la quantité, demander le prix) ; l'expression de la quantité
Modalités : en binôme, puis en grand groupe

– Indiquer aux apprenants qu'ils vont écouter deux dialogues au marché.
– Faire lire la consigne de l'activité et s'assurer de sa compréhension.
– Faire réaliser l'activité en binôme.
– Procéder à la mise en commun en grand groupe ; demander de justifier les réponses. (Si nécessaire proposer une deuxième écoute.)

> *Corrigé :*
> Cliente (dialogue 1) – liste 3, car elle demande 500 grammes de tomates, pas un kilo.
> Client (dialogue 2) – liste 2, car il veut 4 ou 5 poires, pas 1 kg, ET il ne veut pas de cerises.

– En grand groupe, demander aux apprenants comment la cliente demande les produits et comment elle demande le prix.
– Faire réécouter le dialogue 1.

> *Réponse attendue :*
> Je voudrais des tomates. Vous avez de la salade ? Je veux du potiron. Je vous dois combien ?

– Faire relever la différence entre « je voudrais » et « je veux » : la forme la plus polie est « je voudrais ».
– Faire lire « **Pour... Faire les courses** », p. 58. S'assurer de la compréhension.
– Projeter au tableau les listes 2 et 3, si possible.
– Demander aux apprenants de noter comment le client et la cliente demandent la quantité exacte de chaque produit.
– Faire écouter une nouvelle fois les deux dialogues ; les apprenants notent leurs réponses puis mettent en commun en binôme. Une nouvelle écoute est proposée si nécessaire.
– Procéder à une mise en commun en grand groupe.
– Noter les réponses au tableau comme ci-dessous :

Quoi ?	*Combien ?*
Dialogue 1	
de la salade :	une salade
du potiron :	un morceau de potiron
des carottes :	1 kg
des tomates :	500 g
Dialogue 2	
des haricots verts :	500 g
des poireaux :	3 poireaux
des pommes de terre :	1 kg de pommes de terre
des oignons :	4 oignons
des poires :	4 ou 5 poires
des pommes :	500 g

– Demander aux apprenants ce qui différencie la colonne 1 de la colonne 2.

> *Réponse attendue :*
> Colonne 1 : on ne connaît pas la quantité ; colonne 2 : on connaît la quantité.

– Rappeler que pour donner la quantité exacte, on utilise les nombres (1, 2, 3...) ou 500 g/1 kg de (vu dans la leçon 14).
– Demander ce que l'on utilise lorsqu'on ne connaît pas la quantité.

> *Réponse attendue :*
> On utilise *du*, *de la* ou *des*.

– Demander la différence entre *du*, *de la* et *des*.

> *Réponse attendue :*
> du = masculin, de la = féminin, des = pluriel.

– Donner le terme : *articles partitifs*.
– Demander si la quantité 0 est une quantité connue ou pas.

> *Réponse attendue :*
> Oui, c'est une quantité connue qui est égale à 0.

– Demander de retrouver dans les dialogues comment on indique la quantité 0.

Dossier 4

– Proposer une dernière écoute avec la transcription p. 124 (piste 46).

Réponse attendue :
Pas de courgettes ; pas de cerises.

– Faire lire « **Les articles partitifs** », p. 59.
– Attirer l'attention sur : *du* ou *de la* + voyelle (ou « h ») = *de l'* (de l'eau, de l'argent). Par contre, *des* + voyelle (ou « h ») est possible (des oranges).
– Comparer avec l'expression de la quantité connue et non connue dans la langue des apprenants. Faire traduire dans leur langue : 2 bananes, des bananes ; 1 kg de carottes, des carottes ; du potiron, un morceau de potiron ; de la salade, 1 salade ; pas de cerises, des cerises.

4 Chez le primeur — Réemploi — page 59

Objectif : l'expression de la quantité
Modalités : en binôme, puis en grand groupe

– Faire lire la consigne et s'assurer de sa compréhension.
– Faire réaliser l'activité en binôme.
– Procéder à une mise en commun en grand groupe.

Corrigé :
V : C'est à vous ? Bonjour madame !
C : Oui, bonjour. Je voudrais du raisin.
V : Combien ?
C : 500 g de (ou 1 kg de) raisin, s'il vous plaît. Et des bananes. 5 bananes.
V : Et avec ça ?
C : Des oranges, 1 kg d' (ou 500 g d') oranges. Vous avez des fraises ?
V : Ah non ! Désolé ! Je n'ai pas de fraises !
C : Je vous dois combien ?
V : 9 € 40, merci !

– Demander à quelques binômes de jouer ce petit dialogue.

11 La liste des courses — Systématisation — page 63

Objectif : l'expression de la quantité
Modalités : individuel, puis en grand groupe

– Faire lire la consigne et s'assurer de sa compréhension.
– Faire réaliser l'activité individuellement.
– Procéder à une mise en commun en grand groupe.

Corrigé :
Des tomates ; 500 grammes de (ou 3) tomates
Des oignons ; 3 (ou 500 g d') oignons
De l'eau ; une bouteille d'eau
De l'huile ; une bouteille d'huile
Du potiron ; un morceau de potiron
De la salade ; une salade

13 Les magasins — Systématisation — page 63

Objectifs : réutiliser le lexique de l'achat ; l'expression de la quantité
Modalités : en sous-groupe, puis en grand groupe

– Faire lire la consigne et s'assurer de sa compréhension.
– Faire réaliser l'activité en sous-groupe, à l'oral.
– Procéder à une mise en commun orale en grand groupe. S'assurer de l'emploi des partitifs.

Corrigé :
Par exemple : 1 une robe, une veste, un pantalon, des chaussures
2 des fruits : des fraises, des bananes… ;
des légumes : des carottes, des courgettes…
3 de la viande

6 Le bon choix — Réflexion sur la langue/Réemploi — page 59

Objectifs : les verbes *vouloir* et *pouvoir* au présent ; les présentatifs
Modalités : individuel, puis en grand groupe

– En grand groupe, faire écouter (piste 48) et lire « *Vouloir* et *pouvoir* au présent », p. 59.
– S'assurer de la compréhension de la différence entre *vouloir* et *pouvoir* ; si nécessaire, passer par la langue maternelle ou la langue commune à la classe.
– Montrer les 3 bases de ces verbes.

Vouloir			**Pouvoir**		
je/tu	veux	} [vø]	je/tu	peux	} [pø]
il/elle/on	veut		il/elle/on	peut	
ils/elles	veulent } [vœl]		ils/elles	peuvent	[pœv]
nous	voulons } [vulɔ̃]		nous	pouvons	[puvɔ̃]
vous	voulez } [vule]		vous	pouvez	[puve]

– Faire répéter la conjugaison, dans l'ordre ci-dessus, par quelques apprenants.
– Faire répéter la forme de politesse : *je voudrais*.
– En grand groupe, faire lire « **Les présentatifs** » p. 59.
– Traduire dans la langue maternelle ou dans la langue commune à la classe : *C'est à moi ! Voilà des pommes. Avec ça ? Ça fait combien ?*
– Faire lire la consigne, et s'assurer de sa compréhension.
– Faire l'exemple en grand groupe.
– Faire réaliser l'activité individuellement.
– Procéder à une mise en commun en grand groupe.

Corrigé :
a Vous voulez ça ?
b C'est combien ?
c Elles veulent du pain.
d On n'a pas d'oeufs.
e Voilà ton fromage. (« c'est » peut aussi être accepté ; faire traduire en langue maternelle ou dans la langue commune à la classe les deux possibilités : « Voilà ton fromage » et « C'est ton fromage »)

Phonétique

5 [œ] ou [E] CO 🎧47
page 59

Objectif : Identifier les sons [œ] et [E]
Modalités : individuel, puis en binôme, enfin en grand groupe

– Distribuer (ou demander aux apprenants de reproduire) le tableau suivant :

	« deux » [dœ]	« des » [dE]
Exemple : deux bananes	x	
1		
2		
3		
4		
5		
6		
7		
8		

– Faire lire la consigne et s'assurer de sa compréhension.
– Faire l'exemple en grand groupe.
– Faire réaliser l'activité individuellement.
– Demander aux apprenants de comparer leurs réponses en binôme, puis proposer une deuxième écoute pour vérifier les réponses.
– Procéder à la mise en commun en grand groupe ; proposer une 3e écoute si les apprenants ne sont pas unanimement d'accord sur les réponses.

Corrigé :	« deux » [dœ]	« des » [dE]
Exemple : deux bananes	x	
1 des carottes		x
2 deux carottes	x	
3 des courgettes		x
4 deux oranges	x	
5 deux tomates	x	
6 des haricots verts		x
7 deux poires	x	
8 des pommes de terre		x

– En grand groupe, faire écouter (piste 47) et lire « **Le son [œ]/Le son [E]** », p. 59.
– Montrer aux apprenants la différence articulatoire entre [œ] et [E]. Cette différence se voit : les lèvres sont arrondies pour [œ], elles sont souriantes pour [E]. Pour les deux sons, la langue reste appuyée sur les dents du bas ; les deux sons sont donc aigus. On pourra les faire répéter sur une intonation montante, comme une question.
– Faire répéter les mots du tableau.
– Demander aux apprenants de trouver et de prononcer des mots dans lesquels on entend le son [œ]. (Par exemple : *je, je veux, deux œufs...*)

– Faire répéter les items de l'activité.
Au niveau A1, il n'est pas demandé de discriminer les sons [œ], [ø] et [ə] ; nous utilisons donc l'archiphonème [œ] qui regroupe ces 3 phonèmes. De même, n'est-il pas nécessaire, à ce niveau, de discriminer les sons [e] et [ɛ] qui sont regroupés par l'archiphonème [E]. Par contre, il est nécessaire de discriminer [œ] et [E]. C'est l'objectif de cette leçon.

12 Histoire d'amour
Réemploi 🎧50
page 63

Objectif : produire les sons [œ], [E] et [O] dans des phrases
Modalités : individuel

– Faire écouter chaque phrase et demander à 2 ou 3 apprenants de répéter, à tour de rôle.
– Proposer une dernière écoute avec la transcription p. 124.
Ces phrases sont des sortes de virelangues (petites phrases très difficiles à prononcer et à comprendre que l'on essaie de produire de plus en plus vite en s'amusant). Insister donc sur l'aspect ludique de cette répétition : on ne comprend pas très bien, on a le droit de se tromper, on rit...

7 Les courses PE
page 59

Objectif : écrire une liste de courses
Modalités : en sous-groupe, puis en grand groupe

On aura demandé précédemment aux apprenants d'apporter leur livre de recettes créé dans la leçon 14.
– Faire lire la consigne et s'assurer de sa compréhension. Indiquer que les listes devront avoir la forme de celles de l'activité 2 page 58.
– Faire 2 exemples en grand groupe. (Par exemple : des carottes, 1 kg ; du fromage, un morceau.)
– Faire réaliser l'activité en petits groupes.
– Procéder à la mise en commun en grand groupe.
– Afficher les listes dans la classe.

8 La classe est un marché ! PO
page 59

Objectif : faire les courses au marché
Modalités : en sous-groupe, puis en grand groupe

– Faire lire la consigne et s'assurer de sa compréhension.
– Bien insister sur le canevas qu'il faudra suivre :
  le client demande les produits ;
  le vendeur demande les quantités ;
  le client dit les quantités ;
  le client demande le prix et paie.
– Demander à chaque groupe (les mêmes que dans l'activité 7) de choisir une des listes de courses affichées dans la classe. Le groupe ne doit pas choisir sa propre liste.
– Faire réaliser l'activité en sous-groupe. Il y aura un client et plusieurs vendeurs selon les produits à acheter (magasins différents).

– Préparer la classe : la transformer en marché.
– Faire passer 2 ou 3 groupes qui joueront la scène devant la classe.
– Les autres groupes ont des tâches d'écoute, il faudra noter : le nom des magasins, les produits achetés et leur quantité, le prix payé ; la politesse du client et des vendeurs (salutations, *je voudrais, s'il vous plaît, merci…*)
Ces tâches peuvent être réparties dans différents groupes (un groupe écoute la politesse, un autre les magasins, un autre les produits et leur quantité et un dernier les prix).
– La correction se fait après la production. Ce sont les apprenants qui ont écouté qui commencent en indiquant ce qu'ils ont noté, en fonction de leur tâche d'écoute. Si toutes les infos sont relevées (magasins, produits, quantité, prix, politesse), la production orale est réussie. S'il manque des informations, faire proposer à la classe une correction.
– Finir la correction en indiquant quelques erreurs fonctionnelles, grammaticales, lexicales et phonétiques, liées aux objectifs, que vous aurez éventuellement notées.
Ici aussi, pour dynamiser la production orale, nous proposons de faire participer tous les apprenants : ceux qui jouent leur scène, bien sûr, mais aussi ceux qui écoutent grâce à ces tâches d'écoute actives. Ainsi, n'est-il pas nécessaire de faire passer tous les groupes pour la production orale puisque, de toute façon, tous les apprenants auront été actifs.

Faits et gestes
Leçon 16 | La bonne attitude

page 60

OBJECTIFS COMMUNICATIFS
– Sensibiliser aux gestes
– Les attitudes de la communication non verbale

OBJECTIFS CULTURELS
– Les rituels de l'achat dans un magasin de vêtements
– La galanterie
– Manger en France

activité 1 p. 60 ▷ activité 2 p. 60 ▷ activité 3 p. 60 ▷ activité 4 p. 61 ▷
activité 5 p. 61 ▷ activité 6 p. 61 ▷ activité 7 p. 61 ▷ activité 8 p. 61

Hugo se rend dans un magasin à la mode à la recherche d'une veste. Il a un rendez-vous important pour lui et souhaite soigner son apparence. Il est comme intimidé. S'il ne dit pas « bonjour », ce n'est pas parce qu'il est impoli, c'est parce qu'il est un peu étonné de se retrouver dans un tel magasin. L'enjeu semble donc être important. Ce n'est pas le genre de boutique qu'il fréquente normalement. Il ne connaît même pas sa taille. Le vendeur, quant à lui, n'a pas l'air d'être très expérimenté. La responsable prend le relais, se rendant compte qu'Hugo, malgré sa timidité, peut être un client potentiel. Elle comprend qu'il a un « rendez-vous » et veut faire bonne impression.
C'est ici l'occasion de montrer les rituels de l'achat, les marques de politesse et la galanterie. Les apprenants observeront aussi les mimiques/attitudes marquant l'hésitation, l'embarras, la satisfaction (devant le miroir) et des gestes qui accompagnent les mots : haussement d'épaules pour « Je ne sais pas ».

1 On fait comment ?
totem 6 CE
page 60

Objectifs : sensibiliser à l'attitude du « bon client » ; sensibiliser à ce qui se fait et à ce qui ne se fait pas.
Modalités : en binôme, puis en grand groupe

Il s'agit ici d'identifier les codes culturels dans les magasins :
– un vendeur se doit d'être souriant et d'accueillir le client par un « bonjour » ;
– en quittant le magasin, on n'empêche pas ceux qui veulent rentrer de le faire. Il s'agit ici de politesse car, normalement, on attend que celui qui sort soit sorti avant de rentrer soi-même. Il se trouve qu'ici, il s'agit de jeunes filles et que la galanterie s'impose ;
– on ne donne jamais l'argent au vendeur. On se rend à la caisse.

– Si possible projeter les photos de l'activité. Demander aux apprenants de décrire chaque photo. Que montrent les photos ?

Réponse attendue :
a Un vendeur pas avenant.
b Un vendeur souriant.
c Un jeune homme tenant la porte du magasin, laissant ainsi rentrer des jeunes femmes.
d Un jeune homme qui insiste pour sortir, passant avec agressivité devant les jeunes femmes qui semblent choquées de l'attitude de celui-ci.
e Le client donnant l'argent au vendeur.
f Un client à la caisse sortant son argent pour payer.

– Lire la consigne et en vérifier la compréhension.
– Demander aux apprenants de réaliser l'activité en binômes, ils peuvent communiquer en langue maternelle ou dans la langue commune à la classe.

Corrigé :
b
c
f

– Montrer la vidéo en entier et demander aux apprenants de vérifier leurs réponses :
  accueil : 00:17 à 00:32
  paiement : 02:09 à 02:24
  sortie du magasin : 02:34 à 02:42.
– Demander aux apprenants si ces rituels d'achat sont les mêmes dans leur culture. Qu'est-ce qui aurait été possible ? Le comportement du vendeur et de la vendeuse pourrait-il être différent sans que ce soit impoli ?
– Demander aux apprenants de lire « Culture/Savoir », bas p. 40 et en vérifier la compréhension.
– Demander si c'est ce qu'ils ont vu sur la vidéo. Ce n'est pas le cas : les jeunes filles n'attendent pas qu'Hugo soit sorti pour entrer.
– Demander à la classe de justifier ce qui s'est passé dans la vidéo (et qui n'est pas ce qui est écrit dans l'encadré).

Réponse attendue :
Les vendeurs et les clients se saluent toujours. Si Hugo ne l'a pas fait, c'est qu'il était intimidé par le lieu, le style de vêtements, les prix peut-être. En outre dans la vidéo, Hugo agit par galanterie : il est un garçon bien élevé, il tient la porte aux jeunes filles.

– Demander aux apprenants ce qu'ils pensent de l'attitude d'Hugo. En serait-il ainsi dans leur culture ? Existe-t-il dans la culture des apprenants des règles de galanterie encore suivies de nos jours ?
– Leur demander pourquoi, à leur avis, Hugo paie en liquide.

Réponse attendue :
Il ne travaille pas, il s'agit de son argent de poche.
Il n'a pas de carte de paiement ni de chéquier.

ENTRE PARENTHÈSES

Voici quelques règles de galanterie que les Françaises apprécient, encore et malgré tout :
– un homme galant ouvrira la porte à une femme pour la laisser passer devant lui ;
– dans un escalier, un homme précède une femme, aussi bien pour monter que pour descendre ;
– les hommes doivent attendre que les femmes soient installées avant de s'asseoir à leur tour ;
– l'homme sert à boire à la femme qui l'accompagne, lui offre les plats en premier.
Celles-ci sont un peu désuètes :
– dans la rue, l'homme marchera du côté de la chaussée ;
– au restaurant, un homme tirera légèrement le siège pour inviter une femme à s'asseoir ;
– un homme aidera une femme à enlever son manteau, ou à le remettre.

2 Gestes CE — page 60

Objectif : associer un geste à une phrase
Modalités : en binôme, puis en grand groupe

– Si possible, projeter les photos et les phrases de l'activité.
– Faire lire la consigne et en vérifier la compréhension. Vérifier aussi que les apprenants ont bien compris les phrases.
– Demander aux apprenants de réaliser l'activité en binômes.
– Procéder à la mise en commun en grand groupe. Si vous disposez d'un TNI, faire glisser les phrases sur la photo.

Corrigé :
Vidéo 01:02 – 01:37
a 2
b 3
c 1

– Demander aux apprenants quels gestes de leur culture ils associeraient aux mêmes phrases.
– Leur demander si hausser les épaules est un geste commun.

3 Vos achats PO — page 60

Objectif : utiliser le lexique des achats et comparer les modes de paiement
Modalités : en binôme, puis en grand groupe

– Faire lire la consigne et en vérifier la compréhension.
– Préciser qu'il s'agit du ou des vêtements qu'on aime acheter. Certaines personnes adorent les tee-shirts et en achètent tout le temps et partout où elles vont. Pour d'autres, ce sera les chaussures, ou les jeans...
– Faire réaliser l'activité en binôme.
– Procéder à la mise en commun en grand groupe.

ENTRE PARENTHÈSES

En France, le cash est utilisé pour les petites sommes, les paiements par carte bancaire pour les achats au-dessus de 15, 20 euros et les transferts pour les grosses sommes.

– Faire lire « **Culture/Savoir », p. 60** sur le budget des vêtements. En vérifier la compréhension.
– Si c'est possible projeter l'encadré. Sinon, recopier les informations. Cela permet de mieux suivre et de mieux partager la parole, tout le monde étant concentré sur la même information en même temps.
– En langue maternelle ou dans la langue commune à la classe, demander aux apprenants ce qu'ils pensent de ce budget. Que remarquent-ils ?

Réponses possibles :
Les filles et les garçons dépensent à peu près la même somme (on pourrait croire le contraire). Les plus âgés dépensent beaucoup moins. Sans doute sont-ils moins intéressés par les marques chères. Ils peuvent aussi être étudiants et s'ils ne vivent pas chez leurs parents, le budget vêtements est moins important.

Bonus

– Leur demander d'évaluer leur propre budget. Diviser la classe : les hommes d'un côté et les femmes de l'autre.
– Demander aux apprenants de se mettre en binômes et de lister leurs dépenses en vêtements, approximativement bien sûr.
– Demander ensuite aux hommes de mettre en commun leurs dépenses afin de calculer une moyenne. Les femmes font de même.
– Demander ensuite à un représentant de chaque groupe de dire la somme moyenne et de la noter au tableau (d'une autre couleur que celle avec laquelle les chiffres du manuel ont été recopiés).
– Demander aux apprenants de comparer les statistiques du manuel avec les résultats de la classe.

Culture
Le bien manger

page 61

4 www.mangerbouger.fr
CE/PO page 61

Objectif : se familiariser avec certains aliments recommandés France
Modalités : en binôme, puis en grand groupe

Les images 5, 9, 11 et 3 sont extraites d'une brochure qu'on peut trouver chez le médecin ou à la Sécurité sociale.
– Demander aux apprenants de lister des aliments en français. Écrire les réponses au tableau.
– Faire lire la consigne et en vérifier la compréhension. Faire répéter par quelques apprenants. Si possible projeter chaque image séparément.
– Pour expliquer l'exemple, projeter la quatrième image (3). Faire lire l'exemple, et indiquer le saumon sur l'image.
– Demander aux apprenants de réaliser l'activité en binômes.
– Procéder à la mise en commun en grand groupe. Demander à plusieurs apprenants de montrer, au tableau, les différents aliments.

Corrigé :
a 3
b 3
c 5
d 9, 5, 3
e 5
f 11
g 9, 11, 5
h 9

ENTRE PARENTHÈSES

Les quatre images sont inspirées par l'œuvre de Giuseppe Arcimboldo, peintre italien du 16e siècle. Ses tableaux relèvent du Maniérisme. Il est connu pour ses portraits suggérés par des assemblages d'aliments, de plantes, ou d'objets.
http://www.senat.fr/evenement/arcimboldo/index.html

Voici le site de mangerbouger. Ce site est une mine d'informations : préconisations officielles, conseils, recettes, explications…
http://www.mangerbouger.fr/

Bonus

Si vous avez un ordinateur dans la classe et un projecteur, ou un TNI, vous pouvez projeter cette page http://www.mangerbouger.fr/bien-manger/que-veut-dire-bien-manger-127/les-9-reperes
Demander aux apprenants de lire les recommandations. Il s'agit de répondre à la question « Que signifie bien manger ? ». En cliquant sur chaque catégorie d'aliments proposée (fruits et légumes, produits laitiers, féculents...), vous verrez des exemples sous forme de photos. Une petite vidéo accompagne chaque catégorie.

Bonus

– Demander aux apprenants de se mettre en binômes et de lister un maximum d'aliments se trouvant sur les affiches (en plus de ceux listés dans l'activité 4).
– Faire un tableau avec deux colonnes. En haut d'une colonne, dessiner un cœur, et en haut de la seconde colonne, dessiner un cœur barré.
– Faire voter la classe pour connaître la popularité de chaque aliment de l'activité 4 et de ceux qu'ils auront trouvés. Remplir le tableau.
– En profiter pour faire répéter les mots.
– Demander aux apprenants de commenter leurs choix.

6 Vous PE   page 61

Objectif : décrire à l'écrit son profil, à la manière de l'activité 5
Modalités : individuel, puis en binôme

– Faire lire la consigne et en vérifier la compréhension.
– En guise d'exemple, faire votre profil : « Pour moi, c'est l'image 11. J'ai toujours faim. J'aime beaucoup manger. Je prends un grand petit déjeuner et je mange des croissants entre les repas. »
– Demander aux apprenants de choisir une image qui correspond à leur rapport à la nourriture.
– Leur demander d'écrire leur profil, sur le modèle de l'activité 5.
– Quand ils ont fini d'écrire, ils échangent leur production avec leur voisin. Ils se corrigent mutuellement. Circuler parmi les groupes pour aider à la correction.
– Lorsque tous les textes sont corrigés, demander à un apprenant de lire le texte (le profil) de son voisin. La classe dit à quelle image (5, 9, 11 ou 3), le profil correspond.

Bonus

Comme devoir, on peut demander aux apprenants de choisir cinq ou six aliments qu'ils mangent souvent. Ils doivent assembler ces aliments en visage comme dans les quatre images, et prendre le résultat en photo. Cela servira à illustrer le texte du profil qu'ils ont écrit.
Ce travail pourra être publié sur le site de la classe.

5 Profils CE/PO   page 61

Objectif : sensibiliser les apprenants aux différentes manières de manger en France, et les différents rapports à la nourriture
Modalités : en binôme, puis en grand groupe

– Faire lire la consigne et en vérifier la compréhension.
– Demander à un apprenant de lire le profil a, un autre le profil b, etc. Vérifier la compréhension de chaque profil.
– Demander à des apprenants différents de lire les légendes des quatre images.
   5 « Je mange un sandwich tous les midis. »
   9 « Je ne cuisine pas. »
   11 « J'ai toujours faim. »
   3 « Je prépare à manger pour ma famille. »
– Faire réaliser l'activité en binôme.
– Procéder à la mise en commun en grand groupe. Recueillir les réponses en faisant justifier le choix. Par exemple, le profil a dit qu'elle va au marché et cuisine pour sa famille, le b dit qu'elle mange au café, le c dit qu'il mange toute la journée, et d n'aime pas cuisiner.

Corrigé :
a 3
b 5
c 11
d 9

7 Votre marché PO   page 61

Objectifs : sensibiliser à l'importance des marchés en France ; comparer la relation des Français à leurs marchés avec celle que les apprenants ont dans leur pays
Modalités : en grand groupe, puis en sous-groupe

– Pour les sensibiliser, demander aux apprenants où ils font leurs courses, s'il y a des marchés dans leur quartier, qui fait les courses chez eux...
– Faire lire l'encadré « **Culture/Savoir** », p. 61.
– Demander combien il y a de marché à Paris, comment s'appelle le plus vieux marché parisien, combien il y a de marchés en France et à quelle heure ils ouvrent.

ENTRE PARENTHÈSES

Si vous disposez d'Internet dans votre classe, vous pouvez montrer aux apprenants la carte des marchés parisiens : http://marches.equipements.paris.fr/
Voici le lien pour connaître l'histoire des marchés parisiens : http://www.paris.fr/paris/paris/fonctionnement-des-marches/rub_5675_stand_10962_port_12148

– Faire lire la consigne. Vérifier la compréhension de chaque question.
– Demander aux apprenants de répondre aux questions en sous-groupes. Les apprenants nomment un rapporteur au sein du groupe qui rapportera les réponses.
– Leur demander de comparer les informations de « Culture/Savoir », p. 61 avec les informations équivalentes pour le pays.
– Faire lire la question a. Noter les marchés mentionnés par les apprenants.
– Leur demander de répondre aux deux questions suivantes.
– Pour la mise en commun, chaque rapporteur dit les réponses de son groupe.

8 Votre film PE/PO   page 61

Objectifs : écrire un texte présentant un marché ; réaliser un film
Modalités : en sous-groupe

– Annoncer que la classe va réaliser des petits films sur ses portables.
– Faire lire la consigne et en vérifier la compréhension.
– Noter au tableau ce que les apprenants devront dire dans le commentaire de leur vidéo : le nom du marché ou du magasin, les heures d'ouvertures, les produits qu'on y achète...
– Diviser la classe en groupes de 2 ou 3.
– Donner quelques minutes aux groupes pour choisir le marché ou le lieu équivalent qu'ils vont présenter.
– Demander aux apprenants d'écrire le texte qui accompagnera la vidéo. Ramasser les productions pour les corriger.
– Dire aux apprenants qu'ils ont une semaine pour réaliser le film.
– Leur demander de poster leur vidéo accompagnée du commentaire sur le site de la classe.

Action ! Nous organisons une fête pour la classe.   page 64

Objectifs : organiser un événement social ; souder le groupe
Modalités : en grand groupe, puis en sous-groupe
Matériel : un appareil photo (ou un téléphone) qui enregistre des images vidéo. Les aliments et les boissons nécessaires pour la fête.

▷ MISE EN PLACE
– Demander aux apprenants d'ouvrir leur livre p. 64.
– Leur expliquer qu'ils vont organiser une fête.

▷ POUR LANCER L'ACTIVITÉ
– Annoncer que la classe va faire une fête : pour un anniversaire, la fin de la session... ou juste pour être ensemble.
– Demander des propositions de date. Les afficher (à peu près cinq) au tableau, comme dans le manuel. Faire voter la classe pour décider du jour et de l'heure.
– Pour le lieu, sera-t-il possible de le faire dans la classe ? Un apprenant invitera-t-il ses collègues chez lui ?
– Annoncer qu'on va choisir le menu. Faire trois colonnes au tableau, intitulées « Entrée », « Plat » et « Dessert ».
– Demander des propositions pour remplir les colonnes.
– Une fois qu'il y a plusieurs éléments dans chaque colonne, la classe vote pour éliminer les plats les moins populaires. Vous pouvez continuer à voter jusqu'à ce qu'il ne reste qu'un item par colonne, ou si vous n'arrivez pas à réduire la liste, vous pouvez faire un dîner style banquet ou apéritif.
– Dessiner ou projeter un tableau tel que vous le voyez dans le manuel. Avec l'aide de la classe, dresser la liste des ingrédients de chaque plat que vous aurez choisi.

– Demander des propositions pour organiser les courses (collecte de l'argent, quels apprenants feront les courses...).
– Ce sera peut-être difficile de préparer les plats tous ensemble. La préparation de ces derniers peut être répartie.
– Demander des idées pour le code vestimentaire : formel, informel, déguisé, si oui, avec un thème ou libre.

▷ RÉALISATION DE LA TÂCHE
– Il faut organiser l'enregistrement vidéo de la soirée. Il faut qu'il y ait au moins un appareil présent, avec assez de mémoire pour deux heures, ou bien, deux appareils. Désigner plusieurs équipes, pour éviter que les mêmes personnes filment toute la soirée. Il faut que dans chaque groupe il y ait un cadreur et un « journaliste » (pour interviewer/commenter). Chaque équipe se charge de filmer une étape de la soirée (ex. entrée, plat, dessert, etc.). Une dernière équipe peut centraliser les images après la fête et faire le montage.
– Avant la fête, demander aux apprenants de préparer une ou deux phrases pour se présenter dans le film.
– Charger un binôme de publier le film sur le site de la classe.

▷ « VOTRE AVIS »
– Demander à la classe d'évaluer l'activité.
– Projeter cette partie de la page Action !
– Compter combien il y a de +, de ++ ou +++.

■ Préparation au DELF A1

pages 65-66

Faire réaliser les activités dans l'ordre proposé. On peut répartir les activités sur plusieurs séances.

I. Compréhension de l'oral 🎧51 page 65

– Faire lire les consignes et s'assurer de leur compréhension.
– Passer l'enregistrement deux fois.
– Laisser 2 minutes pour vérifier les réponses.

> *Corrigé :*
> 1 b
> 2 Il propose d'aller au restaurant.
> 3 c Antoine veut manger du poisson.
> 4 c Antoine veut aller au cinéma à 14 h 00.
> 5 Après le cinéma, Antoine veut faire une balade dans Paris.

II. Compréhension des écrits page 65

– Faire lire les consignes et s'assurer de leur compréhension.
– Faire réaliser l'activité.

> *Corrigé :*
> 1 Lisa veut préparer un veau à la provençale.
> 2 a
> 3 Lisa veut faire des pommes au four.
> 4 a À la boulangerie.

III. Production écrite page 66

– Faire lire les consignes et s'assurer de leur compréhension.
– Faire réaliser l'activité.

> *Pour évaluer l'apprenant :*
> – Correction sociolinguistique (formule d'appel et de congés et registre de langue) (1 point).
> – Capacité à informer et à décrire (2 activités de loisirs et le moment de la journée pour les réaliser, indication sur ce qu'il a envie de manger, indication sur le restaurant, jour et heure du rendez-vous) (3,5 points).
> – Lexique / orthographe lexicale (2 points).
> – Morphosyntaxe / orthographe grammaticale (1,5 point).
> – Cohérence et cohésion (2 points).

IV. Production orale page 67

– Faire lire les consignes et s'assurer de leur compréhension. Attention, les activités sont au choix de l'apprenant ou de l'enseignant. Il y a 3 interactions et un monologue donc imposer le monologue et faire au moins 1 interaction.

1, 2, 3 Faire réaliser l'activité en binôme. Passer dans la classe pour évaluer.

4 Faire venir chaque apprenant au tableau pour réaliser la production (production orale en continu). Si le nombre d'apprenants est trop important, faire réaliser l'activité en binôme ou ne faire passer que quelques apprenants, les autres seront sollicités ultérieurement.

> *Pour évaluer l'apprenant :*
> 1, 2 et 3 L'enseignant s'assurera que l'apprenant peut poser des questions relatives à la situation proposée (demande d'information). Il s'assurera que l'autre apprenant informe en répondant aux questions de l'apprenant. (4 points)
> 4 L'enseignant s'assurera que l'apprenant peut décrire de manière simple sa ville et dit les activités qu'il aime y faire. (3 points)
>
> La partie linguistique est à évaluer pour les deux parties de la production orale (interaction et monologue).
> – Lexique (étendue) / correction lexicale (1 point).
> – Morphosyntaxe / correction grammaticale (1 point).
> – Maîtrise du système phonologique (1 point).

Dossier 5

Rencontres

Dans cette vidéo, Juliette et Hugo ont rendez-vous le soir. C'est leur première soirée ensemble, et seuls. Juliette est un peu sur ses gardes. Hugo est manifestement ému et un peu intimidé. C'est évident qu'il aime bien Juliette. En serait-il un peu amoureux ?
On le voit avec la veste qu'il a achetée. C'était donc pour voir Juliette qu'il voulait se sentir... beau.
C'est l'occasion pour les apprenants de voir les mimiques, les distances entre les personnes et comment se faire la bise.

Page contrat

page 67

Objectifs : connaître le programme d'apprentissage ; sensibiliser au thème et au contenu à partir du nuage de mots
Modalités : en grand groupe

– Regarder cette page avec les apprenants ou la projeter, si c'est possible.
– Faire repérer les 8 zones d'informations dans l'ordre suivant :
   a. le numéro du dossier et sa couleur orange vif ;
   b. le titre du dossier ;
   c. la photo ;
   d. le nuage de mots ;
   e. la tâche à réaliser ;
   f. les objectifs fonctionnels ;
   g. le résumé de la vidéo ;
   h. le contenu socio-culturel et culturel.
– Dire le titre de la leçon (Rencontres) et le faire répéter par quelques apprenants. Donner le verbe : se rencontrer.
– Faire décrire la photo en langue maternelle ou dans la langue commune à la classe.

> *Réponse attendue :*
> On voit un couple (un homme et une femme) qui marche dans une rue ; des personnes (touristes ?) qui se promènent (ils visitent ?), des scooters, des voitures plus loin. C'est une ville ancienne...

– Lire les mots du « nuage de mots », puis faire répéter certains mots par quelques apprenants.

– Demander de classer les mots en 2 champs : mots en relation avec les personnes et mots en relation avec les sorties. On pourra passer par la langue maternelle ou la langue commune à la classe, si besoin.
– Écrire les mots classés dans ces 2 catégories au tableau.

> *Personnes :* belle, brun, les pieds, joyeux, se rencontrer.
> *Sorties :* j'aime bien, la musique, le cinéma, une comédie, c'est pas mal.

– Demander aux apprenants ce qu'ils seront capables de faire à la fin du dossier (*ils feront le Top 5 des films de la classe*).
– Leur demander à quelle page se trouve ce travail (*page 78*).
– Montrer la zone des objectifs fonctionnels et demander aux apprenants ce qu'ils apprendront à faire (*faire un commentaire positif/négatif, s'informer sur les goûts de quelqu'un, parler de ses goûts, situer une action dans le futur, décrire quelqu'un, situer dans le temps*). S'assurer de la compréhension.
– Demander ce qui se passera dans la vidéo (*Hugo a rendez-vous avec Juliette*).
– Leur demander quel sera le contenu socio-culturel et culturel (*les mimiques ; la distance entre les personnes ; se faire la bise ;* Intouchables, *film d'E. Toledano et O. Nakache*).

Leçon 17 | Et une comédie ?

pages 68-69

Dossier 5

OBJECTIFS
– Faire un commentaire positif/négatif
– S'informer sur les goûts de quelqu'un
– Parler de ses goûts
– Situer une action dans le futur

LE VOCABULAIRE
– Du cinéma (voir un film, le nouveau, aller voir + *nom du film*, les films d'action, français, une comédie, un drame, les nouveaux, les vieux films, la séance)
– Des loisirs (aller au cinéma, se promener, boire un verre)
– Des activités quotidiennes (se lever, se coucher)

GRAMMAIRE
– La réponse à une question négative
– Le futur proche
– Les verbes pronominaux

PHONÉTIQUE
Le son [ə]

OUTILS COGNITIFS
Couleurs différentes, encadrements, alignement en paradigmes

activité 1 p. 68 ▷ activité 2 p. 68 ▷ activité 6 p. 69 ▷ activité 3 p. 76 ▷ activité 3 p. 68 ▷
activité 5 p. 69 ▷ activité 4 p. 76 ▷ activité 4 p. 68 ▷ activité 1 p. 76 ▷
activité 2 p. 76 ▷ activité 7 p. 69 ▷ activité 5 p. 76 ▷ activité 8 p. 69

1 Le rendez-vous
CE/PO 7
page 68

Objectifs : identifier les personnages et la situation, le lieu et l'acte de parole (faire un commentaire appréciatif, s'informer sur les goûts) – cette phase fonctionne comme une compréhension globale – ; anticiper le lexique du cinéma, des loisirs et l'expression des goûts
Modalités : en grand groupe, puis individuel, enfin en binôme
Outils pédagogiques : photos de l'activité 1

– Faire regarder la vidéo sans le son.
– Demander aux apprenants quels sont les personnages, ce qui se passe dans cette vidéo.

Réponse attendue :
Juliette retrouve Hugo le soir, ils repartent ensemble, elle semble un peu distante au début, mais peu à peu ils deviennent plus proches.

– Leur demander comment ils trouvent la vidéo, l'ambiance.
– Leur faire remarquer qu'il y a des ralentis. Leur demander comment ils interprètent ces ralentis.
– Leur faire faire des hypothèses sur ce qu'ils se disent et ce qui va se passer.
1 – Demander aux apprenants d'ouvrir le livre p. 68. Si possible, projeter les photos de l'activité 1.
– Faire lire la consigne et en vérifier la compréhension.
– Demander aux apprenants de réaliser l'activité individuellement et de comparer avec leur voisin.
– Procéder à la correction en grand groupe.

Corrigé :
1 b
2 c
3 a

2 – Repasser la vidéo, toujours sans le son.
– Faire lire la consigne et en vérifier la compréhension.
– Faire réaliser l'activité individuellement. Il s'agit ici d'associer distances et moments de la scène : plus ils se mettent d'accord, plus ils se rapprochent.
– Procéder à la correction en grand groupe.

Corrigé :
a Très amis.
b Amis.
c Pas très amis.

3 – Lire la consigne et en vérifier la compréhension.
– Faire réaliser l'activité en grand groupe.

Réponse possible :
Musique, loisirs, études, programme de la soirée…

2 La soirée CO/CE 7
page 68

Objectifs : identifier ce qui se passe et de quoi ils parlent ; *se lever* au présent
Modalités : en binôme, puis en grand groupe

– Faire regarder la vidéo avec le son.
– Demander aux apprenants ce qui est différent par rapport aux autres vidéos.

Réponse attendue :
la musique du générique correspond à la musique qu'Hugo écoute.

1 – Faire lire la consigne et en vérifier la compréhension.
– Faire réaliser l'activité en binôme. Si les étudiants manifestent des difficultés à faire l'activité, ne pas hésiter à repasser la vidéo. Comme ils auront déjà lu les énoncés du « vrai/faux », la compréhension sera vraiment facilitée.
– Procéder à la mise en commun en grand groupe : corriger, puis passer les séquences vidéo pour la confirmation.
a 00:24 – 00:37
b 01:11 – 01:35
c 00:42 – 00:53

Corrigé :
a Vrai.
b Faux.
c Faux.

– Faire regarder la vidéo de 00:18 à 00:38.
– Demander aux apprenants le nom du groupe qu'écoute Hugo.
– Leur demander ce que dit Hugo de ce groupe et ce qu'en dit Juliette.

Réponse attendue :
Daft Punk
Hugo : Moi, j'aime bien.
Juliette : J'aime bien, c'est pas mal

ENTRE PARENTHÈSES

Daft Punk est un groupe français de musique électronique, originaire de Paris. Ce duo électro français a remporté le Grammy du meilleur album de l'année pour *Random Access Memories*.
Pour en savoir plus sur le groupe Daft Punk :
http://fr.wikipedia.org/wiki/Daft_Punk

– Leur demander ce qu'ils pensent du groupe Daft Punk. Pour cela, demander à la classe de lire « Pour... Faire un commentaire positif/négatif », p. 68 et « Pour... Parler de nos goûts », p. 68.
2 – Procéder à un visionnage séquentiel : 00:36 jusqu'à 00:41.
– Demander aux apprenants quelle est l'attitude de Juliette après avoir écouté la musique d'Hugo.

Réponse attendue :
Elle est distance et ne semble pas très disponible.

Réflexion sur la langue
– Noter au tableau : Demain je .... tôt.
– Avant de repasser l'extrait de la vidéo, demander aux apprenants d'imaginer les mots qui manquent.
– Faire repérer le pronom sujet. Leur demander ce qu'il y a normalement après un pronom sujet.

Réponse attendue :
Un verbe.

– Leur faire remarquer qu'il y a deux espaces à compléter.
– Repasser l'extrait.

– Demander aux apprenants de regarder et d'écouter ce que dit Juliette afin de pouvoir compléter l'énoncé. Leur rappeler ce qu'ils ont dit sur l'attitude de Juliette (un peu distance et pas très enthousiaste).
– Si les apprenants n'y arrivent pas, ajouter « me ». Leur demander si cela ne leur rappelle pas un autre verbe qu'ils connaissent et qu'ils utilisent pour dire leur prénom (*je m'appelle*).
– Soit les apprenants disent « lève », soit vous l'écrivez au tableau. Cela n'a pas d'importance si les apprenants n'ont pas été capables de trouver le mot exact. L'essentiel est que la réflexion sur la langue ait été faite.
– Faire lire les questions de l'activité. En vérifier la compréhension.
– Laisser les apprenants répondre, en grand groupe.

Réponse possible :
a Elle a un cours, un rendez-vous...
b Juliette a froid et Hugo est galant (ils l'ont déjà vu être galant dans la vidéo 4).

– Rapprocher l'énoncé « Juliette se lève tôt » de la consigne, avec celui que vous avez écrit au tableau.
– Sur l'énoncé que vous avez écrit au tableau, montrer « demain ». Demander à la classe pourquoi, à leur avis, Juliette parle de « demain ».

Réponse possible :
Elle n'a pas très envie que la soirée dure très longtemps, elle n'est pas très enthousiaste (en tout cas, au début).

– Revenir sur l'énoncé : « Demain je me lève tôt. »
– Demander aux apprenants de lire « **Les verbes pronominaux** », p. 69.
– Demander à la classe quel est le verbe (*se lever*). Faire remarquer les deux pronoms. Leur rappeler le verbe *s'appeler*, qu'ils connaissent déjà.

6 Faire connaissance
Réemploi page 69

Objectif : mettre dans l'ordre les différents éléments d'une phrase avec un verbe pronominal
Modalités : en binôme, puis en grand groupe

– Faire lire la consigne et en vérifier la compréhension.
– Recopier l'exemple au tableau pour renforcer l'explication.
– Demander aux apprenants de travailler en binômes et de se reporter à « **Les verbes pronominaux** », p. 69.
– Procéder à la correction en grand groupe.

Corrigé :
a Vous vous couchez tard ?
b Tu t'habilles en noir ?
c Vous vous parlez en classe ?
d Nous nous promenons à Paris.
e Nous nous aimons beaucoup.

3 Une famille française

Systématisation — page 76

Objectif : conjuguer les verbes pronominaux
Modalités : en binôme, puis en grand groupe

– Faire lire la consigne et en vérifier la compréhension.
– Faire l'exemple en grand groupe. Dire aux apprenants qu'ils peuvent consulter « **Verbes à deux bases** », **p. 109**, le verbe *s'appeler*.

Corrigé :
Les Bailly se lèvent tôt. Frédéric, le père, se lève le premier pour préparer le petit déjeuner. Après, la famille se retrouve dans la cuisine pour prendre le petit déjeuner. « Nous nous parlons beaucoup dans la famille », dit Tom. La fille qui s'appelle Adèle dit : « Je me lève tôt mais je me couche tard ! »
Le week-end, les enfants se promènent ou ils sortent avec des amis.

3 Le programme

CO/PE totem 7 — page 68

Objectif : décrire des actions dans le futur
Modalités : individuel, puis en binôme, enfin en grand groupe
Outils cognitifs : couleurs, alignements au tableau

– Faire lire la consigne et en vérifier la compréhension.
– Demander aux apprenants de travailler individuellement, puis de comparer avec leur voisin.
– Procéder à un visionnage séquentiel : de 01:10 à 01:37. Ne pas hésiter à repasser la séquence si les apprenants ont des difficultés.

Corrigé :
On va boire un verre.
Et après on va voir *Intouchables*.

Réflexion sur la langue
– Procéder à la mise en commun : recueillir ce que les apprenants auront noté.
– Noter au tableau :
        On **va** boire un verre.
Après on **va** voir Intouchables.
– Veiller à aligner les éléments en paradigme. Utiliser une couleur pour « va » et une autre pour l'infinitif.
– Dans la mesure où les éléments sont alignés, faire observer ce qu'il y a dans chaque paradigme.
– Demander aux apprenants de dire ce qui se répète *(va)* et ce qui est différent (le verbe à l'infinitif).
– Leur faire préciser de quel verbe il s'agit (*aller*) et à quel temps il est conjugué (*présent*).
– Noter ensuite, sous le corpus écrit au tableau la structure du futur proche.
        On **va** boire un verre.
Après on **va** voir Intouchables.
           ALLER *infinitif*

– Demander à la classe de lire « **Le futur proche** », **p. 69**.
– Demander à la classe comment s'appelle ce temps (*le futur proche*).
– Faire lire la règle d'utilisation et faire répéter la structure par un apprenant.

Bonus

– En guise de première vérification de la compréhension : compléter les énoncés au tableau par :
Je .... voir *Intouchables*.
Nous .... voir *Intouchables*.
Tu .... voir *Intouchables*.
Ils .... voir *Intouchables*.
– Demander aux apprenants de compléter les énoncés que vous avez notés.

Corrigé :
Je vais voir *Intouchables*.
Nous allons voir *Intouchables*.
Tu vas voir *Intouchables*.
Ils vont voir *Intouchables*.

– Leur faire remarquer que le futur proche est une structure composée de deux verbes, que le premier se conjugue et le deuxième reste toujours à l'infinitif.
– Demander à la classe de lire « **Pour... Situer une action dans le futur** », **p. 68**. Leur demander par quoi ils pourront remplacer « après ».

Réponse attendue :
demain, samedi

5 Au *Lieu unique* Réemploi — page 69

Objectif : mettre des phrases au futur proche
Modalités : individuel, puis en binôme, enfin en grand groupe

– Faire lire la consigne et en vérifier la compréhension.
– Faire réaliser l'activité en binôme.
– Procéder à la correction en grand groupe.

Corrigé :
a Elle va parler des études.
b Elle va décrire ses prochaines vacances.
c Ils vont faire connaissance

4 Les projets de Juliette

Systématisation — page 76

Objectif : systématisation du futur proche
Modalités : individuel, puis en binôme, enfin en grand groupe

– Faire lire la consigne et en vérifier la compréhension.
– Demander aux apprenants de lire « **Le futur proche** », **p. 69** et de consulter « **Le futur proche** », **p. 104-105**.
– Faire réaliser l'activité en binôme.
– Procéder à la correction en grand groupe.

Corrigé :
> Demain, je vais aller au cinéma avec Hugo. Après, on va boire un verre. On va écouter de la musique. Il va parler de cinéma. Sa sœur va venir avec nous. Ses parents vont préparer le dîner. Samedi, nous allons voir mes parents.

4 Les goûts CO/CE — page 68

Objectif : savoir répondre à une question négative
Modalités : individuel, puis en binôme, enfin en grand groupe
Outil cognitif : couleurs

Réflexion sur la langue

1 – Lire la consigne et en vérifier la compréhension.
– Procéder à un visionnage séquentiel : faire regarder la vidéo de 00:41 à 00:55.
– Noter au tableau :
  Hugo : ….
  Juliette : Si, mais je préfère les films français.
– Demander aux apprenants de noter ce que dit Hugo, puis de comparer avec leur voisin.

Corrigé :
> Tu n'aimes pas les films d'action ?

– Procéder à la mise en commun : demander aux apprenants ce qu'ils ont noté.
2 a – Demander aux apprenants de lire la transcription p. 125 pour vérifier ce qu'ils ont noté.
– Compléter ensuite au tableau.
– Mettre la négation et le *si* en couleur.
  Hugo : Tu *n*'aimes *pas* les films d'action ?
  Juliette : *Si*, mais je préfère les films français.
– Demander aux apprenants de lire la phrase d'Hugo. Qu'est-ce qu'ils remarquent ? (*La négation.*) Par quel mot commence la réponse de Juliette ? (*Si.*)
– Demander aux apprenants de lire « **La réponse à une question négative** », p. 69 et « **Pour… Parler de nos goûts** », p. 68.
b – Faire lire la consigne et en vérifier la compréhension.
– Montrer la vidéo de 00:56 à 01:08.
– Procéder à la correction en grand groupe.

Corrigé :
> « Ce n'est pas un peu ennuyeux ? »

– Écrire la réponse au tableau.
– En langue maternelle ou dans la langue commune à la classe, demander aux apprenants pourquoi, à leur avis, Juliette n'a pas répondu à sa question.

Réponse attendue :
> Elle a compris qu'Hugo n'aime pas les vieux films, elle n'a pas envie de discuter. Hugo semble parler tout seul.

– Demander aux apprenants de répondre à la place de Juliette.

Réponse attendue :
> Non.

– Faire remarquer aux apprenants que le « non » ne change pas. La règle ne concerne que le « oui » qui devient « si ».

1 Premier rendez-vous
Réemploi/CE — page 76

Objectif : vérification de l'utilisation de *si/oui*
Modalités : individuel, puis en binôme, enfin en grand groupe

– Faire lire la consigne et en vérifier la compréhension.
– Demander aux apprenants de consulter « **La réponse à une question négative** », p. 102.
– Vérifier la compréhension des énoncés.
– Demander aux apprenants de réaliser l'activité individuellement, puis de comparer avec leur voisin.
– Procéder à la correction en grand groupe.

Corrigé :
> a 2
> b 3
> c 4
> d 1

– Demander aux apprenants de lire « **Culture/Savoir** », p. 68.
– Leur demander de compter combien de films ils ont vus, au cinéma, depuis 12 mois.
– Leur demander de comparer leur résultat avec l'information concernant les Français.
– Que pensent-ils de la fréquentation des salles de cinéma par les Français ?

ENTRE PARENTHÈSES

Voici un site simple et bien fait sur l'histoire du cinéma :
http://www.citecinema.com/Histoire-Du-Cin%C3%A9ma/Histoire-Du-Cinema.htm

2 Le cinéma PE — page 76

Objectif : mémoriser les mots du cinéma
Modalités : individuel, puis en binôme, enfin en grand groupe

– Faire lire la consigne et en vérifier la compréhension.
– Demander aux apprenants de travailler individuellement, puis de comparer avec leur voisin.
– Leur demander de consulter « **Les mots… Du cinéma** », p. 68.

Réponse possible :
> Voir un film : Nous allons voir un film.
> Le nouveau… : J'aime le nouveau *James Bond*.
> Aller voir… : Je vais aller voir le nouveau…
> Les films d'action : J'aime les films d'action.
> Les nouveaux/vieux films : Je n'aime pas les vieux films. J'aime les nouveaux films.
> La séance : Je vais au cinéma à la séance de 14 heures.

– Demander à différents apprenants de lire leur phrase. Nommer (ou tirer au sort) un apprenant qui ira écrire la phrase lue au tableau.

Phonétique

7 Je préfère les films français ! CO 🎧54   page 69

Objectifs : repérer à l'écoute, la prononciation ou la chute du son [ə] ; identifier son influence sur le rythme (nombre de syllabes)
Modalités : individuel, en binôme, en grand groupe

– En grand groupe, faire écouter et lire « Le son [ə] » p. 69.
– Indiquer qu'il est aussi possible de ne pas prononcer le « e » de « je » : « Demain, j'me lève tôt ».
– Demander à quelques apprenants de répéter librement la phrase : « Demain, je me lève tôt. » Demander aux autres si un « e » a été supprimé ou pas. Si oui, lequel ?
– Rassurer les apprenants en leur disant que toutes les prononciations sont correctes : « e » prononcé ou pas.
– Faire lire la consigne de l'activité 7 et s'assurer de sa compréhension. On pourra faire reproduire aux apprenants le tableau suivant ou le leur photocopier :

	Nombre de syllabes
Exemple 1	
Exemple 2	
a	
b	
c	
d	
e	
f	
g	
h	

– Faire l'exemple en grand groupe.
– Faire réaliser l'activité individuellement.
– Faire comparer les réponses en binôme et proposer une nouvelle écoute pour vérification.
– Procéder à la mise en commun en grand groupe. Proposer une dernière écoute séquencée en cas de problème. On pourra aussi faire taper dans les mains pour indiquer le nombre de syllabes.

Corrigé :

	Nombre de syllabes
Exemple 1	6
Exemple 2	7
a	2
b	3
c	3
d	4
e	4
f	3
g	4
h	3

5 Je me lève Réemploi 🎧60   page 76

Objectif : identifier à l'écoute la prononciation ou la chute du son [ə]
Modalités : individuel, puis en binôme, enfin en grand groupe

– Faire lire la consigne et s'assurer de sa compréhension.
– Faire l'exemple en grand groupe.
– Faire réaliser l'activité individuellement.
– Faire comparer les réponses en binôme et proposer une nouvelle écoute pour vérification.
– Procéder à la mise en commun en grand groupe. Proposer une dernière écoute séquencée en cas de problème.

Corrigé :

Exemple :	Je me lève.
a	On se promène.
b Je préfère les films français.	
c Je me lève.	
d	Je vais au cinéma.
e	Tu te lèves.
f Tu te promènes.	
g	Je bois un verre.

8 Dis-moi tes goûts PE/PO   page 69

Objectif : créer un questionnaire sur les goûts et les activités et y répondre
Modalités : en sous-groupe, puis en grand groupe, enfin individuel

1 – Faire lire la consigne et en vérifier la compréhension.
– Demander aux apprenants de se mettre par groupes de 3.
– Leur demander quelles structures on utilise pour poser des questions :
  qu'est-ce que ;
  est-ce que ;
  l'intonation montante.
– Rappeler aux apprenants de consulter « **Pour... Parler de nos goûts** », p. 68, « **Les mots... Des activités quotidiennes** », p. 69 et « **Les mots... Des loisirs** », p. 69.
– Chaque groupe écrit cinq questions. L'objectif est de ne garder que 5 questions parmi celles que les apprenants proposeront.
– Circuler parmi les groupes pour vérifier le bon déroulement de l'activité et faire les corrections nécessaires.
– Chaque groupe lit une ou deux questions à la classe.
– Noter les questions proposées au tableau. Il doit y avoir au moins une question avec un verbe pronominal (*se lever*, par exemple) et au moins une avec le futur proche. Veiller à la répartition équitable entre les expressions des goûts et celles des activités de loisirs.
2 – L'activité se transforme ensuite en production écrite. Faire réaliser l'activité individuellement.
3 – Il est possible de ramasser les productions pour la correction.
4 – L'activité 4 en grand groupe se fera donc au moment de la remise des productions corrigées. Pour la correction, il faut veiller à l'utilisation de « j'aime, je préfère » et du présent.

Leçon 18 | Personnalités

pages 70-71

OBJECTIF
– Décrire quelqu'un

LE VOCABULAIRE
– De la description physique (être jeune, âgé(e), petit(e), grand(e), mince, rond(e), beau (belle), élégante(e), laid(e), brun(e), blond(e), avoir les cheveux bruns, blonds, châtains, gris, blancs)
– Du corps (la tête, les cheveux, la main, le bras, la jambe, le pied, les fesses, le ventre, la poitrine, les yeux)
– Du caractère (être sympathique/sympa, modeste, agréable, désagréable, joyeux/joyeuse, heureux/heureuse, triste, courageux/courageuse, sérieux/sérieuse, intelligent(e), bête, stupide)

GRAMMAIRE
– Place et accord de l'adjectif
– Les adjectifs possessifs au pluriel
– C'est / Il est

PHONÉTIQUE
Le « e » final

OUTILS COGNITIFS
Couleurs différentes, encadrements, alignement en paradigmes

---

activité 1 p. 70 ▷ activité 2 p. 70 ▷ activité 3 p. 70 ▷ activité 5 p. 71 ▷ activité 6 p. 71 ▷
activité 8 p. 77 ▷ activité 6 p. 76 ▷ activité 7 p. 77 ▷ activité 4 p. 71 ▷ activité 7 p. 71

– Pour la mise en route, demander aux apprenants quelle est leur personnalité préférée. Pourquoi ?
– Demander s'ils connaissent des personnalités françaises.

1 C'est qui ? CE   page 70

Objectifs : comprendre des témoignages écrits ; décrire quelqu'un ; le lexique de la description physique, du corps
Modalités : individuel, puis en binôme, enfin en grand groupe

– En grand groupe, projeter, si possible, les 4 photos.
– Demander aux apprenants s'ils connaissent ces personnalités françaises. S'ils ne les connaissent pas, ne pas donner les noms.
– En grand groupe, projeter, si possible, le document déclencheur de la p. 70. Faire identifier, sans le lire en détail, ce document.

> *Réponse attendue :*
> Il s'agit d'un article de journal. Il est composé d'un titre « Présentez vos personnalités préférées », de 3 colonnes. Chaque colonne comporte une photo, le prénom, l'âge et la profession d'une personne, puis un texte entre guillemets. Il s'agit donc du témoignage de 3 personnes qui présentent leur personnalité préférée.

1 – Faire lire la consigne et en vérifier la compréhension.
– Faire réaliser l'activité individuellement.
– Faire comparer en binôme.
– Procéder à la mise en commun en grand groupe. Demander de justifier les réponses.

> *Corrigé :*
> a Simone Veil
> b Omar Sy
> c Jean Dujardin
> d Marion Cotillard
> Les justifications sont libres mais doivent être trouvées dans le texte. Exemple : a = Simone Veil car « c'est une femme, elle est âgée… ».

2 – Faire lire la consigne et en vérifier la compréhension.
– Faire l'exemple en grand groupe.
– Faire réaliser l'activité en binôme.
– Procéder à la mise en commun en grand groupe et noter les réponses au tableau en s'assurant de la compréhension du lexique. Faire expliquer aux apprenants les réponses qu'ils proposent.

> *Corrigé :*
>
> | | Profession | Description physique |
> |---|---|---|
> | Omar Sy | Acteur | Très grand, mince. Jeune : 35 ans. |
> | Simone Veil | Femme politique | Âgée : 86 ans. Petite, cheveux gris. |
> | Jean Dujardin | Acteur | Jeune, grand, mince, brun, beau, élégant. |
> | Marion Cotillard | Actrice | Jeune, élégante, grande, brune, yeux bleus, belle. |

– En binôme, demander aux apprenants de relever dans le texte les phrases exactes qui ont permis de répondre aux questions. Quels verbes sont utilisés ?
– Procéder à la mise en commun en grand groupe en s'appuyant sur le texte. On pourra surligner, dans le texte projeté, les phrases avec le verbe *être* d'une couleur, celles avec le verbe *avoir* d'une autre couleur ; ou écrire au tableau en classant les phrases avec le verbe *être*, celles avec le verbe *avoir*.

> *Réponse attendue :*
> C'est un jeune acteur. C'est une femme politique. Elle est petite. Elle est âgée. Il est grand. Il est brun. Il est jeune...
> Elle a 86 ans. Il a 35 ans. Elle a les cheveux gris. Elle a les yeux bleus...

– Faire repérer les informations qui demandent le verbe *être*, et celles qui demandent le verbe *avoir*.

> *Réponse attendue :*
> On utilise *être* pour : la profession et la description.
> On utilise *avoir* pour : l'âge et la couleur des yeux et des cheveux.

– Faire lire « **Les mots... De la description physique** », p. 70 et s'assurer de la compréhension.

2 Caractère CE   page 70

Objectifs : comprendre des témoignages écrits ; décrire quelqu'un ; le lexique du caractère
Modalités : en binôme, puis en grand groupe

– Faire lire la consigne et en vérifier la compréhension.
– Faire l'exemple en grand groupe.
– Faire réaliser l'activité en binôme.
– Procéder à la mise en commun en grand groupe et noter les réponses au tableau en s'assurant de la compréhension du lexique. Faire expliquer aux apprenants les réponses qu'ils proposent.

> *Corrigé :*
>
> | | Caractère, qualités |
> |---|---|
> | Omar Sy | Joyeux, il aime sa femme et ses quatre enfants. Agréable, sérieux. |
> | Simone Veil | Courageuse, modeste, intelligente. |
> | Jean Dujardin | Bon acteur, sympathique. Ses films ont du succès. |
> | Marion Cotillard | Bonne actrice. Ses films ont du succès. |

– Faire lire l'encadré **Culture/Savoir p. 71**.
– En grand groupe, faire repérer que le verbe utilisé pour décrire les qualités et le caractère est *être*.
– Faire lire « **Les mots... Du caractère** » p. 71 et s'assurer de sa compréhension

3 Qualification
Réflexion sur la langue   page 70

Objectifs : décrire quelqu'un ; place et accord de l'adjectif ; *c'est / il est*
Modalités : en binôme, puis en grand groupe

1 – Faire lire la consigne et en vérifier la compréhension. Expliquer les mots métalinguistiques « adjectif » et « nom », si nécessaire.
– Faire réaliser l'activité en binôme.
– Procéder à la mise en commun en grand groupe.

> *Corrigé :*
> a L'adjectif se place après le nom.
> b L'adjectif est différent au masculin et au féminin.
> c L'adjectif est différent au singulier et au pluriel.

– Faire repérer qu'au féminin, l'adjectif finit par « e » et qu'au pluriel, il finit par « s ».
– Faire lire « **Place et accord de l'adjectif** », p. 71. Insister sur les « irrégularités » : *jeune, bon, beau* se placent avant le nom ; *beau* devient « bel » devant une voyelle ou « h » ; *bon, beau* et *courageux* ont un féminin différent – *bonne, belle, courageuse* ; *jeune* est identique au masculin et au féminin.
– Insister aussi sur la non-prononciation du « e » et du « s » final.
– Faire lire les exemples par quelques apprenants.
2 – Faire lire la consigne et en vérifier la compréhension.
– Faire réaliser l'activité en grand groupe.

> *Corrigé :*
> a 2
> b 1

– Faire lire « **Pour... Décrire quelqu'un** », p. 70 et s'assurer de la compréhension.

5 Sophie Marceau
Réemploi   page 71

Objectifs : décrire quelqu'un ; place et accord de l'adjectif ; *c'est / il est*
Modalités : individuel, puis en binôme, enfin en grand groupe

– Faire lire la consigne et en vérifier la compréhension.
– Faire réaliser l'activité individuellement.
– Mettre en commun en binôme.
– Procéder à la mise en commun en grand groupe en demandant de justifier les réponses.

> *Corrigé :*
> C'est Sophie Marceau. C'est une actrice française. Elle est grande et brune. C'est une femme sympathique. Elle est jeune (47 ans). C'est une belle femme.

Phonétique

6 Claude CO 🎧55   page 71

Objectifs : le « e » final muet
Modalités : en grand groupe, puis individuel, enfin en binôme

– Faire écouter (piste 55) et lire « **Le "e" final** », p. 71.
– Faire répéter les exemples par quelques apprenants.
– Faire lire la consigne et en vérifier la compréhension.

– Distribuer le tableau suivant aux apprenants ou leur demander de le reproduire :

	Homme	Femme
Exemple :		
a		
b		
c		
d		
e		
f		

– Faire l'exemple en grand groupe.
– Faire réaliser l'activité individuellement.
– Comparer en binôme. Proposer une nouvelle écoute, si nécessaire.
– Procéder à la mise en commun en grand groupe.

Corrigé :

	Homme	Femme
Exemple :	✗	
a		✗
b		✗
c	✗	
d		✗
e	✗	
f		✗

– Faire répéter chaque item par quelques apprenants. Claude est un prénom mixte, il peut être masculin ou féminin, tout comme Camille, Dominique, Sacha. D'autres prénoms sont différents à l'écrit mais se prononcent de la même façon à l'oral, qu'ils soient féminin ou masculin : Pascal(e), René(e), André(e), Valéry (Valérie), Samuel(le), Daniel(le), Michel(le)...

8 Descriptions
Réemploi 🎧 page 77

Objectifs : le « e » final muet
Modalités : en binôme

1 – Faire lire la consigne et en vérifier la compréhension.
– Faire réaliser l'activité en binôme, sans passer l'enregistrement.
2 – Passer l'enregistrement (piste 61) et faire répéter les apprenants.

6 Louis, Lisa et Nina, Adèle
Systématisation page 76

Objectifs : décrire quelqu'un ; place et accord de l'adjectif ; *c'est / il est*
Modalités : en binôme, puis en grand groupe

– Faire lire la consigne et en vérifier la compréhension.
– Faire réaliser l'activité en binôme. Il s'agit de décrire oralement, pas par écrit.
– Procéder à la correction en grand groupe en demandant à quelques apprenants d'oraliser les réponses.

Corrigé possible :
Louis est petit et brun. C'est un homme triste.
Lisa et Nina sont petites et rondes. Elles sont brunes et élégantes. Elles sont sérieuses.
Adèle est grande et mince. C'est une belle femme élégante. Elle est sympathique et joyeuse.

7 C'est à qui ?
Réflexion sur la langue/Réemploi page 77

Objectif : les adjectifs possessifs
Modalités : en grand groupe, puis en binôme

– En grand groupe, faire repérer les phrases suivantes (en projetant le document p. 70 ou en écrivant les phrases au tableau) :
Il aime sa femme et ses 4 enfants.
Leurs films ont beaucoup de succès.
– Demander aux apprenants ce que représentent « sa », « ses » et « leurs ».

Réponse attendue :
« sa » femme = la femme d'Omar Sy
« ses » enfants = les enfants d'Omar Sy
« leurs » films = les films de Marion Cotillard et Jean Dujardin

– Demander aux apprenants de compléter le tableau suivant (qui sera photocopié et distribué aux apprenants, ou noté au tableau). Leur indiquer qu'ils peuvent s'aider des phrases écrites au tableau et de la leçon 7 p. 33.

Les adjectifs possessifs :

Masculin singulier	Féminin singulier	Masculin ou féminin pluriel
mon, ..., ...	....., ..., sa sa femme	mes, tes, ... enfants

Masculin ou féminin singulier	Masculin ou féminin pluriel
....., votre, ...	nos, vos, ... films

Réponse attendue :
Les adjectifs possessifs :

Masculin singulier	Féminin singulier	Masculin ou féminin pluriel
mon, ton, son	ma, ta, sa sa femme	mes, tes, ses ses enfants

Masculin ou féminin singulier	Masculin ou féminin pluriel
notre, votre, leur	nos, vos, leurs leurs films

– Faire lire « **Les adjectifs possessifs au pluriel** », p. 71. Faire répéter les exemples par quelques apprenants.
– Faire lire la consigne de l'activité 7 et en vérifier la compréhension. S'aider de l'exemple.
– Faire réaliser l'activité en binôme.
– Procéder à la mise en commun en grand groupe.

Corrigé :
a vos personnalités préférées
b tes enfants
c leurs enfants
d ses enfants
e notre mariage
f sa profession
g leur adresse

– Faire lire « **Les mots... Du corps** », p. 70 et s'assurer de la compréhension.
– Quelques autres parties du corps peuvent être données par le professeur à la demande des apprenants, mais pas plus de 4 ou 5.

4 Le corps CE
page 71

Objectif : les parties du corps
Modalités : en sous-groupe, puis en grand groupe

– Faire lire la consigne et en vérifier la compréhension.
– Faire réaliser l'activité en petits groupes.
– Procéder à la mise en commun en grand groupe. Projeter si possible la photo ou montrer sur son propre corps.
– Faire répéter les mots aux apprenants.

Corrigé :
La main — Les cheveux
Le bras — La tête
Le ventre — Les yeux
La jambe — La poitrine
Le pied — Les fesses

7 Le top 3 PE/PO
page 71

Objectif : les mots de la description physique, du corps et du caractère
Modalités : en sous-groupe, puis en grand groupe

1 – Faire lire la consigne et en vérifier la compréhension.
– Faire réaliser l'activité en petits groupes. On aura pu demander aux apprenants d'apporter des photos lors de la séance précédente. Il s'agit de faire la liste des 3 personnalités préférées de chaque apprenant, puis d'en sélectionner une seule dont le groupe devra faire la description accompagnée de photos. Indiquer qu'il faudra présenter son travail comme dans le document déclencheur de la p. 70.
2 – Chaque groupe vient, face à la classe, présenter sa personnalité. Il ne s'agit pas de lire son texte mais de décrire, à l'oral, le physique, le caractère et les qualités de « sa » personnalité.
– La classe vote pour SA personnalité préférée.

Leçon 19 | Le livre du jour
pages 72-73

OBJECTIF
Situer dans le temps

LE VOCABULAIRE DE LA RELATION AMOUREUSE
– Une histoire d'amour
– Se rencontrer
– S'aimer
– Se marier
– Se quitter
– Se retrouver

GRAMMAIRE
– Le passé composé
– Les indicateurs de temps

PHONÉTIQUE
Identifier les sons [y], [i] et [u] dans des participes passés

OUTILS COGNITIFS
Couleurs différentes, encadrements, alignement en paradigmes

activité 1 p. 72 ▸ activité 2 p. 72 ▸ activité 3 p. 72 ▸ activité 4 p. 73 ▸ activité 5 p. 73 ▸ activité 8 p. 73 ▸ activité 7 p. 73 ▸ activité 9 p. 77 ▸ activité 12 p. 77 ▸ activité 6 p. 73 ▸ activité 10 p. 77 ▸ activité 11 p. 77 ▸ activité 9 p. 73

Dossier 5

1 Roman Sensibilisation/CE — page 72

Objectif : comprendre la page « Culture & médias » du site d'une radio francophone
Modalités : en grand groupe

– Projeter, si possible, le document de la p. 72, livre fermé.
– En grand groupe, faire identifier le document. Poser les 3 questions (a, b, puis c) de l'activité.

> *Corrigé :*
> a Il s'agit du site Internet de « Radio Hexagone » ; de la page « Culture & médias » qui comprend les rubriques « Livres », « Cinéma », « Musique », « Arts » et « Photos ».
> b La chronique s'appelle « Le livre du jour » ; il s'agit donc de la rubrique « Livres ».
> c Le titre du livre est *Un été à Cabourg*.

– Montrer que l'on peut écouter la rubrique en direct ou la réécouter (= podcast) sur le site.
– Indiquer « **Culture/savoir** », p. 72. Montrer aux apprenants que pour nommer la France, on peut dire « l'hexagone » en raison de sa forme (stylisée) géographique.
– Demander aux apprenants : 1. s'ils connaissent d'autres lieux désignés par leur forme (par exemple, le ministère de la Défense américain : le Pentagone) ; 2. si leur pays peut également être désigné par un autre nom (par exemple, le Japon : le pays du soleil levant…).

> **ENTRE PARENTHÈSES**
> Cabourg se trouve dans le département du Calvados, en Normandie. C'est une station balnéaire, en bord de Manche, située entre Deauville et Caen. Vous trouverez des informations sur le site de l'office du tourisme.
> http://www.cabourg.net

Bonus
– Faire faire des hypothèses sur le lieu géographique de Cabourg. S'aider de la couverture et du titre du livre *Un été à Cabourg*.
– Vérifier les hypothèses sur le site ci-dessus si la classe dispose d'un accès Internet.
– Faire situer Cabourg sur la carte p. 128.

2 Un été à Cabourg
CO — page 72

Objectif : comprendre une chronique radio présentant un livre
Modalités : en grand groupe

– Indiquer aux apprenants qu'ils vont écouter la chronique « Le livre du jour » de Radio Hexagone.
– Leur demander de noter le nom des personnages, les lieux.
– Livre fermé, faire écouter la chronique.
– Procéder à la mise en commun des réponses et les noter au tableau.

> *Réponse attendue :*
> Les personnages sont Emma, Rodolphe. Les lieux sont Cabourg, Paris, Caen, l'Afrique, l'Asie, la France…
> *Seules les réponses proposées par les apprenants seront notées. Il s'agit d'une compréhension globale, ne pas chercher à obtenir plus de réponses que celles proposées par les apprenants même si elles sont peu nombreuses.*

– En grand groupe, poser la question de l'activité.

> *Corrigé :*
> c

3 Emma et Rodolphe CO — page 72

Objectif : comprendre une chronique radio présentant un livre
Modalités : individuel, puis en binôme

– Faire lire la consigne de l'activité et s'assurer de sa compréhension. Si besoin, proposer un exemple.
– Proposer une nouvelle écoute et faire réaliser l'activité individuellement.
– Proposer une vérification en binôme.
– Procéder à la mise en commun en grand groupe.

> *Corrigé :*
> médecin – Rodolphe – habite à Cabourg
> professeur de français – Emma – habite à Paris
> Emma et Rodolphe – habitent à Caen

4 Quand ?
CO/Réflexion sur la langue — page 73

Objectifs : comprendre le récit d'une histoire d'amour ; situer dans le temps ; sensibiliser au passé composé
Modalités : en binôme, puis en grand groupe

– Faire lire la consigne de l'activité et s'assurer de sa compréhension.
– Photocopier ou demander aux apprenants de reproduire le tableau suivant :

Moments (quand ?)	Action (quoi ?)
Exemple :	Ils se sont rencontrés.
a	Ils ont fait leurs études.
b	Emma est devenue professeure de français.
c	Emma est retournée à Paris.
d	Emma s'est mariée, elle a eu une fille.
e	Emma a loué une maison à Cabourg.

– Faire écouter une nouvelle fois le document (piste 56) et faire l'exemple en grand groupe.

– Faire réaliser l'activité en binôme.
– Procéder à la mise en commun en grand groupe. Si nécessaire, proposer une nouvelle écoute séquencée.

Corrigé :

Moments (quand ?)	Actions (quoi ?)
Exemple : En 1990	Ils se sont rencontrés.
a 1990-1995	Ils ont fait leurs études.
b 5 ans après, en 1995	Emma est devenue professeure de français.
c à la fin de ses études	Emma est retournée à Paris.
d en 1999	Emma s'est mariée, elle a eu une fille.
e en août 2005	Emma a loué une maison à Cabourg.

– En grand groupe, à l'aide des réponses du tableau « Moments (quand ?) », demander aux apprenants de quelles façons on peut situer dans le temps. Noter les réponses au tableau :
en + année
en + mois + année
X ans après
à la fin de + possessif + nom
– Faire lire « **Pour... Situer dans le temps** », p. 72, jusqu'à « à la fin de ses études ». S'assurer de la compréhension.
– En grand groupe, à l'aide des réponses du tableau « Actions (quoi ?) », demander aux apprenants d'observer les phrases. S'assurer de leur compréhension.
– Demander si ces phrases se situent dans le passé, le présent ou le futur.

Réponse attendue :
Dans le passé.

– En grand groupe, demander aux apprenants de reformuler, à l'oral, ces phrases au présent.
– Demander l'infinitif de chaque verbe ; noter chaque infinitif à droite de la phrase, dans le tableau.

Réponse attendue :
Au présent à l'oral : ils se rencontrent ; ils font leurs études ; Emma devient professeure de français ; Emma retourne à Paris ; Emma se marie, elle a une fille ; Emma loue une maison à Cabourg.
À l'écrit :

Moments (quand ?)	Actions (quoi ?)	
Exemple : En 1990	Ils se sont rencontrés.	se rencontrer
a 1990-1995	Ils ont fait leurs études.	faire
b 5 ans après, en 1995	Emma est devenue professeure de français.	devenir
c à la fin de ses études	Emma est retournée à Paris.	retourner
d en 1999	Emma s'est mariée, elle a eu une fille.	se marier / avoir
e en août 2005	Emma a loué une maison à Cabourg.	louer

– Garder, si possible, ces phrases au tableau, elles seront exploitées dans l'activité suivante.

5 Présent ou passé ?
CE/Réflexion sur la langue 🎧56 page 73

Objectifs : le passé composé ; le lexique de la relation amoureuse
Modalités : en grand groupe, puis en binôme

– Faire lire la consigne et s'assurer de sa compréhension.
– Faire écouter et lire la transcription du dialogue p. 125.
– Répondre aux questions a et b en grand groupe.

Corrigé :
a Faux.
b Vrai.

– Revenir aux phrases du tableau de l'activité précédente :
Ils se sont rencontrés. → se rencontrer
Ils ont fait leurs études. → faire
Emma est devenue professeure de français. → devenir
Emma est retournée à Paris. → retourner
Emma s'est mariée. → se marier.
Elle a eu une fille. → avoir
Emma a loué une maison à Cabourg. → louer
– En grand groupe, faire découvrir aux apprenants que le passé se forme avec deux verbes : le verbe *être* ou *avoir* conjugué au présent + une forme particulière du verbe, appelée « participe passé ». Deux verbes, donc, c'est la raison pour laquelle ce passé s'appelle « le passé composé ».
– En grand groupe, faire entourer, souligner ou surligner d'une couleur les phrases avec l'auxiliaire *être*, d'une autre couleur les phrases avec l'auxiliaire *avoir*.
– Au tableau, classer les infinitifs selon leur auxiliaire, comme ci-dessous :

avec *être*	avec *avoir*
se rencontrer	faire
devenir	avoir
retourner	louer
se marier	

– En binôme, demander aux apprenants de compléter les deux colonnes avec des verbes du document audio en s'aidant de la transcription p. 125.
– Procéder à la mise en commun en grand groupe et compléter les colonnes au tableau.

Réponse attendue :

avec *être*	avec *avoir*
se rencontrer	faire
devenir	avoir
retourner	louer
se marier	choisir
aller	quitter
rentrer	
rester	

– En grand groupe, faire remarquer que les verbes au passé composé se conjuguent la plupart du temps avec l'auxiliaire *avoir*, sauf quelques verbes (*devenir, retourner, aller, rentrer, rester*) et tous les verbes pronominaux.
– En binôme, demander maintenant aux apprenants d'observer, p. 125, les participes passés et de les

classer selon leur terminaison « é », « i » et « u ». Faire un ou deux exemples en grand groupe.
– Noter au tableau :

Participes passés en « é »	Participes passés en « i »	Participes passés en « u »
rencontré		

– Procéder à la mise en commun en grand groupe et compléter le tableau.

Réponse attendue :

Participes passés en « é »	Participes passés en « i »	Participes passés en « u »
rencontré	choisi	devenu
retourné		
marié		
quitté		
allé		
rentré		
loué		
resté		

– En faire déduire « la règle » : les verbes en *-er* forment leur participe passé en « é » ; les autres verbes en « i » ou « u ».
– Faire remarquer les deux participes passés qui ne rentrent dans aucune colonne : « eu » de *avoir* et « fait » de *faire*.
– Faire écouter (piste 57) et lire **« Le passé composé (1) »**, **p. 73** et s'assurer de sa compréhension.
– Faire répéter les exemples par quelques apprenants.
– Insister sur : 1. la liste des verbes qui se conjuguent avec l'auxiliaire *être* ; 2. la prononciation des participes passés – on entend toujours en finale [E], [i] ou [y].
– Faire remarquer les 3 verbes « irréguliers » :
  être (se conjugue avec l'auxiliaire *avoir*) → été (on entend [E])
  avoir → eu (on entend [y])
  faire → fait (on entend [E])
Ne pas parler pour l'instant de l'accord du participe passé avec le verbe *être*. Cela sera abordé dans la leçon 21.
– En binôme, faire relever, dans la transcription du document p. 125, les verbes qui ont un rapport avec une relation amoureuse.
– Procéder à la mise en commun en grand groupe.

Réponse attendue :
se rencontrer ; se marier ; se quitter ; s'aimer ; se retrouver.

– En grand groupe, faire lire **« Les mots... De la relation amoureuse »**, **p. 72** et s'assurer de la compréhension.

8 Marc et Isabelle Réemploi page 73

Objectif : le passé composé – choix de l'auxiliaire
Modalités : en binôme, puis en grand groupe

– Faire lire la consigne et s'assurer de sa compréhension.
– Observer l'exemple en grand groupe.

– Faire réaliser l'activité en binôme.
– Procéder à la mise en commun en grand groupe.

Corrigé :
Marc et Isabelle se sont rencontrés à Marseille en 2001. Ils ont fait leurs études de chimie ensemble. À la fin de ses études, Isabelle est partie travailler à Nice et Marc a trouvé un travail à Nantes. Ils se sont quittés. En 2013, Marc est revenu à Marseille mais Isabelle est restée à Nice.

Phonétique

7 [y] CO page 73

Objectif : identifier le son [y] dans des participes passés
Modalités : individuel, puis en binôme, enfin en grand groupe

– En grand groupe, faire écouter (piste 59) et lire **« Le son [y] »**, **p. 73**.
– Montrer aux apprenants les particularités articulatoires du son [y] : les lèvres sont très arrondies, les muscles très tendus et la langue est appuyée sur les dents du bas ; le son est donc aigu. Le [y] est exactement le même son que le [i] mais il est prononcé avec les lèvres arrondies. Faire dire aux apprenants un [i] avec les lèvres arrondies, sans reculer la langue, cela fait un excellent [y]. On pourra faire répéter les mots du tableau sur une intonation montante, comme une question.
Elle est venue ? Il a eu ?
– Distribuer (ou demander aux apprenants de reproduire) le tableau suivant :

	J'entends [y]	Je n'entends pas [y]
Exemple :		
a		
b		
c		
d		
e		
f		
g		
h		

– Faire lire la consigne de l'activité 7 et s'assurer de sa compréhension.
– Faire l'exemple en grand groupe.
– Faire réaliser l'activité individuellement.
– Demander aux apprenants de comparer leurs réponses en binômes, puis proposer une deuxième écoute pour vérifier les réponses.
– Procéder à la mise en commun en grand groupe ; proposer une 3ᵉ écoute si les apprenants ne sont pas unanimement d'accord sur les réponses.

Corrigé :

	J'entends [y]	Je n'entends pas [y]
Exemple :	X	
a		X
b	X	
c	X	
d		X
e		X
f	X	
g	X	
h	X	

– Faire répéter les items :
  Je suis venue.
  Nous avons choisi.
  Vous êtes devenu acteur.
  Nous avons eu une fille.
  Elle est partie
  Ils se sont mariés.
  Ça m'a plu.
  Il n'a pas voulu.
  On a bu un verre.

9 Du passé ! Systématisation page 77

Objectif : le passé composé – choix de l'auxiliaire, participes passés
Modalités : en binôme, puis en grand groupe

– Faire lire la consigne et s'assurer de sa compréhension.
– Observer l'exemple en grand groupe.
– Faire réaliser l'activité en binôme.
– Procéder à la mise en commun en grand groupe.

Corrigé :
Exemple : habiter → habité → avoir
être → été → avoir
avoir → eu → avoir
venir → venu → être
prendre → pris → avoir
faire → fait → avoir
se marier → marié → être
plaire → plu → avoir
vouloir → voulu → avoir

Bonus

On pourra demander aux apprenants de proposer, oralement, des phrases les concernant (utilisation de « je ») avec quelques-uns de ces verbes.
Par exemple : *J'ai habité à Moscou. Je me suis marié en 1990...*

12 Drôle de vie !
Réemploi 🎧62   page 77

Objectif : identifier les sons [e], [i] et [y] dans des participes passés
Modalités : individuel, puis en binôme, enfin en grand groupe

– Distribuer (ou demander aux apprenants de reproduire) le tableau suivant :

Le participe passé finit par :	[e]	[i]	[y]
Exemple :			
a			
b			
c			
d			
e			
f			
g			
h			
i			

– Faire lire la consigne et s'assurer de sa compréhension.
– Faire l'exemple en grand groupe.
– Faire réaliser l'activité individuellement.
– Demander aux apprenants de comparer leurs réponses en binômes, puis proposer une deuxième écoute pour vérifier les réponses.
– Procéder à la mise en commun en grand groupe ; proposer une 3ᵉ écoute si les apprenants ne sont pas unanimement d'accord sur les réponses.

Corrigé :

Le participe passé finit par :	[e]	[i]	[y]
Exemple :	X		
a	X		
b		X	
c			X
d			X
e		X	
f			X
g		X	
h	X		
i			X

– Faire répéter les items de l'activité. On pourra regarder la transcription, p. 126.

6 Chronologie CO 🎧58   page 73

Objectif : *d'abord, puis, enfin*
Modalités : individuel, puis en grand groupe

– Faire lire la consigne et s'assurer de sa compréhension.
– Faire réaliser l'activité individuellement.
– Procéder à la mise en commun en grand groupe.

> *Corrigé :*
> 1 d'abord
> 2 puis
> 3 Enfin

– Faire lire « D'abord…, puis…, enfin… » de « **Pour… Situer dans le temps** », **p. 72**.
– Faire répéter l'exemple par un apprenant. S'assurer de la compréhension en faisant traduire l'exemple en langue maternelle ou dans la langue commune à la classe.

10 Omar Sy Réemploi — page 77

Objectif : le passé composé
Modalités : individuel, puis en binôme, enfin en grand groupe

– Faire lire la consigne et s'assurer de sa compréhension.
– Faire l'exemple en grand groupe.
– Faire réaliser l'activité individuellement.
– Demander aux apprenants de comparer leurs réponses en binômes.
– Procéder à la mise en commun en grand groupe.

> *Corrigé :*
> Omar Sy est né le 20 janvier 1978 en France.
> Il a rencontré Hélène en 1998. Ils ont eu 4 enfants.
> D'abord, il a été humoriste, puis il a fait des films.
> En 2011, il a joué dans le film *Intouchables*. Un an après, en 2012, il est devenu la personnalité préférée des Français.

11 Autobiographie PE — page 77

Objectifs : « raconter » sa vie ; utiliser le passé composé, les marqueurs de temps
Modalités : individuel

– Faire lire la consigne et s'assurer de sa compréhension.
– Faire réaliser l'activité individuellement. Indiquer que l'on peut imaginer (inventer) si l'on ne souhaite pas raconter sa propre vie. On pourra faire faire cette activité à la maison.

> *Corrigé :*
> Pour la correction, vérifier l'emploi du passé composé, le respect de la consigne (utilisation des verbes demandés et de quelques expressions pour situer dans le temps).

9 Fanny et Baptiste PE/PO — page 73

Objectifs : écrire une histoire d'amour ; raconter cette histoire sous la forme d'une chronique radio
Modalités : en sous-groupe, puis en grand groupe

1 – Faire lire la consigne et s'assurer de sa compréhension. Indiquer que l'on doit s'inspirer de la chronique *Un été à Cabourg* mais aussi, pour l'histoire d'amour, des activités 8 p. 73, 10 et 12 p. 77.
– Faire réaliser l'activité en petits groupes.
– Pour aider les apprenants à réaliser leur production, nous vous conseillons de leur imposer les contraintes suivantes :
  • demander d'utiliser 4 ou 5 verbes parmi *se rencontrer, s'aimer, se quitter, se marier, se retrouver, aller, rentrer, habiter* ;
  • donner le canevas suivant :

Pour commencer : « Cette semaine, je vais vous parler de… (titre du livre) ».
Pour continuer : « C'est l'histoire de Fanny et Baptiste. Ils… »
Pour finir : « À lire cet été,… (titre du livre) en librairie à partir de demain et aussi en e-book. »

2 – Une fois les productions finies, faire lire la consigne 9.2 et s'assurer de sa compréhension.
– Demander aux groupes de choisir un « chroniqueur ». Laisser quelques minutes pour répéter.
– Chaque groupe vient au tableau et l'apprenant désigné par le groupe lit la chronique.
– Demander aux autres groupes de noter le maximum d'informations : titre du livre, lieux…
– Leur laisser quelques minutes pour imaginer, sur une feuille A4, la couverture du livre (titre, illustration…).
– Le groupe ayant proposé la chronique, choisit la meilleure couverture en justifiant son choix (titre correct, illustration pertinente par rapport aux lieux cités, aux personnages…).

Faits et gestes
Leçon 20 | Faire connaissance

page 74

OBJECTIFS COMMUNICATIFS
– Sensibiliser aux distances dans la communication informelle
– Interpréter des mimiques

OBJECTIFS CULTURELS
– Le rituel de la bise
– Le film *Intouchables*

activité 1 p. 74 ▸ activité 2 p. 74 ▸ activité 3 p. 74 ▸ activité 4 p. 75 ▸
activité 5 p. 75 ▸ activité 6 p. 75 ▸ activité 7 p. 75 ▸ activité 8 p. 75

Hugo et Juliette ont rendez-vous. Ils n'ont pas de programme défini. Juliette, un peu distante au début, finit par se détendre et accepte finalement la proposition d'Hugo.
On remarque qu'ils sont tous les deux un peu intimidés. C'est la première fois qu'ils se retrouvent seuls. Il est évident qu'Hugo veut faire plaisir à Juliette. Il est décidé à lui faire plaisir et ne veut pas la contredire de peur qu'elle n'abrège la soirée. Il est toujours aussi gentil et galant.
Peu à peu ils se rapprochent et une fois le programme décidé, ils sont beaucoup plus proches et semblent contents d'être ensemble.
C'est l'occasion pour les apprenants de voir des faits culturels : le rituel de la bise, et encore la galanterie.

1 Distances CO/PE   page 74

Objectif : sensibiliser aux distances sociale, personnelle, intime
Modalités : en grand groupe

1 Il s'agit ici d'identifier les trois étapes de la rencontre en observant les distances :
   ils se retrouvent = distance sociale
   ils se mettent d'accord sur le programme = distance personnelle
   ils ont décidé et sont contents = distance intime
– Faire lire la consigne et en vérifier la compréhension.
– Faire réaliser l'activité en grand groupe.
– Si possible projeter les photos de l'activité. Demander aux apprenants de décrire chaque photo.
– Faire regarder la vidéo sans le son.
– Procéder à la correction en grand groupe.

> *Corrigé :*
> 1 c
> 2 a
> 3 b

2 – Faire lire les questions et en vérifier la compréhension. Il est possible de répondre en langue maternelle ou dans la langue commune à la classe.
– Faire réaliser l'activité en grand groupe.

> *Corrigé possible :*
> a Hugo, qu'on connaît assez bien déjà, est toujours aussi délicat et timide. Il est manifestement ému. Juliette est distante et pas très détendue. Peu à peu elle devient souriante et plus proche d'Hugo.
> b Ce premier rendez-vous semble plutôt réussi.

2 Mimiques PE   page 74

Objectif : interpréter des mimiques
Modalités : en binôme, puis en grand groupe

1 – Lire la consigne et en vérifier la compréhension.
– Montrer la vidéo en entier sans le son, puis faire regarder de 00:54 à 01:39.
– Dire aux apprenants d'être attentifs aux mimiques. Préciser qu'il ne s'agit pas de se souvenir de ce qui est montré dans la vidéo. Ils sont libres d'écrire ce qu'ils veulent. Il s'agit de faire coïncider mimiques et paroles.
– Demander aux apprenants de travailler en binômes.
– Circuler parmi les groupes pour les corrections.
– Procéder à la mise en commun : projeter si possible les photos de l'activité 2 ; recueillir les propositions des apprenants et les écrire au tableau.

2 – Faire regarder de 00:54 à 01:39 avec le son.
– Comparer ce qui est écrit au tableau avec la vidéo. Juliette et Hugo ont-ils gardé les mêmes caractéristiques psychologiques (réserve, timidité…) ?
– Demander aux apprenants ce qu'ils pensent de l'attitude d'Hugo. En serait-il ainsi dans leur culture ?

3 Vous et les distances
PO   page 74

Objectif : comparer les distances observées dans la vidéo avec celles pratiquées dans son pays
Modalités : en grand groupe

– Faire lire les questions et en vérifier la compréhension.
– Mener l'activité en grand groupe.

– Demander aux apprenants de lire « **Les distances sociales** », p. 74.
– Leur demander de comparer avec ce qui se fait dans leur culture.
– Demander aux apprenants de lire « **Culture/Savoir** », p. 74. En vérifier la compréhension.
– Demander à la classe ce qu'ils pensent de la bise « à la française ». Est-ce normal de s'embrasser dans leur culture ? Qui embrasse-t-on ? Est-il normal de s'embrasser le matin quand on arrive au travail, à l'école ?
– Montrer la vidéo de 00:18 à 00:24.
– Faire remarquer la petite hésitation au moment de se faire la bise. Hugo et Juliette ont l'habitude de faire des bises. Demander à la classe ce qui peut avoir causé cette hésitation (l'émotion ?). Il faut toujours commencer par tendre la joue droite, ça évite les situations embarrassantes.

– Demander à la classe ce qu'ils pensent du nombre de bises.

ENTRE PARENTHÈSES

Voici un article intéressant sur l'histoire et la pratique de la bise :
http://www.lexpress.fr/informations/l-art-de-la-bise_636138.html

Vous trouverez ici la vidéo d'une émission de la chaîne M6 sur le rituel de la bise :
http://www.m6.fr/emission-100_mag/videos/11285260-100_bonnes_manieres_apprenez_a_bien_faire_la_bise.html

Culture
Intouchables

page 75

4 L'affiche CE   page 75

Objectif : comprendre une affiche de film et une fiche technique
Modalités : en grand groupe, puis en binôme

– Montrer (ou projeter) l'affiche p. 75.
– Faire lire le titre du film.
– Demander aux apprenants s'ils ont vu ce film.
– Leur demander de décrire l'image. Des précisions peuvent être données en langue maternelle ou dans la langue commune à la classe.

> *Corrigé :*
> Il y a deux personnages principaux, ils ont l'air de bien s'entendre et ils sont issus de milieux différents.
> L'un est jeune, l'autre a l'air plus vieux. Ils sont peut-être amis.
> En bas à droite, il y a le titre et les noms des acteurs.

– Projeter la fiche technique. Cette activité se déroulera en deux temps : 1. remplir « réalisé par » et « avec » ; 2. lecture du synopsis pour caractériser le style de film.
– Demander aux apprenants de lire la fiche technique.
– Leur demander de combien de parties est composée la fiche *(une partie avec des informations listées et une deuxième appelée « Synopsis »)*.
– Leur demander d'observer la première partie. Faire dire quelles informations manquent.

> *Réponse attendue :*
> Le genre, réalisé par, avec.

– Demander aux apprenants de lire l'affiche pour trouver le nom du réalisateur ainsi que le nom des acteurs.
– Leur demander d'identifier chaque acteur sur l'affiche.

> *Corrigé :*
> Réalisé par : Éric Toledano et Olivier Nakache
> Avec : François Cluzet et Omar Sy

– Demander aux apprenants de lire le synopsis.
– Leur demander comment s'appellent les personnages du film, de les identifier sur l'affiche ; de relever deux informations sur chaque personnage ; et ce qui se passe dans l'histoire.

> *Réponse attendue :*
> Philippe et Driss
> riche – handicapé
> habite la banlieue – n'a pas de travail

– Demander de lire « **Les genres de films** », p. 75 et leur demander de compléter le genre sur la première partie de la fiche.

> *Corrigé :*
> Comédie.

ENTRE PARENTHÈSES

Site d'Allociné pour voir la fiche technique, la bande annonces et des critiques du film :
http://www.allocine.fr/film/fichefilm_gen_cfilm=182745.html

5 Un très grand succès !
PO — page 75

Objectif : réfléchir sur les critères de succès pour un film
Modalités : en grand groupe, puis en binôme, enfin en grand groupe

– Faire lire la consigne et en vérifier la compréhension.
– Demander aux apprenants de dire quelle est la population de la France. S'ils ne s'en souviennent plus, leur demander de regarder dans le manuel p. 23.
– Demander aux apprenants de faire le calcul en binômes.
– Procéder à la correction en grand groupe.

> *Corrigé :*
> 21 millions d'entrées (en réalité, c'est 23 millions).

– Demander si les apprenants connaissent de très grands succès de films dans leur pays.

6 Portraits CE/PO/PE
page 75

Objectif : faire une description physique et psychologique
Modalités : en sous-groupe, puis en grand groupe

– Projeter l'affiche du film, si possible.
– Faire lire la consigne a et en vérifier la compréhension.
– Demander aux apprenants d'associer les mots de la liste aux prénoms.
– Procéder à la correction en grand groupe.

> *Corrigé :*
> Philippe : triste, élégant, âgé, beau.
> Driss : sympa, joyeux, jeune, beau.

– Faire lire la consigne b et en vérifier la compréhension.
– Demander aux apprenants de travailler en binômes. Ils écrivent un court texte de deux ou trois phrases.
– Faire un exemple avec la classe et noter les informations au tableau.
  Exemple :
  Philippe n'est pas jeune. Il a cinquante ans. Il porte une veste noire, une chemise.
  Driss est jeune. Il a vingt-cinq ans. Il porte un sweat vert.
– Ramasser les productions. Les rendre corrigées lors du cours suivant.

7 Des amis PO
page 75

Objectif : comprendre la fiche technique d'un film
Modalités : en binôme, puis en grand groupe

– Faire lire la consigne et en vérifier la compréhension.
– Demander aux apprenants de relire le synopsis de la fiche technique.
– L'activité peut être menée en langue maternelle ou dans la langue commune à la classe. Il faut insister sur le fait que Philippe est riche et que Driss vient de la banlieue. Préciser que c'est une amitié improbable.

Il ne s'agit pas d'une activité sur la synonymie du mot « intouchables ». Il s'agit plutôt de remplacer ce mot par d'autres qui montrent que les apprenants ont compris l'enjeu du film (le fait qu'une rencontre improbable donne naissance à une amitié très forte).
– Demander aux apprenants de faire l'activité en binômes.
– Procéder à la mise en commun en grand groupe.

> *Réponse possible :*
> amis
> inséparables
> unis
> copains

8 À vous ! PO
page 75

Objectif : s'exprimer sur ses goûts et habitudes de spectateur
Modalités : en grand groupe, puis en binôme

– Expliquer les questions a, b, c avant de demander aux apprenants de réaliser l'activité.
– Faire lire la consigne.
– Demander aux apprenants de relire « **Les genres de films** », p. 75.
– Demander à la classe de proposer d'autres genres *(horreur, polar, documentaire, action et aventure)*. Faire la liste au tableau.
– Demander des exemples de films pour chaque genre.
– Demander combien de films ils regardent par semaine ou par mois. Comment est-ce qu'ils les regardent ? Au cinéma, à la télévision, avec des DVD ou Blu-ray, sur Internet ? Leur demander si l'expérience est différente et ce qu'ils préfèrent (salle ou à la maison). Leur demander d'expliquer leur choix.
– Demander à la classe de penser au dernier film qu'ils ont vu.
– Demander aux apprenants de faire l'activité en binômes.
– La mise en commun sera une présentation croisée : les apprenants ne donneront pas à la classe leurs propres réponses mais celles du collègue.

Bonus

Vous pouvez faire une autre version de l'activité 8 c si vous avez le temps.
– Demander aux apprenants de travailler en binômes.
– Chaque sous-groupe pense à un film que la plupart des apprenants auront vu. Ils rédigent un synopsis du film sans le titre et les noms des personnages, mais en incluant la date, le pays, les acteurs.
– Passer dans les binômes pour faire les corrections.
– Chaque groupe lit son synopsis à la classe. Les autres doivent deviner de quel film il s'agit.
– Proposer un exemple :
Cela se passe au New York City Ballet. Nina est prête à tout pour obtenir le rôle principal du *Lac des cygnes*. Elle va se retrouver face à une nouvelle danseuse parfaite pour danser le cygne noir.
C'est un film américain de 2009 avec Nathalie Portman : *Black Swan*.

Action ! Nous faisons le Top 5 des films de la classe.

page 78

Objectifs : décrire et raconter un film qu'on aime ; écrire un synopsis
Modalités : en binôme, puis en sous-groupe
Matériel : accès Internet, blog de la classe ou grandes feuilles

▷ MISE EN PLACE

– Demander aux apprenants d'ouvrir leur livre p. 78.
– Leur expliquer qu'ils vont faire le Top 5 des films de la classe. Pour cela ils devront faire la fiche technique et écrire le synopsis.

▷ POUR LANCER L'ACTIVITÉ

– Annoncer que la classe va faire un Top 5 des films de la classe : expliquer « Top 5 », demander s'ils connaissent des « Top » (cinéma, musique…).
– Demander de faire une liste commune des 5 films préférés, en binôme.
– Demander à chaque binôme de venir présenter et justifier le choix des 5 films devant la classe.
– Chaque binôme écrit ses 5 films au tableau.
– « Caractériser chaque film choisi par la classe » : dire le genre de chaque film (voir « **Les genres de films** », **p. 75**).

▷ RÉALISATION DE LA TÂCHE

– Dans la liste des films choisis par les binômes, la classe doit en choisir 5. Laisser les apprenants, en grand groupe, décider du mode de sélection (vote de l'ensemble des apprenants, sélection d'un film par chaque binôme…).
– Faire réaliser les fiches techniques des 5 films choisis. On pourra faire travailler la classe en 5 groupes, chaque groupe s'occupant de la fiche technique d'un film.
– Passer dans les groupes pour corriger. Si vous disposez d'Internet dans la classe, les apprenants pourront l'utiliser pour vérifier le nom des acteurs, du réalisateur, l'année…

> **ENTRE PARENTHÈSES**
> Utiliser le site d'Allociné :
> http://www.allocine.fr/

– Prendre comme exemple la fiche technique d'*Intouchables* p. 75.
– Demander à chaque groupe d'écrire un court synopsis du film dont il a écrit la fiche technique.
– Projeter le tableau « Top 5 des films de la classe ».
– Chaque groupe remplit une partie du tableau du Top 5.
– Chaque partie sera ensuite collée pour faire un seul tableau qui pourra être affiché dans la classe.

▷ APRÈS LA TÂCHE

– Chercher sur Internet le Top 5 des films au box-office mondial et de leur pays. Si la classe dispose d'un accès Internet, faire cette recherche en grand groupe ; sinon, demander à un binôme de faire la recherche et de rapporter ses résultats en classe.

> **ENTRE PARENTHÈSES**
> Utiliser par exemple le site d'Allociné :
> http://www.allocine.fr/film/meilleurs/
>
> ou plus international :
> http://www.boxofficecine.fr/top-2013.html

– En grand groupe, comparer les deux box-offices et celui de la classe.
– Demander aux apprenants s'ils ont vu les films classés au box-office mondial. Que pensent-ils des films du box-office mondial ?
– Charger un binôme de publier le Top 5 sur le site de la classe.

▷ « VOTRE AVIS »

– Demander à la classe d'évaluer l'activité.
– Projeter cette partie de la page Action !
– Compter combien il y a de +, de ++ ou +++.

Études

Dans la vidéo de ce dossier, Simon se permet d'ouvrir le courrier de sa fille, une lettre de l'université. Il y apprend que Juliette n'a pas la moyenne à toutes ses matières. Il n'est pas très content et lui demande des explications. Celle-ci réagit avec sarcasme car on la traite ici comme une jeune collégienne alors qu'elle est à la fac. La mère de Laurent, Lucie, se place du côté de sa petite-fille et, Laurent se retrouve ridiculisé alors qu'au départ, il représentait l'autorité.

Page contrat

page 79

Objectifs : connaître le programme d'apprentissage ; sensibiliser au thème et au contenu à partir du nuage de mots
Modalités : en grand groupe

– Regarder cette page avec les apprenants ou la projeter, si c'est possible.
– Faire repérer les 8 zones d'informations dans l'ordre suivant :
    a. le numéro du dossier et sa couleur verte ;
    b. le titre du dossier ;
    c. la photo ;
    d. le nuage de mots ;
    e. la tâche à réaliser ;
    f. les objectifs fonctionnels ;
    g. le résumé de la vidéo ;
    h. le contenu socio-culturel et culturel.
– Dire le titre du dossier (*Études*) et le faire répéter par quelques apprenants. Donner le verbe : *étudier*.
– Faire décrire la photo.

> *Réponse attendue :*
> Une personne (homme ? femme ?) nage dans l'eau.
> Une piscine ? La mer ?

– Lire les mots du « nuage de mots », puis faire répéter certains mots par quelques apprenants.
– Demander aux apprenants de trouver dans le nuage de mots : 1. un mot en relation avec la photo ; 2. quatre mots en relation avec le titre du dossier.

– Écrire ces mots au tableau ; s'assurer de leur compréhension.

> *Réponse attendue :*
> Un mot en relation avec la photo : se baigner.
> Quatre mots en relation avec le titre du dossier : la fac, un semestre, réussir, les études.

– Demander aux apprenants ce qu'ils seront capables de faire à la fin du dossier *(ils feront le bilan du cours de français)*.
– Leur demander à quelle page se trouve ce travail *(page 90)*.
– Montrer la zone des objectifs fonctionnels et demander aux apprenants ce qu'ils apprendront à faire *(raconter un événement, situer une action dans le passé, exprimer la durée, la surprise, parler de ses études, raconter des souvenirs, indiquer la chronologie, indiquer la fréquence, donner des conseils, des instructions, exprimer des besoins)*. S'assurer de la compréhension.
– Demander ce qui se passera dans la vidéo *(les Bonomi apprennent une mauvaise nouvelle…)*.
– Demander aux apprenants quel sera le contenu socio-culturel et culturel *(désaccords, La Sorbonne)*.

Dossier 6

Leçon 21 | Le lycée, c'est fini !

pages 80-81

OBJECTIFS
- Raconter un événement
- Situer une action dans le passé
- Exprimer la durée
- Exprimer la surprise
- Parler de ses études

LE VOCABULAIRE DES ÉTUDES
- Un relevé de notes
- Un semestre
- Une matière
- Un cours
- Le lycée
- La fac (la faculté)
- Être à l'université
- Une Licence
- Un Master
- Réviser un examen
- (Re)passer (un examen)
- Rater ≠ Réussir
- Travailler
- Suivre (un cours)
- Avoir la moyenne

GRAMMAIRE
- Le passé composé (2)
- *Se promener* au passé composé
- La négation au passé composé

PHONÉTIQUE
Les sons [ɑ̃] et [Ẽ]

OUTILS COGNITIFS
Couleurs différentes, encadrements, alignement en paradigmes

---

activité 1 p. 80 ▷ activité 2 p. 80 ▷ activité 3 p. 80 ▷ activité 6 p. 88 ▷ activité 4 p. 81 ▷
activité 2 p. 88 ▷ activité 4 p. 88 ▷ activité 5 p. 81 ▷ activité 5 p. 88 ▷ activité 1 p. 88 ▷
activité 3 p. 88 ▷ activité 6 p. 81 ▷ activité 7 p. 81

---

1 En famille CE/PO page 80

Objectifs : identifier les personnages et la situation, le lieu et l'acte de parole (raconter un événement, exprimer son mécontentement, la surprise) – cette phase fonctionne comme une compréhension globale – ; anticiper sur le savoir-faire
Modalités : en grand groupe

1 Livre fermé, faire regarder la vidéo sans le son.
– Faire nommer les personnages.
– Faire remarquer les attitudes des différents personnages (*Laurent fâché, Juliette énervée, méfiante, Lucie complice, Laurent humilié*).
– Poser les questions a, b, c, d, toujours livre fermé.
Il ne s'agit ici que de faire faire des hypothèses à partir des attitudes et gestes des personnages (le non-verbal). Il ne faut donc pas s'attendre à ce que les apprenants trouvent exactement tout. Ne pas hésiter à repasser la vidéo (sans le son).

Réponse attendue :
a Un document important concernant Juliette.
b Juliette a fait quelque chose de répréhensible
c Elle est du côté de sa petite-fille. On peut le voir aux regards qu'elles échangent, à la manière dont Lucie a regardé son fils, à l'attitude de Laurent à la fin de l'épisode.
d Ne t'inquiète pas, ce n'est pas grave, il exagère…
(Il s'agit de faire des hypothèses.)

2 – Faire regarder la vidéo avec le son.
– Demander aux apprenants de vérifier leurs hypothèses. Il est inutile à ce stade-là de chercher à obtenir plus d'informations. Il suffit d'obtenir qu'il y a un problème avec Juliette et ses études, ses examens, que Laurent n'est pas content.

2 Problème CO/CE page 80

Objectifs : vérifier les hypothèses émises lors de l'activité 1 ; approfondir la compréhension en vue de la compréhension finalisée
Modalités : grand groupe

– Faire regarder la vidéo avec le son.
– Faire lire la consigne et en vérifier la compréhension.
– Projeter si possible les questions a, b, c, d. Dans ce cas, l'activité se fera livre fermé. Projeter les questions permet aux apprenants d'être concentrés sur ce qu'on leur demande de comprendre. Dans le cas contraire, demander aux apprenants d'ouvrir le livre p. 80.
– Vérifier la compréhension de chaque item.
– Faire réaliser l'activité en grand groupe.

Corrigé :
Vrai : a, c.
Faux : b, d.

ENTRE PARENTHÈSES

UFR = Unité de formation et de recherche. UFR est utilisé à la place de département : département de linguistique, d'histoires, d'études hispaniques…
S = semestre
Unités d'enseignement = les différentes matières
L'architecture des études de l'enseignement supérieur s'articule autour de 3 grades ou niveaux de sortie :
L : licence (bac + 3)
M : master (bac + 5)
D : doctorat (bac + 8)
L'offre de formation est structurée en domaines de formation qui correspondent aux champs de compétences de l'université.
Voici un exemple à consulter sur le site de l'université de Nantes :
http://www.univ-nantes.fr/88499459/0/fiche___pagelibre/&RH=INSTITUTIONNEL_FR&RF=FORIN
En cliquant sur Arts, Lettres, Langues, sous « Nos domaines disciplinaires », vous pourrez voir les différents types de licences et les options.
Si vous avez le temps et disposez d'Internet dans votre classe, il serait intéressant de montrer l'offre de l'université de Nantes.

Voici le site de la Sorbonne, directement sur l'offre de cours :
http://www.paris-sorbonne.fr/nos-formations/la-formation-initiale/choisir-par-discipline/

Le système de notation en France emploie un barème de 0 à 20. Pour valider un cours, l'étudiant doit acquérir un minimum de 10 sur 20.
Pour comprendre le système de notation, voici une explication sur le site de l'université de Lille :
http://www.univ-lille2.fr/international/etudiants-entrants/la-notation-en-france.html

Pour le calcul de la moyenne des notes, on additionne toutes les notes et on divise par le nombre de notes. Il arrive qu'une matière ait un coefficient plus important (2 ou 3). Les notes ne sont pas arrondies.

3 ☺ ou ☹ ? CE   page 80

Objectifs : comprendre un relevé de notes de l'université ; le vocabulaire des études ; exprimer la durée
Modalités : en grand groupe, puis en binôme

– Projeter le relevé de notes de Juliette, si possible.
– Faire identifier le document : comment s'appelle le document ? À qui est-il adressé ? Quel est le nom de l'université ? Par qui est signé le document ? Quel est le niveau d'études de Juliette ? Dans quelle unité d'études Juliette fait-elle ses études ?

> *Réponse attendue :*
> Un relevé de notes.
> À Juliette.
> L'université de Nantes.
> Le chef de la scolarité.
> Licence 3 (3e année).
> Lettres et langage, Lettres modernes.

– Faire noter le nom de chaque matière.

> *Réponse attendue :*
> Littérature du XVIIIe siècle, Littérature du XXe siècle, Grammaire, Expression écrite, Typologie (lexicologie), Linguistique générale, Langue vivante.

– Faire repérer l'encadré en bas à gauche, reprenant la moyenne générale pour le semestre et mentionnant « non validé » (9,31 sur 20).
– Demander aux apprenants de lire « **Les mots... Des études », p. 81** et de relever uniquement les mots en relation avec le relevé de notes.
– Faire un exemple avec la classe.
– Demander aux apprenants de travailler en binômes.

> *Réponse attendue :*
> un semestre
> une matière
> un cours
> la fac (la faculté)
> une Licence
> suivre (un cours)
> avoir la moyenne

– Procéder à la mise en commun. Si vous avez projeté le document dans la classe, entourer (sur le document projeté) au fur et à mesure les zones que vous avez fait identifier : matière, un semestre, une Licence…
– Ajouter les mots sur le relevé au moyen de flèches. Exemple, pour « suivre un cours », vous pouvez le mettre en relation avec « grammaire » ; « avoir la moyenne » est à rapprocher de l'encadré en bas à gauche, etc.
– Procéder à un premier visionnage séquentiel : montrer la vidéo de 01:03 à 01:19 et projeter en même temps les deux photos avec les bulles remplies.
– Demander aux apprenants de regarder le relevé de notes pour dire quelles matières elle a réussies.

> *Corrigé :*
> Histoire de la grammaire : grammaire et expression écrite.
> Fondamentaux : linguistique générale et langue vivante.

Réflexion sur la langue

– Montrer le verbe *rater* et *réussir*. Vérifier que tout le monde a compris : rater = moins de la moyenne ; réussir = plus de la moyenne.
– Demander aux apprenants de lire ce qu'il y a dans les bulles et de dire à quel temps sont ces phrases.
– Procéder à un deuxième visionnage séquentiel : faire regarder la vidéo du début jusqu'à 00:33.
– Demander aux apprenants de relever ce que dit Laurent. Qu'est-ce qu'il exprime ? Comment est-il ?

> *Réponse attendue :*
> C'est pas vrai. Non.

– Demander aux apprenants de lire « **Pour... Exprimer la surprise** », p. 80.
– Faire répéter par certains apprenants avec la même intonation que Laurent (ton de la déception).
– Changer d'intonation (intonation montante, par exemple) pour exprimer clairement la surprise.

ENTRE PARENTHÈSES

« Ce n'est pas vrai » est une expression très utilisée et qui, suivant l'intonation, aura des sens différents. Elle peut exprimer l'ennui, la colère, l'étonnement, la surprise, comme mentionné dans « **Pour... Exprimer la surprise** », p. 80.

– Procéder à un troisième visionnage séquentiel : faire regarder la vidéo de 01:30 à 01:51, livre fermé. Les questions suivantes peuvent être posées en langue maternelle ou dans la langue commune à la classe.
– Demander aux apprenants comment Juliette dit qu'elle est étudiante.

> *Réponse attendue :*
> Je suis à la fac, en Licence de Lettres.

– Faire répéter par quelques apprenants.
– S'il y a des étudiants dans la classe, leur demander quelle est leur discipline. Leur dire le nom de leur discipline en français, puis dire, afin qu'ils répètent : « je suis en Licence, Master de... »
– Demander aux apprenants de lire la structure dans « **Pour... Parler de ses études** », p. 80.
– Faire regarder la même séquence vidéo, livre fermé.
– Demander aux apprenants de noter pendant le visionnage quel est le projet de Juliette et quel est celui que Laurent a pour Juliette.
– Noter les réponses en deux colonnes au tableau.

Juliette	Laurent
Je vais repasser mes examens en septembre.	Juliette, pendant l'été, tu vas réviser.

– Demander aux apprenants quand Juliette pourra repasser ses examens.

> *Réponse attendue :*
> En septembre.

– Entourer « en » en couleur au tableau.
– Demander quand Juliette va réviser.

> *Réponse attendue :*
> Pendant l'été.

– Demander aux apprenants de lire « **Pour ... exprimer la durée** », p. 80.
– Entourer « pendant » d'une autre couleur.
– Faire observer « en » associé à « septembre ».
– Demander aux apprenants un autre exemple d'utilisation de « en », par exemple, leur date de naissance ou le mois en cours.
– Faire observer « pendant ». Leur demander combien de mois ça fait.
– Écrire « 3 mois » sous « l'été ».
– Faire faire des hypothèses par les apprenants : pourquoi on n'a pas utilisé « en » ?

> *Réponse attendue :*
> « En », c'est pour un moment précis.
> « Pendant », c'est pour une durée.

6 Combien de temps ?
Systématisation — page 88

Objectif : utiliser *pendant* + durée
Modalités : en binôme

– Faire lire la consigne et en vérifier la compréhension. Si possible projeter l'activité.
– Expliquer l'exemple. Il faut donc compter le nombre de mois. En utilisant « pendant », la notion de durée est plus clairement exprimée. L'autre formulation ne fait qu'indiquer l'action dans le temps.
– Faire réaliser l'activité en binôme.
– Procéder à la correction en grand groupe.

> *Corrigé :*
> a Elle a révisé pendant deux mois.
> b Ils se sont promenés pendant trois heures.

4 Présent-Passé CE — page 81

Objectifs : différence entre présent et passé composé ; *se promener* au passé composé
Modalités : en binôme, puis en grand groupe
Outils cognitifs : tableau avec corpus au passé organisé en paradigmes, une couleur pour la négation, une couleur pour le pronom « me »

– Lire la consigne et en vérifier la compréhension.
– Montrer la vidéo avec le son.
– Faire réaliser l'activité en binôme.

> *Corrigé :*
> présent : a, c.
> passé composé : b, d, e.

Réflexion sur la langue
– Procéder à la mise en commun en grand groupe, reproduire au tableau le tableau suivant :

Actions au présent	Événements dans le passé
Elle a des mauvaises notes.	Tu as raté ton semestre.
Je suis au téléphone.	Je **ne** me suis **pas** promenée.
	J'ai réussi deux matières.

Ce tableau sera complété au fur et à mesure de la réflexion sur la langue.
Lorsque vous notez les premiers énoncés, penser à organiser le corpus en paradigmes pour que la négation soit visible et que les apprenants puissent dire, rien qu'en regardant la tableau, où elle se place. Mais, à ce stade-là ne pas parler de négation. Le tableau est simplement déjà organisé pour l'activité suivante.

– Faire observer le tableau. Demander à la classe de rappeler la règle d'utilisation du passé composé ainsi que sa formation.
– Procéder à un premier visionnage séquentiel : faire regarder la vidéo de 00:56 à 01:03.
– Demander aux apprenants, à leur avis, à qui parle Juliette et de quoi elle parle.

> *Réponse attendue :*
> Elle parle à un ou une amie. Elle parle de ses résultats à la fac.

– Demander quand Juliette est allée au secrétariat.

> *Réponse attendue :*
> Hier.

– Demander aux apprenants de lire « **Pour... raconter un événement** », p. 80.
– Procéder à un deuxième visionnage séquentiel : faire regarder la vidéo de 02:00 à 02:11.
– Demander aux apprenants de quoi parle Lucie.

> *Réponse attendue :*
> Elle parle des examens ratés de Laurent, il y a longtemps.

– Leur demander quand Laurent a raté ses examens.

> *Réponse attendue :*
> Il y a longtemps.

– Demander aux apprenants de lire « **Pour... Situer une action dans le passé** », p. 80.
– Demander aux apprenants d'utiliser « hier » et « il y a longtemps » pour décrire un fait/événement au passé les concernant personnellement.
– Interroger différents apprenants.
– Leur demander d'observer « Je ne me suis pas promenée » et « J'ai réussi deux matières ».
– Leur demander quel est l'auxiliaire utilisé. Noter l'infinitif de l'auxiliaire au-dessus du verbe.
– Ajouter au tableau « Vous avez réussi deux matières » et « Vous vous êtes promenées ».
– Faire observer les accords des participes passés : *promenée* et *promenées*.
– Faire faire des hypothèses sur la règle. Pour cela faire remarquer qu'avec « avoir » il n'y a pas d'accord. Les aider à formuler la règle : quand on utilise l'auxiliaire « être », on accorde le participe passé avec le sujet.
– Faire lire « **Le passé composé (2)** », p. 81.
– Faire dire aux apprenants la liste des verbes avec lesquels on utilise l'auxiliaire *être*. S'ils ne s'en souviennent plus, leur demander de regarder dans le dossier 5 p. 73.
– Leur demander de donner l'infinitif de « Je ne me suis pas promenée ».
– Faire lire « *Se promener* au passé composé », p. 81, pour vérifier ce qu'ils ont dit.

2 Les participes passés
Réemploi page 88

Objectif : révision des participes passés
Modalités : en binôme, puis en grand groupe

– Faire lire la consigne et en vérifier la compréhension.
– Faire un exemple avec la classe.
– Demander aux apprenants de faire l'activité en binômes.
– Procéder à la correction en grand groupe.

> *Corrigé :*
> naître-né
> réussir-réussi
> faire-fait
> avoir-eu
> pouvoir-pu
> aller-allé
> apprendre-appris
> suivre-suivi
> être-été

4 *Être* ou *avoir* ? Réemploi page 88

Objectif : révision du choix de l'auxiliaire
Modalités : en binôme, puis en grand groupe

– Faire lire la consigne et en vérifier la compréhension.
– Faire un exemple avec la classe.
– Demander aux apprenants de faire l'activité en binômes.
– Procéder à la correction en grand groupe.

> *Corrigé :*
> Avoir : pouvoir, être, faire, rater, avoir.
> Être : se retrouver, se promener, naître, s'habiller.

5 Juliette raconte
Réemploi page 81

Objectifs : réemploi du passé composé ; la négation au passé composé
Modalités : individuel, puis en binôme, enfin en grand groupe

– Faire lire la consigne et en vérifier la compréhension. Cette activité peut aussi être donnée à faire à la maison.
– Demander aux apprenants de réaliser l'activité individuellement, puis de comparer avec leur voisin.
– Procéder à la correction en grand groupe.

> *Corrigé :*
> Hier, Amélie et ses amis se sont retrouvés à 13 h. Ils ont déjeuné dans un petit restaurant, ils ont mangé, ils ont parlé beaucoup. Amélie a raconté sa semaine à la fac. Éric a parlé de ses vacances. Après, ils sont allés dans le centre-ville. Ils se sont promenés et ont visité un musée.

– Montrer la vidéo de 01:04 à 01:25 avec le son et demander aux apprenants de lire la transcription p. 126.
– Leur demander de relever d'autres phrases de cet extrait pour compléter le tableau ci-dessous.

Actions au présent	Événements dans le passé
Elle a des mauvaises notes.	Tu as raté ton semestre.
Je suis au téléphone.	Je **ne** me suis **pas** promenée.
	J'ai réussi deux matières.
	Tu **n'**as **pas** travaillé ?
	Le semestre a été difficile.

– Demander aux apprenants d'observer la colonne « Événements dans le passé » et de dire où se place la négation.
– Leur demander de lire « **La négation au passé composé », p. 81** pour qu'ils vérifient leurs réponses.
– Pour vérifier la compréhension, leur demander de mettre la négation dans les autres phrases écrites dans le tableau.

Réponse attendue :
Tu n'as pas raté ton semestre.
Je n'ai pas réussi deux matières.
Le semestre n'a pas été difficile.

5 Changement de programme
Réemploi   page 88

Objectif : vérifier la compréhension de la place de la négation dans les énoncés au passé composé
Modalités : en binôme, puis en grand groupe

– Faire lire la consigne et s'assurer de la compréhension (ils doivent conjuguer au passé composé et ajouter la négation, ils ont donc deux choses à faire).
– Reprendre l'exemple avec la classe.
– Faire réaliser l'activité en binôme.
– Procéder à la correction en grand groupe.

Corrigé :
a D'habitude je dîne à 20 h mais hier, je n'ai pas dîné à 20 h.
b D'habitude je me promène au bord de la Seine mais hier, je ne me suis pas promené(e).
c D'habitude je travaille mais hier, je n'ai pas travaillé.
d D'habitude je téléphone à ma mère mais hier, je n'ai pas téléphoné;
e D'habitude je prends la voiture mais hier, je n'ai pas pris la voiture.
f D'habitude je lis le journal mais hier, je n'ai pas lu le journal.

1 Les études **Réemploi**   page 88

Objectif : le vocabulaire des études
Modalités : en binôme, puis en grand groupe

– Faire lire la consigne et en vérifier la compréhension.
– Faire réaliser l'activité en binôme.
– Procéder à la mise en commun en grand groupe : projeter si possible l'activité, la vérification de la compréhension sera plus facile.

Corrigé :
a acheter
b une recette
c partir
d ajouter

3 Les copines **Réemploi**   page 88

Objectif : conjuguer au passé composé (choix de l'auxiliaire, accords)
Modalités : individuel

– Donner l'activité à faire individuellement à la maison.
– Demander à un volontaire de la réaliser sur le blog de la classe. Cela offrira une correction en grand groupe qui permettra de revenir sur les règles.
– Vous pouvez aussi ramasser, corriger et rendre la production.

Corrigé :
Charlotte : Tu as vu Juliette aujourd'hui ? Elle va bien ?
Emma : Elle va très bien. Juliette et Hugo ont fait connaissance. Samedi soir, ils sont allés au cinéma. Ils ont vu un nouveau film. Avant, ils se sont promenés dans le centre-ville. Ils ont parlé. Hugo a invité Juliette dans un bar. Ils se sont quittés vers minuit. Ils ont passé une bonne soirée. Juliette est très contente.
Charlotte : Super !

Phonétique

6 [ã] ou [Ẽ] ? co   page 81

Objectif : discriminer et identifier [ã] et [Ẽ] dans des groupes de mots
Modalités : individuel, puis en binôme, enfin en grand groupe

– Faire lire la consigne et s'assurer de sa compréhension.
– Faire reproduire le tableau suivant par les apprenants ou leur en donner une photocopie :

	[ã] (m**a**m**a**n)	[Ẽ] (h**ein** ?)
Exemple : *Comment ?*		
a		
b		
c		
d		
e		
f		
g		
h		

– Faire l'exemple en grand groupe.

	[ã] (m**a**m**a**n)	[Ẽ] (h**ein** ?)
Exemple : *Comment ?*	X	

– Faire réaliser l'activité individuellement.
– Demander aux apprenants de comparer leurs réponses en binômes, puis proposer une deuxième écoute pour vérifier les réponses.

– Procéder à la mise en commun en grand groupe ; proposer une 3e écoute si les apprenants ne sont pas unanimement d'accord sur les réponses.

Corrigé :

	[ɑ̃] (mam<u>an</u>)	[Ẽ] (he<u>in</u> ?)
Exemple : *Comment ?*	✘	
a septembre	✘	
b les voisins		✘
c les vacances	✘	
d un examen		✘
e demain matin		✘
f une licence	✘	
g pendant longtemps	✘	
h il est sympa !		✘

– Faire écouter (piste 64) et lire « Le son [ɑ̃]/Le son [Ẽ] », p. 81.
– Montrer aux apprenants la différence articulatoire entre [ɑ̃] et [Ẽ].
Cette différence se voit : les lèvres sont arrondies et la bouche est ouverte pour [ɑ̃], les lèvres sont souriantes et la bouche est plutôt fermée pour [Ẽ].
Cette différence s'entend : le son [ɑ̃] est grave alors que le son [Ẽ] est aigu.
Cette différence se ressent : le son [ɑ̃] est relâché ; il est prononcé avec peu de tension musculaire. Le son [Ẽ] est tendu ; il est prononcé avec beaucoup de tension musculaire.
– Attirer l'attention sur la non-prononciation du « n » de « maman » et « hein ? ».
– Faire répéter les items de l'activité.

Le son [Ẽ] regroupe les phonèmes [ɛ̃] et [œ̃]. Il est à noter que le phonème [œ̃] tend à disparaître de la langue française (et a déjà pratiquement disparu en France). Il n'est plus prononcé que par 2 % de la population française, notamment dans le Sud. Ainsi est-il devenu une variante régionale. Ce n'est plus que par le contexte que l'on peut distinguer « brin » de « brun » ou « empreint » de « emprunt ». Il est intéressant de noter que ce sont souvent des professeurs étrangers qui continuent de faire la différence entre [ɛ̃] et [œ̃]. Si c'est votre cas, continuez de le faire mais il n'est pas nécessaire, surtout à un niveau A1, d'imposer cette différence à vos apprenants. Dans une perspective pédagogique, on peut donc considérer qu'il n'existe plus que 3 nasales : [Ẽ], [ɑ̃] et [ɔ̃]. Ce qui est bien suffisant pour nos apprenants !

Nous abordons la différence entre [Ẽ] et [ɑ̃] dans cette leçon ; la différence entre [ɑ̃] et [ɔ̃] dans la leçon 23 et les différentes graphies des sons [Ẽ], [ɑ̃] et [ɔ̃] dans la leçon 22.

7 Qui suis-je ? PE/PO page 81

Objectif : raconter ses études
Modalités : en binôme, puis en grand groupe

1 – Faire lire la consigne et en vérifier la compréhension.
– Vérifier la compréhension de l'exemple.
– Demander aux apprenants de travailler en binômes. Leur préciser qu'il s'agit de célébrités qu'ils aiment, elles peuvent venir de tous les milieux, être vivantes ou pas.
– Passer dans les sous-groupes pour les corrections. Veiller à l'utilisation du passé composé et notamment à l'accord du participe passé avec *être*.
– Demander à un binôme de faire l'activité au tableau.
– Faire cette correction en grand-groupe et demander à la classe de trouver de qui il s'agit.
– Pour la mise en commun, chaque binôme lit son texte, la classe devine de qui il s'agit.

2 – Faire lire la consigne, en vérifier la compréhension.
– Demander aux apprenants de faire l'activité en binômes. Leur rappeler d'utiliser le vocabulaire de la leçon, de relire les textes du bandeau bleu p. 80-81. Leur dire qu'ils peuvent chercher dans le dictionnaire le nom des matières qu'ils ont étudiées.
– Demander aux apprenants de bien noter ce que le collègue dira. Leur dire qu'ils auront à parler pour leur collègue en grand groupe (passage du *je* au *il/elle*).
– Pour la mise en commun, tirer au sort dans « l'enveloppe des prénoms », deux ou trois noms d'apprenants. L'apprenant devra parler pour son collègue : *Il/elle a été étudiant en mathématiques, il/elle est allé à la fac pendant 4 ans, il/elle a étudié…*
– Pendant que l'apprenant parle de son collègue, la classe aura des choses à noter. Leur demander de noter, pour chaque apprenant qui s'exprime devant la classe : 2 matières, la durée totale des études.
– Procéder à une mise en commun de ce que la classe a noté après chaque intervention. Noter le nom des matières au tableau.

Leçon 22 | Les vacances

pages 82-83

OBJECTIFS
– Raconter un souvenir
– Indiquer la chronologie
– Indiquer la fréquence

LE VOCABULAIRE
– Des moyens de transport (le train, le TGV, le bateau, la voiture, l'avion, le vélo)
– Des types d'hébergement (la location, le gîte, l'hôtel, le camping)
– Des lieux touristiques (la mer, la campagne, la montagne, la ville)
– Des activités de vacances (la baignade, se baigner, la promenade, se promener, la marche, marcher, la visite, visiter)

GRAMMAIRE
– L'imparfait (utilisation et emploi, morphologie)
– *Aller* à l'imparfait

PHONÉTIQUE
Quelques graphies des sons [ɑ̃], [Ẽ] et [ɔ̃]

OUTILS COGNITIFS
Couleurs différentes, encadrements, alignement en paradigmes

activité 1 p. 82 ▷ activité 2 p. 82 ▷ activité 3 p. 83 ▷ activité 8 p. 89 ▷
activité 4 p. 83 ▷ activité 9 p. 89 ▷ activité 7 p. 89 ▷ activité 5 p. 83 ▷
activité 10 p. 89 ▷ activité 6 p. 83 ▷ activité 7 p. 83 ▷ activité 8 p. 83

– Pour la sensibilisation (mise en route), demander à quelques apprenants de raconter leurs dernières vacances : quand, où, avec qui, ce qu'ils ont fait.

> *Réponse possible :*
> Cet été, je suis allé en Bretagne, en France avec ma famille. Je me suis promené.

Les apprenants utiliseront ici le passé composé vu dans les leçons 19 et 21. Ne pas passer plus de 5 min pour cette sensibilisation; ne pas donner/expliquer de lexique, s'en tenir à ce que peuvent dire les apprenants.
– Demander s'ils connaissent des régions françaises.
– Lister les régions connues au tableau, les situer sur la carte p. 128.

1 Le Pays Basque CE   page 82

Objectifs : comprendre une page d'accueil d'un site touristique ; le lexique des moyens de transport, des types d'hébergement, des lieux et des activités
Modalités : en binôme, puis en grand groupe

– En grand groupe, projeter, si possible, le document 1.
– Demander aux apprenants d'identifier le document.

> *Réponse attendue :*
> Il s'agit de la page d'accueil d'un site touristique du Pays Basque.

1 – Demander à qui s'adresse ce site.

> *Corrigé :*
> À des personnes, des touristes qui veulent visiter le Pays Basque (à nous !).

– En grand groupe, demander si le Pays Basque est noté au tableau (liste des régions connues par les apprenants, notée au tableau lors de la phase de sensibilisation). Si oui, la région a déjà été située, sinon la faire situer sur la carte p. 128.
– En grand groupe, demander quelles sont les 4 « rubriques » du site. Associer chaque rubrique aux : moyens de transport, types d'hébergement, lieux touristiques, activités de vacances (les écrire au tableau).

> *Réponse attendue :*
> Venir = les moyens de transport
> Où dormir ? = les types d'hébergement
> À découvrir = les lieux touristiques
> À faire = les activités de vacances

– En grand groupe, faire lire les 2 rubriques : « Venir » et « Où dormir ? ». S'assurer de la compréhension.
– Faire lire « Les mots... Des moyens de transport » et « Les mots... Des types d'hébergement », p. 82. S'assurer de la compréhension.
– À la demande des apprenants, on pourra compléter ce lexique par quelques mots, 4, 5 maximum.
2 – Faire lire la consigne et en vérifier la compréhension.
– Faire réaliser l'activité en binôme.
– Procéder à la mise en commun en grand groupe en projetant si possible la carte de la p. 128.

Corrigé :
Montagnes : les Pyrénées.
Ville : Biarritz.
Mer : l'océan Atlantique.

3 – Faire lire la consigne et en vérifier la compréhension.
– Faire l'exemple en grand groupe.
– Faire réaliser l'activité en binôme.
– Procéder à la mise en commun en grand groupe et noter les réponses au tableau en s'assurant de la compréhension du lexique. Faire expliquer aux apprenants les réponses qu'ils proposent.

Corrigé :
Plusieurs réponses sont possibles, les accepter si elles sont logiques. Par exemple :
le surf, les baignades → la mer
les randonnées, les promenades, le vélo → la montagne
les promenades, le vélo → la campagne
les promenades, les visites, les restaurants → la ville.

– Faire lire « Les mots... Des lieux » et « Les mots... Des activités », p. 82. S'assurer de leur compréhension.
– À la demande des apprenants, on pourra compléter ce lexique par quelques mots, 4, 5 maximum.

2 Les vacances CE   page 82

Objectif : comprendre deux extraits littéraires de Philippe Delerm
Modalités : individuel, puis en grand groupe

– Projeter, si possible, les documents 2 et 3, p. 82.
– En grand groupe, demander aux apprenants d'identifier les documents.

Réponse attendue :
Il s'agit de deux extraits littéraires de Philippe Delerm : un extrait de *C'est bien* (1991) et un court extrait de *Être père, disent-ils* (2010).

:**ENTRE PARENTHÈSES**
Philippe Delerm est un écrivain français, né en 1950 à Auvers-sur-Oise. En 1997, son recueil de nouvelles *La Première Gorgée de bière et autres plaisirs minuscules* obtient un grand succès. Il publie ensuite plusieurs ouvrages, romans, nouvelles et essais : *Il avait plu tout le dimanche* (1998), *Les Chemins nous inventent* (1999), *La Sieste assassinée* (2001), *Enregistrements pirates* (2003), *À Garonne* (2007), *Le Trottoir au soleil* (2011), *Je vais passer pour un vieux con* (2012). Il publie aussi des livres pour enfants dont *C'est bien* paru en 1991 aux éditions Milan et en 2007 dans la collection Milan poche (n° 37). En 2010, il participe à un ouvrage collectif dans lequel plusieurs écrivains témoignent de leur expérience de père : *Être père, disent-ils*, aux éditions J'ai lu.
Vous pouvez montrer les couvertures de ces deux derniers ouvrages en tapant leur nom ainsi que celui de Philippe Delerm, sur un moteur de recherche (Google ou autre).

– Faire lire la consigne de l'activité 2 et en vérifier la compréhension.
– Faire réaliser l'activité individuellement.
– Procéder à la mise en commun en grand groupe et noter la réponse.

Corrigé :
b un souvenir de vacances.

3 Activités ! CE   page 83

Objectifs : comprendre deux extraits littéraires de Philippe Delerm ; indiquer la chonologie, indiquer la fréquence ; les activités *(s'ennuyer)*
Modalités : en binôme, puis en grand groupe

1 – Faire lire la consigne et en vérifier la compréhension.
– Faire réaliser l'activité en binôme.
– Procéder à la mise en commun en grand groupe. Écrire les réponses au tableau.

Corrigé :
Lieux : la mer, éventuellement, la terrasse.
Hébergement : une location, un gîte (en fait, un garage !).
Activités : la baignade, les parties de raquettes, on déjeunait, on dînait, on allait marcher, on achetait un chichi (beignet), nous déjeunions.

– En grand groupe, faire remarquer que les activités sont décrites soit par un nom (*la baignade*), soit par un verbe (*on dînait*).
2 – Faire lire la consigne et s'assurer de sa compréhension.
– Faire réaliser l'activité en binôme.
– Procéder à la mise en commun en grand groupe.

Corrigé :
se baigner	la baignade
jouer aux raquettes	le jeu
marcher	la marche
visiter	la visite

– En grand groupe, demander aux apprenants de trouver dans le texte (document 2) l'équivalent de « on s'amusait ».

Réponse attendue :
On ne s'ennuyait pas.

– Donner et écrire au tableau l'infinitif de ces verbes : s'ennuyer ≠ s'amuser.
– Vérifier la compréhension en faisant traduire les deux verbes dans la langue maternelle ou dans la langue commune à la classe.
– En grand groupe, demander aux apprenants d'observer cette phrase du texte écrite au tableau :
Après la baignade, nous déjeunions.
– Demander de mettre dans l'ordre chronologique ces deux activités : la baignade, le déjeuner.

Réponse attendue :
1. la baignade ; 2. le déjeuner.

– Demander aux apprenants comment on pourrait dire le même ordre chrologique en utilisant « avant ».

Réponse attendue :
Avant le déjeuner, nous nous baignions.

– Écrire la phrase au tableau.
– Donner la conjugaison du verbe *se baigner* – *nous nous baignions* – puisque la morphologie de l'imparfait n'a pas encore été abordée.
– Faire lire « **Pour... Indiquer la chronologie** », p. 82. S'assurer de la compréhension en faisant traduire les deux phrases dans la langue maternelle ou dans la langue commune à la classe.
– En grand groupe, demander aux apprenants de chercher dans le texte (document 2) à quelle fréquence avait lieu la baignade.

> *Réponse attendue :*
> Deux fois par jour.

– Écrire la réponse au tableau.
– Faire lire « **Pour... Indiquer la fréquence** », p. 82. S'assurer de la compréhension en faisant traduire l'exemple dans la langue maternelle ou dans la langue commune à la classe.

8 Quelle fréquence ?
Réemploi   page 89

Objectif : indiquer la fréquence
Modalités : en binôme, puis en grand groupe

– Faire lire la consigne et en vérifier la compréhension. Indiquer que cette activité est orale, il n'est pas nécessaire d'écrire.
– Faire réaliser l'activité en binôme.
– Procéder à la mise en commun en grand groupe : demander, pour chaque item, à un apprenant de répondre devant la classe.

4 Un nouveau temps !
Réflexion sur la langue   page 83

Objectif : l'imparfait – utilisation, morphologie
Modalités : en grand groupe

1 – Faire rappeler aux apprenants que les deux textes de l'activité 2 racontent un souvenir de vacances. Leur demander de situer les textes dans le temps : passé, présent ou futur.

> *Réponse attendue :*
> Passé, puisque qu'il s'agit de souvenirs.

– Demander d'observer les verbes des textes et notamment ceux écrits au tableau lors des activités précédentes.
– Demander si ces verbes sont au passé composé.

> *Réponse attendue :*
> Non.

– Demander si des apprenants connaissent le nom de ce nouveau temps du passé. Si oui, le faire nommer et l'écrire au tableau ; sinon, donner le nom « imparfait » et l'écrire au tableau précédé de « Pour raconter un souvenir, on utilise l'imparfait ».

2 – Informer les apprenants qu'ils vont devoir maintenant trouver comment se forme l'imparfait.
– Pour les y aider, leur demander de repérer dans les documents 2 et 3 quelques verbes à l'imparfait.
– Parmi les réponses, écrire les verbes suivants au tableau, en utilisant soulignements/surlignements, couleurs et classement.

on av**ait**   nous déjeun**ions**
on all**ait**

– Demander aux apprenants si la base (le radical) de l'imparfait (en couleur au tableau) se forme avec :
a la première personne du singulier au présent *(je)* ;
b la première personne du pluriel au présent *(nous)*.

> *Corrigé :*
> a Avec la première personne du pluriel au présent *(nous)*.

– Écrire au tableau, sous cette forme :
présent → imparfait   présent → imparfait
nous avons → on avait   nous déjeunons → nous déjeunions
nous allons → on allait

– Leur demander maintenant de compléter les terminaisons de l'imparfait du verbe *déjeuner* que vous aurez écrit au tableau ou donné en photocopie :
je/tu déjeunais
il/elle/on déjeun...
ils/elles déjeunaient
nous déjeun...
vous déjeuniez

> *Réponse attendue :*
> il/elle/on déjeunait
> nous déjeunions

– Lire et faire répéter la conjugaison de l'imparfait du verbe *déjeuner*, en insistant bien sur la terminaison [ɛ] identique pour les 3 premières personnes du singulier et la 3e du pluriel (je, tu, il, elle, on, ils, elles = [deʒœnɛ]) ; la terminaison [jɔ̃] pour la 1re personne du pluriel (nous [deʒœnjɔ̃]) et la terminaison [je] pour la 2e personne du pluriel (vous [deʒœnje]).
– Faire écouter (piste 65) et lire « **L'imparfait** » p. 83.
– Faire lire « ***Aller* à l'imparfait** », p. 83 et répéter la conjugaison. Insister encore sur la prononciation identique des terminaisons pour les personnes « je, tu, il, elle, on, ils, elles). Attention, néanmoins, à la liaison pour on, ils, elles, nous et vous : on allait = [ɔ̃nalɛ], ils allaient = [ilzalɛ] ; nous allions = [nuzaljɔ̃], vous alliez = [vuzalje].
– Faire repérer la seule exception à la formation de l'imparfait : le verbe *être* dont la base est : « ét- » ; les terminaisons, toutefois, restant les mêmes.
– Faire répéter l'imparfait du verbe *être* : j'étais, tu étais, il/elle/on était, ils/elles étaient, nous étions, vous étiez.
– Faire lire « **Pour... Raconter un souvenir** », p. 82 et insister sur le fait que pour raconter un souvenir ou décrire une situation passée, on utilise l'imparfait.
– Demander si un temps « identique » existe dans leur langue maternelle ou la langue commune à la classe et faire traduire : « On avait du mal à dormir » et « quand j'étais petit, on ne s'ennuyait pas. C'était bien ! »

9 Présent ou imparfait ?
Réemploi 🎧70 — page 89

Objectif : discriminer le présent et l'imparfait à l'oral
Modalités : individuel, puis en binôme, enfin en grand groupe

1 – Faire lire la consigne et s'assurer de sa compréhension.
– Faire l'exemple en grand groupe.
– Faire réaliser l'activité individuellement.
– Faire comparer les réponses en binôme et proposer une nouvelle écoute pour vérifier.
– Procéder à la mise en commun en grand groupe. Proposer une nouvelle écoute séquencée en cas de désaccord sur des réponses.

Corrigé :

Exemple : je visite	présent
a je visitais	imparfait
b tu te baignes	présent
c tu te promenais	imparfait
d il regardait	imparfait
e elles attendent	présent
f elles attendaient	imparfait
g je déjeune au restaurant	présent
h je déjeunais au restaurant	imparfait

– Faire répéter les 9 items par quelques apprenants.

7 L'imparfait Systématisation — page 89

Objectif : associer un imparfait à son infinitif
Modalités : individuel, puis en binôme, enfin en grand groupe

– Faire lire la consigne et s'assurer de sa compréhension.
– Faire réaliser l'activité individuellement.
– Faire comparer les réponses en binôme.
– Procéder à la mise en commun en grand groupe.

Corrigé :
a je faisais → faire
b tu finissais → finir
c elle se promenait → se promener
d nous voulions → vouloir
e vous étiez → être
f ils prenaient → prendre

5 Souvenirs Réemploi — page 83

Objectif : conjuguer à l'imparfait
Modalités : en binôme, puis en grand groupe

– Faire lire la consigne et en vérifier la compréhension.
– Faire l'exemple en grand groupe.
– Faire réaliser l'activité en binôme.
– Procéder à la correction en grand groupe

Corrigé :
Quand j'étais petit, j'aimais les vacances ! Avec ma famille, l'été, nous partions à la mer. Nous allions dans le Sud en voiture. Nous habitions à l'hôtel. Nos parents se baignaient avec nous. Après le dîner, on se promenait. C'était bien !

– Faire lire ce petit texte par un apprenant.

10 Souvenir de Bretagne
Systématisation — page 89

Objectif : utiliser l'imparfait pour raconter un souvenir
Modalités : individuel, puis en binôme, enfin en grand groupe

– Faire lire la consigne et en vérifier la compréhension.
– Faire l'exemple en grand groupe.
– Faire réaliser l'activité individuellement.
– Faire comparer en binôme.
– Procéder à la correction en grand groupe

Corrigé :
C'était en 2001, j'avais 10 ans. Avec mes parents, nous étions en vacances en Bretagne. Tous les matins, nous nous baignions. Après la baignade, nous déjeunions sur la terrasse de notre location. Après le déjeuner, ma mère dormait : elle faisait la sieste. Mon père lisait. Moi, je regardais la mer et les bateaux. Le soir, nous nous promenions sur le port. Après la promenade, nous dînions au restaurant. Je prenais toujours des crêpes ! Je pouvais me coucher tard. C'était super !

Phonétique

6 [Ẽ], [ã] ou [ɔ̃] CE/CO 🎧66 — page 83

Objectif : découvrir quelques graphies des sons [Ẽ], [ã] et [ɔ̃]
Modalités : individuel, puis en binôme, enfin en grand groupe

– Faire lire la consigne et en vérifier la compréhension.
– Demander aux apprenants un exemple pour chaque son. Écrire chaque son avec son exemple au tableau. Par exemple : [Ẽ] un ; [ã] quand ; [ɔ̃] nous partions.
– Faire l'exemple en grand groupe.
– Noter la réponse au tableau.
  Les vacances. → On prononce [ã].
– Reproduire le tableau suivant au tableau :

	[Ẽ]	[ã]	[ɔ̃]
a l'avion			
b le train			
c les Landes			
d une location			
e le matin			
f cent			
g la campagne			
h la montagne			

– Faire réaliser l'activité individuellement.
– Faire comparer en binôme.
– Passer l'enregistrement (piste 66) afin que les apprenants vérifient leurs réponses, toujours en binôme.
– Procéder à la mise en commun en grand groupe. Proposer une nouvelle écoute si nécessaire.
– Écrire les réponses au tableau.

Corrigé :

	[Ẽ]	[ã]	[ɔ̃]
a l'avion			X
b le train	X		
c les Landes		X	
d une location			X
e le matin	X		
f cent		X	
g la campagne		X	
h la montagne			X

– En grand groupe, à partir du tableau corrigé précédent, demander aux apprenants d'entourer les sons étudiés de 3 couleurs différentes.
– En faire déduire comment s'écrivent les sons [Ẽ], [ã] et [ɔ̃].

Réponse attendue :
Le son [Ẽ] s'écrit : ain, in.
Le son [ã] s'écrit : an, am, en.
Le son [ɔ̃] s'écrit : on.

– Bien insister sur le « n » systématiquement muet. On ne prononce pas le « n » ; la langue reste en bas, elle ne monte pas comme pour prononcer [n]. De même, le « m » est muet.
– Toujours en grand groupe, demander aux apprenants s'ils connaissent d'autres graphies pour chaque son. Si oui, compléter le classement ci-dessous :
  le son [Ẽ] s'écrit : ain, in…
  le son [ã] s'écrit : an, am, en…
  le son [ɔ̃] s'écrit : on…
Sinon, passer à l'étape suivante :
– Faire écouter et lire « **Les sons [Ẽ], [ã] et [ɔ̃]** », p. 83. S'assurer de la compréhension.
– Faire compléter le classement des graphies des sons au tableau :
  le son [Ẽ] s'écrit : ain, in, un, ain, ein, ien.
  le son [ã] s'écrit : an, am, en.
  le son [ɔ̃] s'écrit : on, om.
– Noter des exceptions possibles : client (leçon 13), ingrédient (leçon 14) se prononcent [ã] ; examen (leçon 21) se prononce [Ẽ].
– Indiquer qu'il existe encore d'autres graphies possibles pour chaque son. Par exemple : moyen (= [Ẽ]) ; décembre (= [ã]).
– Faire répéter les items de l'activité 6.

Bonus

– Demander aux apprenants de trouver, en binômes, dans la leçon ou les leçons précédentes, un exemple pour chaque nouvelle graphie.

Réponse attendue :
« un » : un ; « ain » : le train ; « ien » : bien ; donner un exemple pour « ein » : plein ou sein (le traduire en langue maternelle ou dans la langue commune à la classe) ; « om » : comprendre.

– Si vous le désirez, vous pourrez faire découvrir la règle du « m » : devant « p » ou « b », le « n » devient « m » : campagne, décembre, comprendre, sympathique…

Rappel : le son [Ẽ] regroupe les sons [ɛ̃] et [œ̃].
Lorsqu'une voyelle écrite (prononcée ou pas) suit une des graphies des 3 nasales, on ne prononce plus la nasale ; c'est la dénasalisation. Par exemple : promenade, Philippine, nationalité, une, Mexicaine… Ceci sera abordé dans le niveau A2.

7 Vos vacances ! PO page 83

Objectifs : raconter ses vacances habituelles ; faire le « camembert » des destinations de vacances de la classe
Modalités : en binôme, puis en grand groupe

1 – Faire lire la consigne et en vérifier la compréhension. Indiquer qu'il s'agit de parler de ses vacances habituelles. On utilisera donc le présent. Le professeur peut donner l'exemple en parlant le premier. Par exemple : « D'habitude, je pars en vacances l'été. Je vais à la mer. »
– Faire réaliser l'activité en binôme.
– Demander à chaque binôme de venir écrire au tableau ses destinations de vacances (mer, campagne, montagne, ville).
2 – En grand groupe, demander aux apprenants de lire l'encadré « **Culture/Savoir** » p. 83. S'assurer de la compréhension.
– Demander aux apprenants où les Français partent le plus, le moins, en vacances.

Réponse attendue :
Le plus : à la mer.
Le moins : à la campagne.

– En grand groupe, demander aux apprenants de construire le camembert des destinations de vacances de la classe, en s'aidant des réponses de l'activité 7.1 écrites au tableau.
– Laisser les apprenants s'organiser pour l'élaboration du camembert.
– Demander à la classe de comparer les deux camemberts : celui de la classe et celui des Français. Il ne s'agit pas ici d'utiliser le comparatif (non connu) mais juste de noter les différences et les similitudes.

8 Souvenir PE   page 83

Objectifs : écrire un souvenir de vacances ; faire un recueil de souvenirs
Modalités : individuel, puis en sous-groupe, enfin en grand groupe

1 – Faire lire la consigne et en vérifier la compréhension. Indiquer qu'il s'agit d'écrire un souvenir de vacances à la façon de Philippe Delerm. On utilisera donc l'imparfait.
– Pour aider les apprenants, donner les contraintes suivantes : pour commencer – *Quand j'avais x ans…* ; pour finir – *C'était…*
– Faire réaliser l'activité individuellement.
– Pour la correction, les apprenants pourront s'échanger leur production en groupe et réaliser une intercorrection en s'appuyant sur les consignes de correction suivantes : l'amorce et la conclusion sont-elles respectées ? (pour commencer…, pour finir…) ; les informations demandées sont-elles présentes ? (quand, où, avec qui, quelques activités) ; l'imparfait est-il correctement utilisé ?
– Assurer une correction individuelle finale.
2 – Indiquer aux apprenants qu'ils doivent regrouper leurs souvenirs dans un document (un recueil, un livre…).
– En groupe, leur demander de trouver un titre et une photo (ou un dessin) pour la couverture.
– La classe choisit le titre et la/les photo(s) ou dessin(s). Elle décide de la couverture du recueil.
– Un binôme ou le professeur est chargé de photocopier les souvenirs et la couverture du recueil.
– Chaque apprenant relie son recueil.
– Un binôme peut être chargé de publier le recueil sur le site de la classe.

Leçon 23 | Erasmus   pages 84-85

OBJECTIFS
– Donner des conseils, des instructions
– Exprimer des besoins

LE VOCABULAIRE DE L'INSCRIPTION
– S'inscrire
– Remplir, compléter un formulaire d'inscription
– Lire les instructions
– Noter la date dans le cadre
– Envoyer le formulaire par mail, par la poste
– La signature
– Signer

GRAMMAIRE
– *Devoir* et *falloir* au présent
– Le présent continu
– Les pronoms COD

PHONÉTIQUE
– Discriminer et identifier les sons [ɑ̃] et [ɔ̃] dans des groupes de mots
– Produire les sons [ɑ̃] et [ɔ̃] dans des groupes de mots

OUTILS COGNITIFS
Couleurs différentes, encadrements, alignement en paradigmes

activité 1 p. 84 ▷ activité 2 p. 84 ▷ activité 3 p. 84 ▷ activité 4 p. 85 ▷
activité 11 p. 89 ▷ activité 13 p. 89 ▷ activité 5 p. 85 ▷ activité 6 p. 85 ▷
activité 12 p. 89 ▷ activité 7 p. 85 ▷ activité 14 p. 89 ▷ activité 8 p. 85

– Pour la sensibilisation (mise en route), en grand groupe, demander aux apprenants s'ils suivent (ont suivi) des études à l'université. Si oui, dans quelle(s) université(s) ? Dans leur pays ? À l'étranger ?
– Leur demander s'ils connaissent des programmes d'échange entre universités.
– Leur donner le nom du programme d'échange d'étudiants européens : Erasmus.

1 Année universitaire CE   page 84

Objectif : comprendre globalement un formulaire d'inscription à l'université
Modalités : en binôme, puis en grand groupe

– Projeter, si possible, le document de la p. 84, livre fermé.
– En grand groupe, faire identifier le document.

> *Réponse attendue :*
> C'est un formulaire (un document) à remplir pour l'université.

– Ne pas aller plus loin pour l'instant.
– Faire lire la consigne et s'assurer de sa compréhension.
– Faire réaliser l'activité en binôme, livre ouvert.
– Procéder à la mise en commun en grand groupe ; demander de justifier les réponses.

> *Corrigé :*
> a Faux, de l'université de Nantes.
> b Vrai, demande d'inscription.
> c Vrai, demande d'inscription à l'université de Nantes, 1re année de Master (Master 1).
> d Faux, ce dossier est destiné aux étudiants étrangers.
> e Vrai, contact : adresse mail ou fax ; cachet de la poste faisant foi.
> f Faux, date limite de dépôt des candidatures : 1er avril 2014.

ENTRE PARENTHÈSES

Concernant le système universitaire en France, voici, à titre d'exemple, le nombre de semestres ou d'années d'études requises pour un diplôme.
6 semestres = Licence ; 10 semestres = Master 1 ;
16 semestres (ou 8 ans) = doctorat.
3 ans = infirmier ; 5 ans = sage-femme ; 9 ans = médecin.

2 Questions CO — page 84

Objectifs : comprendre un dialogue au téléphone entre une étudiante et une secrétaire ; le présent continu
Modalités : en grand groupe

– Livre fermé, faire écouter le dialogue.
– En grand groupe, demander qui parle et de quoi elles parlent.

> *Réponse attendue :*
> Une étudiante et une secrétaire de l'université de Nantes. L'étudiante pose des questions, elle veut des informations pour s'inscrire.

1 – Faire lire la consigne et s'assurer de sa compréhension.
– Faire écouter le dialogue une deuxième fois.
– Faire réaliser l'activité en binôme.
– Procéder à la mise en commun en grand groupe et demander de justifier les réponses.

> *Corrigé :*
> a L'étudiante est étrangère (« Je suis grecque. »)
> b La secrétaire donne des instructions pour remplir le formulaire d'inscription (« écrire la date, noter dans le cadre... ») (Rester modeste dans les justifications de cette réponse ; les instructions seront détaillées plus tard.)

– Demander aux apprenants si la secrétaire donne toutes les instructions/informations ; si elle est aimable.

> *Réponse attendue :*
> Elle ne donne pas toutes les instructions/informations : informations sur le site de l'université ; questions par mail. Et elle répond : « Pas au téléphone ! »
> Elle n'est pas très aimable par le ton qu'elle emploie : « Je suis très occupée » ; et elle met fin à la conversation : « Au revoir, mademoiselle. »

2 – Faire lire la consigne et s'assurer de sa compréhension.
– Faire écouter le début du dialogue jusqu'à : « ... J'ai quelques questions. » Et demander à la classe de répondre.

> *Corrigé :*
> L'étudiante remplit son formulaire (= présent).

3 – Demander à la classe ce que l'étudiante dit exactement.
– Faire réécouter le passage si nécessaire.

> *Corrigé :*
> « Je suis en train de remplir le formulaire. »

– Écrire la réponse au tableau comme ci-dessous :
Je suis **en train de** remplir le formulaire.
– Faire trouver l'utilisation de ce présent « spécial ».

> *Réponse attendue :*
> Décrire ce que l'on fait au moment où l'on parle.

– Donner le nom de ce nouveau temps : le présent continu.
– Demander aux apprenants comment se forme le présent continu.

> *Réponse attendue :*
> Sujet + verbe *être* au présent + *en train de* + infinitif.

– Faire lire **« Le présent continu » p. 85**.
– Faire répéter l'exemple, puis le faire traduire en langue maternelle ou dans la langue commune à la classe : existe-t-il une structure identique en langue maternelle ou dans la langue commune ?
– On pourra aussi renvoyer les apprenants à **« Le présent continu », p. 104**.
– Demander à quelques apprenants ce qu'ils sont en train de faire.

> *Réponse attendue :*
> Je suis en train d'écouter le professeur. Je suis en train de faire un exercice. Je suis en train de suivre mon cours de français...

3 Pour s'inscrire CO — page 84

Objectifs : comprendre un dialogue au téléphone entre une étudiante et une secrétaire ; comprendre des conseils/des instructions
Modalités : en binôme, puis en grand groupe

– Faire lire la consigne et s'assurer de sa compréhension.
– Faire reproduire le tableau par les apprenants ou en donner des photocopies. Indiquer que les cases « grisées » ne doivent pas être complétées.
– Faire l'exemple en grand groupe.
– Proposer une nouvelle écoute.
– Faire réaliser l'activité en binôme.

2 – Demander aux binômes de vérifier leurs réponses avec la transcription p. 126-127.
– En grand groupe, procéder à la mise en commun en remplissant le tableau avec les phrases exactes du

dialogue.

Corrigé :

	À faire	À ne pas faire	
diplôme	écrire la date du diplôme		Il faut écrire la date.
envoi du formulaire	envoyer le formulaire par mail et par la poste ; envoyer deux formulaires		Vous l'envoyez par mail et par la poste. Les deux ? Oui, vous devez les envoyer avant le 1er avril.
visa		visa	Pas de visa pour les Européens.
questions	poser les questions par mail		Il faut poser vos questions par mail.

4 Instructions

Réflexion sur la langue   page 85

Objectifs : donner des conseils, des instructions ; exprimer des besoins ; les verbes *devoir* et *falloir* au présent ; le lexique de l'inscription
Modalités : en grand groupe

– Faire lire la consigne et s'assurer de sa compréhension.
– En grand groupe, trouver les réponses dans le tableau corrigé de l'activité précédente. Entourer, surligner ou souligner les formes ; utiliser des couleurs différentes.

Corrigé :
Il faut écrire la date. Il faut poser vos questions par mail.
Vous devez les envoyer avant le 1er avril.
Pas de visa pour les Européens.
Vous l'envoyez par mail et par la poste.

– En grand groupe, à l'aide des réponses, demander aux apprenants de quelles façons se construisent ces conseils, des instructions.

Réponse attendue :
On utilise :
– une phrase simple au présent. *Ex : Vous l'envoyez par mail et par la poste.*
– *Pas de* + nom. *Ex : Pas de visa.*
– *Il faut* + infinitif. *Ex : il faut écrire la date.*
– Sujet + *devoir* au présent + infinitif. *Ex : Vous devez les envoyer avant le 1er avril.*

– Noter ces réponses au tableau.
– Faire lire « **Pour... Donner des conseils, des instructions** », p. 84. S'assurer de la compréhension.
– Faire traduire les exemples en langue maternelle ou dans la langue commune à la classe.
– Faire écouter (piste 68) et lire « ***Devoir* et *falloir* au présent** », p. 85.
– Faire répéter la conjugaison des verbes par les apprenants. Insister sur le verbe *falloir* qui ne se conjugue qu'avec « il ».
– En grand groupe, demander maintenant aux apprenants de trouver, dans la transcription p. 126-127, la question que pose l'étudiante pour le visa.
– Écrire la réponse au tableau.

Réponse attendue :
Est-ce que j'ai besoin d'un visa ?

– Faire repérer la structure : sujet + *avoir* au présent + *besoin de (d')* + article + nom.
– Faire lire « **Pour... Exprimer des besoins** », p. 84.
– Faire répéter l'exemple et le faire traduire en langue maternelle ou dans la langue commune à la classe.
– Faire lire « **Les mots... De l'inscription** », p. 84, et s'assurer de la compréhension.

11 Pour l'inscription

Réemploi   page 89

Objectif : le lexique de l'inscription
Modalités : individuel, puis en grand groupe

– Faire lire la consigne et s'assurer de sa compréhension.
– Faire réaliser l'activité individuellement.
– Procéder à la correction en grand groupe.

Corrigé :
Pour vous inscrire, d'abord, il faut lire les instructions.
Puis, vous devez remplir le formulaire et le signer.
Enfin, vous devez l'envoyer par la poste.

13 Un bon étudiant

Réemploi   page 89

Objectifs : donner des conseils
Modalités : en binôme, puis en grand groupe

– Faire lire la consigne et s'assurer de sa compréhension.
– Faire réaliser l'activité en binôme.
– Procéder à la mise en commun en grand groupe : chaque binôme dit ses 6 conseils à la classe.
– La classe peut poser des questions, dire son accord ou son désaccord avec les conseils proposés et corriger chaque binôme (emploi correct de *devoir, il faut..., il ne faut pas...*).

Corrigé :
Réponses libres, mais devant respecter la consigne et les contraintes (emploi correct de *devoir, il faut..., il ne faut pas...*).

5 Je l'envoie...

Réflexion sur la langue 🎧   page 85

Objectif : les pronoms compléments d'objet directs (COD)
Modalités : en grand groupe

– Faire lire la consigne et s'assurer de sa compréhension.

– Faire écouter (piste 67) et lire le dialogue (p. 126-127).
– Réaliser l'activité en grand groupe.
– Écrire le corrigé au tableau, comme ci-dessous.

> *Corrigé :*
> a la date
> b les instructions
> c le formulaire
> d les deux formulaires

– Demander aux apprenants de réécrire chaque phrase en remplaçant *la, les, l'* et *les* par *la date, les instructions, le formulaire* et *les deux formulaires*.
– Écrire au tableau les réponses comme ci-dessous. Utilisez des couleurs/soulignements/surlignements (des outils cognitifs) pour aider à la réflexion des apprenants.
a Vous *la* notez. Vous notez la date.
b Je ne *les* comprends pas. Je ne comprends pas les instructions.
c Je *l'*envoie par fax ? J'envoie le formulaire par fax ?
d Vous devez *les* envoyer. Vous devez envoyer les deux formulaires.
– Faire observer que *la, les,* et *l'* remplacent un nom complément d'objet direct ; ce sont donc des pronoms compléments d'objet directs.
– Faire observer qu'ils ont la même forme que les articles définis.
– Noter au tableau comme ci-dessous :
féminin = *la* ; masculin (ou féminin) + voyelle = *l'* ;
pluriel = *les*.
– En faire déduire la forme du pronom COD masculin.
– Compléter la règle au tableau avec la réponse :
féminin = *la* ; masculin (ou féminin) + voyelle = *l'* ;
pluriel = *les* ; masculin = *le*.
– Faire maintenant observer la place des pronoms COD.

> *Réponse attendue :*
> Les pronoms COD se placent avant le verbe.
> Avec « vous devez », ils se placent entre « devez » et l'infinitif.

– Faire lire « **Les pronoms compléments d'objet directs (COD)** », p. 85.
– Insister sur la place avant l'infinitif avec « il faut/ il ne faut pas », comme avec « devoir ».
– Faire repérer les couleurs qui correspondent au genre et au nombre.
– Faire répéter les exemples par les apprenants et les faire traduire en langue maternelle ou dans la langue commune à la classe.

6 Vous comprenez ?
Réemploi page 85

Objectif : les pronoms COD
Modalités : individuel, puis en grand groupe

– Faire lire la consigne et s'assurer de sa compréhension.
– Faire réaliser l'activité individuellement.
– Procéder à la mise en commun en grand groupe.

> *Corrigé :*
> a Oui, je l'ai.
> b Oui, je les comprends.
> c Oui, je la note.
> d Oui, je le remplis (ou « Oui, il faut le remplir »).

12 C'est pour ma fille
Systématisation page 89

Objectif : les pronoms COD
Modalités : en binôme, puis en grand groupe

– Faire lire la consigne et s'assurer de sa compréhension.
– Faire réaliser l'activité en binôme.
– Procéder à la mise en commun en grand groupe.

> *Corrigé :*
> – Tu connais l'université de Nantes ?
> – Oui, je la connais.
> – C'est une bonne université ? Je veux inscrire ma fille.
> – Tu peux l'inscrire ! C'est une excellente université !
> – Les professeurs sont bons ?
> – Je ne les connais pas tous !
> – Il y a un formulaire à remplir ?
> – Oui ! Ta fille doit le signer et l'envoyer par mail.

– Demander à quelques binômes de jouer le dialogue.

Phonétique

7 [ã] ou [õ] CO page 85

Objectif : discriminer et identifier [ã] et [õ] dans des groupes de mots
Modalités : individuel, puis en binôme, enfin en grand groupe

– Faire lire la consigne et s'assurer de sa compréhension.
– Faire l'exemple en grand groupe.

| Exemple : | J'entends [ã] (comme dans N**an**tes) |

– Faire réaliser l'activité individuellement.
– Demander aux apprenants de comparer leurs réponses en binômes, puis proposer une deuxième écoute pour vérifier les réponses.
– Procéder à la mise en commun en grand groupe ; proposer une 3e écoute si les apprenants ne sont pas unanimement d'accord sur les réponses.

> *Corrigé :*

Exemple :	J'entends [ã] (comme dans N**an**tes)
a	J'entends [ã] (comme dans N**an**tes)
b	J'entends [õ] (comme dans n**on**)
c	J'entends [ã] (comme dans N**an**tes)
d	J'entends [õ] (comme dans n**on**)
e	J'entends [õ] (comme dans n**on**)
f	J'entends [õ] (comme dans n**on**)
g	J'entends [ã] (comme dans N**an**tes)
h	J'entends [õ] (comme dans n**on**)

– Faire écouter (piste 69) et lire « Le son [ã]/Le son [ɔ̃] », p. 85.
– Montrer aux apprenants la différence articulatoire entre [ã] et [ɔ̃]. Cette différence se voit : les lèvres sont arrondies pour les deux sons, mais la bouche est ouverte pour [ã] qui est donc relâché, prononcé avec peu de tension musculaire, alors que la bouche est fermée pour [ɔ̃], qui est donc tendu, prononcé avec beaucoup de tension musculaire.
– Faire répéter les items de l'activité :
Exemple : un étranger
        a. avant
        b. une inscription
        c. je l'envoie
        d. des questions
        e. nous devons le poster
        f. bonjour
        g. remplir
        h. on s'inscrit

14 Des nombres !
Systématisation 🎧71   page 89

Objectifs : produire les sons [Ẽ], [ã] et [ɔ̃] dans des nombres
Modalités : en grand groupe

– Faire écouter et répéter les nombres par les apprenants à tour de rôle.
– Essayer de dynamiser cette activité en faisant répéter chaque nombre le plus vite possible, même si cela se fait au détriment d'une prononciation excellente.

8 Parler français !
PO/PE   page 85

Objectif : donner des conseils, à l'oral et/ou à l'écrit, pour bien parler français
Modalités : en binôme, puis en grand groupe, enfin en sous-groupe

1 – Faire lire la consigne et s'assurer de sa compréhension.
– Faire réaliser l'activité en binôme.
– Procéder à la mise en commun en grand groupe : chaque binôme dit ses 5 conseils à la classe.
– La classe peut poser des questions et donner son avis sur les conseils. La classe corrige aussi chaque binôme (emploi correct de *il faut…, il ne faut pas…, vous devez…*).
– La classe vote pour les 10 meilleurs conseils. Laisser les apprenants s'organiser pour ce vote.
– Les 10 conseils choisis sont écrits au tableau.

2 – Faire lire la consigne et s'assurer de sa compréhension.
– Former des sous-groupes
– Chaque groupe est libre de la forme de son document : une affiche, 10 fiches, des photos ou des dessins légendés, un texte, un film…
– Chaque groupe montre son document à la classe et le publie, si cela est possible, sur le site de la classe.

Faits et gestes
Leçon 24 | Désaccords
page 86

OBJECTIF COMMUNICATIF	OBJECTIFS CULTURELS
Sensibiliser aux gestes et mimiques, attitudes de la communication non verbale : les marques de la colère, de l'énervement, de la déception, de la surprise	– La réussite dans les études – L'autorité parentale – La Sorbonne

activité 1 p. 86 ▷ activité 2 p. 86 ▷ activité 3 p. 86 ▷ activité 4 p. 87 ▷
activité 5 p. 87 ▷ activité 6 p. 87 ▷ activité 7 p. 87

Dans cette vidéo, on assiste à un conflit de générations : Laurent ouvre une enveloppe adressée à Juliette. Il l'a traitée comme une jeune adolescente et à son tour se fait humilier par sa mère. Même majeure, Juliette rend compte de ses résultats à la fac dans la mesure où ses parents lui financent ses études.

C'est l'occasion pour les apprenants de voir les mimiques/attitudes de déception, surprise et colère, et les gestes qui accompagnent les mots : index pointé (autorité), bras croisés (mécontentement), main remuant latéralement (comme ci, comme ça), pouce levé (super !).

Dossier 6

1 Attitude CO [totem 8] — page 86

Objectif : sensibiliser à l'attitude de l'autorité parentale
Modalités : en binôme, puis en grand groupe

Il s'agit ici de repérer une attitude et d'associer les mots aux gestes.

1 – Si possible, projeter les photos de l'activité. Demander aux apprenants de décrire chaque photo de Laurent.
– Faire lire la consigne et s'assurer de la compréhension de chaque item.
– Montrer la vidéo.
– Demander aux apprenants de réaliser l'activité en binômes.
– Procéder à la correction en grand groupe.

> *Corrigé :*
> 1 a
> 2 c

2 – Lire la consigne et en vérifier la compréhension.
– Demander aux apprenants de travailler en binômes.
– Procéder à la mise en commun et la vérification par un visionnage séquentiel : montrer la vidéo de 01:09 à 01:50.
– Demander aux apprenants de comparer ce qu'ils ont écrit avec ce que dit Laurent.

> *Corrigé :*
> 1 « Tu as raté ton semestre. » « Tu n'as pas travaillé. »
> 2 « Tu arrêtes, s'il te plaît. » « Juliette, pendant les vacances, tu vas réviser. »

2 Les gestes parlent CO [totem 8] — page 86

Objectif : les gestes de « comme ci, comme ça » et « super »
Modalités : individuel, puis en grand groupe

1 – Faire lire la consigne et s'assurer de sa compréhension.
– Lire « super » et « comme ci, comme ça ».
– Montrer la vidéo de 01:25 à 01:30, puis de 01:50 à 01:58.
– Faire réaliser l'activité individuellement.
– Procéder à la correction en grand groupe.

> *Corrigé :*
> 1 a
> 2 b

2 – Faire lire la consigne et s'assurer de sa compréhension.
– Mener l'activité en grand groupe.
– Demander aux apprenants de répondre. En langue maternelle ou dans la langue commune à la classe, ils peuvent commenter ces gestes. Si le geste de « super » est relativement répandu, le « comme ci, comme ça » apparaît souvent comme très « français ». Il s'agit d'un geste très courant que les étrangers visitant la France s'amusent souvent à reproduire.

3 Jamais content PO — page 86

Objectif : commenter une attitude et un retournement de situation
Modalités : en grand groupe

– Faire lire la consigne et en vérifier la compréhension.
– Demander aux apprenants de décrire Laurent sur la photo.
– Montrer la vidéo de 02:03 à 02:27.
– Demander aux apprenants de répondre.
– Leur demander ce que lui reproche sa mère, ce que lui rappelle Nathalie et ce que dit Laurent pour se justifier.

> *Réponse attendue :*
> Toi aussi, tu as raté tes examens il y a longtemps.
> C'est vrai, j'ai eu mon Master avant toi.
> J'ai été malade.

– En langue maternelle ou dans la langue commune à la classe, demander aux apprenants ce qu'ils pensent de l'attitude de Laurent et de la « chute » de cet épisode.

Culture
La Sorbonne
page 87

4 Au cœur de Paris CO/PO [totem 9] — page 87

Objectif : la Sorbonne : histoire, situation, offre de cours
Modalités : en grand groupe, puis en binôme

– Si possible, projeter la photo de la façade de la Sorbonne de la p. 87.
– Demander aux apprenants s'ils connaissent ce bâtiment, comment il s'appelle. S'ils ne le connaissent pas, dire que c'est la Sorbonne.
– Leur demander à quoi cela fait référence, pour eux.
– Demander aux apprenants quels autres monuments, bâtiments célèbres ils connaissent à Paris.

– Dire aux apprenants qu'ils vont regarder une vidéo sur la Sorbonne.
1 – Faire lire la consigne et en vérifier la compréhension.
– Montrer la vidéo.
– Demander aux apprenants d'intervenir dès qu'ils reconnaissent un monument.
– Écrire les réponses au tableau.

> *Corrigé :*
> la tour Eiffel
> le dôme des Invalides
> L'église Saint-Sulpice
> la chapelle de la Sorbonne
> l'observatoire de la Sorbonne
> la tour Montparnasse
> la basilique du Sacré-Cœur de Montmartre
> la cathédrale Notre-Dame de Paris

2 – Faire lire la consigne, s'assurer de la compréhension.
– Projeter, si possible, les photos de l'activité.
– Faire un exemple avec la classe.
– Proposer des titres tels que : histoire, activités, culture, localisation (dans Paris)...
– Demander d'autres propositions de titre.
– Faire réaliser l'activité en binôme.
– Repasser la vidéo pour vérifier les réponses. Les différentes parties peuvent se diviser ainsi : a. 00:00-30, b. 00:31-00:48, c. 00:49-02:00, d. 02:01-fin

> *Corrigé :*
> a Où se trouve la Sorbonne. Lieu.
> b Histoire.
> c Étudier.
> d Culture. La Sorbonne, la nuit.

ENTRE PARENTHÈSES

La plupart des bâtiments de la Sorbonne datent du XIXe siècle. L'exception notable est la chapelle de la Sorbonne, construite au XVIIe siècle par le cardinal Richelieu, qui y est enterré. Certains amphithéâtres et salles sont recouverts de muraux et autres décorations de styles différents : néo-rococo, Art nouveau, néo-impressionnisme, pointillisme, fauvisme. Des artistes importants ont participé à la décoration des amphithéâtres, comme Puvis de Chavannes.

5 Les lieux CE   page 87

Objectif : montrer les caractéristiques d'une université française
Modalités : en binôme, puis en grand groupe

– Faire lire la consigne et en vérifier la compréhension.
– S'assurer aussi de la compréhension des huit items.
– Montrer la vidéo en entier.
– Demander aux apprenants de travailler en binômes.
– Procéder à la correction en grand groupe.

> *Corrigé :*
> a, b, d, f

6 La Sorbonne et vous PO   page 87

Objectif : sensibiliser aux différences entre les universités françaises, telles que la Sorbonne, et d'autres types d'universités
Modalités : en binôme, puis en grand groupe

1 – Demander aux apprenants de travailler en binômes.
– Faire lire la consigne et s'assurer de la compréhension. Il s'agit ici de répondre personnellement.
– Procéder à la mise en commun en grand groupe. Chaque binôme dit ses réponses.
2 – Faire lire la consigne et en vérifier la compréhension.
– Demander aux apprenants s'ils ont visité des universités dans leur pays ou ailleurs.
– Leur demander de réaliser l'activité. Leur préciser de s'appuyer sur ce qu'ils ont vu sur la vidéo.
– Certaines réponses pourront être notées au tableau. Par exemple : bâtiment historique, centre-ville, pas de chambres, pas de stade...

ENTRE PARENTHÈSES

La Sorbonne n'est pas organisée comme un « campus ». Les étudiants dorment et mangent ailleurs (à la Cité internationale universitaire de Paris, par exemple). Il n'y pas d'espace vert à la Sorbonne, bien que le jardin du Luxembourg se trouve à cinq minutes de marche.
Les apprenants sont aussi susceptibles de constater l'affluence dans les couloirs et l'absence apparente de salle informatique (il y en a, bien sûr). Là, il pourrait être pertinent de rappeler que le système universitaire français est public et presque gratuit, d'où le peu de ressources par étudiant.

– Demander aux apprenants de lire « **Culture/Savoir** », **p. 87**.
– Leur demander de commenter. Que pensent-ils de ces coûts ?
– Rapprocher ces informations des réponses de l'activité 6.2.

7 Quiz CE   page 87

Objectif : connaître la Sorbonne
Modalités : en binôme, puis en grand groupe

– Projeter si possible le Quiz. Vérifier la compréhension.
– Faire lire la consigne.
– Dire aux apprenants qu'il s'agit là de faire des hypothèses. On ne leur demande pas de savoir exactement.
– Faire réaliser l'activité en binôme.
– Procéder à la correction en grand groupe.

> *Corrigé :*
> 1 a
> 2 c
> 3 b

– Repasser la vidéo si nécessaire et récapituler tout ce qui aura été dit sur la Sorbonne.

Entre parenthèses

À l'origine, la Sorbonne s'appelait le « collège de Sorbonne ». Il fut fondé par le théologien Robert de Sorbon (l'orthographe des noms étant très variable à l'époque). Le collège de Sorbonne faisait partie de l'Université de Paris, qui existait déjà depuis un siècle. Les cours y furent dispensés dès sa fondation, mais l'établissement était au départ un lieu de résidence pour des étudiants peu aisés. Le collège était financé par les dons du roi et les frais de scolarité des étudiants. Le bâtiment original n'existe plus, mais se trouvait sur le site actuel.

À sa fondation, la seule discipline étudiée à la Sorbonne était la théologie. Le droit et la médecine s'étudiaient à Paris, mais ailleurs. Au fil du temps, le collège de Sorbonne vint à représenter toute l'Université de Paris, et d'autres disciplines s'y étudièrent.

Aujourd'hui la Sorbonne est un site universitaire géré par le rectorat de l'Académie de Paris.

Voici la page du site de la Sorbonne concernant l'offre de cours :
http://www.paris-sorbonne.fr/nos-formations/la-formation-initiale/choisir-par-discipline/

Action ! Nous faisons le bilan du cours de français.

page 90

Objectifs : amener les apprenants à réfléchir sur leur manière d'apprendre et sur leur rôle dans la classe ; les encourager à consolider leurs compétences en valorisant leur progrès depuis le début de l'année
Modalités : en grand groupe, puis en sous-groupe

▷ MISE EN PLACE
– Annoncer qu'on va faire le point sur le travail du groupe depuis le début de l'année.

▷ RÉALISATION DE LA TÂCHE
– Écrire ou projeter les items de « noter » au tableau.
– Remplir les informations avec la classe. Est-ce qu'il faut ajouter des précisions (nombre d'apprenants au début de l'année et à la fin, les langues maternelles et les langues apprises) ?
– Lire « dans le manuel ».
– La classe vote à main levée pour les rubriques préférées.
– On note les résultats au tableau.
– Lire « les vidéos ».
– Les apprenants proposent des épisodes, des personnages et des documentaires qu'ils ont particulièrement appréciés.
– Une fois qu'il y en a au moins trois de chaque, on vote pour savoir les trois gagnants, qu'on note au tableau.
– Lire « dans la classe ».
– Demander des commentaires plus généraux sur les quatre items.
– Noter quelques réactions au tableau (de préférence les réactions les plus positives).
– Diviser la classe en cinq groupes. Chaque groupe va rédiger un paragraphe sur les informations qui ont été notées au tableau. Un groupe s'occupe des premiers deux items (nombre d'apprenants/langues parlées). Un groupe s'occupe des trois items suivants (nombre d'heures, tâches en classe, tâches en dehors). Un groupe s'occupe de « dans le manuel ». Un groupe s'occupe de « les vidéos ». Un groupe s'occupe de « dans la classe ».
– Quand ce travail est fini, inviter d'autres réactions et commentaires d'ordre plus général.
– Demander à un groupe de poster les résultats sur le site.

▷ « VOTRE AVIS »
– Demander à la classe d'évaluer l'activité.
– Projeter cette partie de la page Action !
– Compter combien il y a de +, de ++ ou +++.

Préparation au DELF A1

pages 91-93

– Faire réaliser les activités dans l'ordre proposé.

I. Compréhension de l'oral 🎧 page 91

– Faire lire les consignes et s'assurer de leur compréhension.
– Passer l'enregistrement deux fois.
– Laisser 2 minutes pour vérifier les réponses.

> *Corrigé :*
> a Dialogue 5
> b Dialogue 4
> c Dialogue 2
> d Pas de dialogue
> e Dialogue 1
> f Dialogue 3

II. Compréhension des écrits pages 91-92

– Faire lire les consignes et s'assurer de leur compréhension.
– Faire réaliser l'activité.

> *Corrigé :*
> 1 La date du diplôme de fin d'études secondaires.
> 2 Il ne faut pas oublier de signer le formulaire.
> 3 b
> 4 Au bureau des relations internationales.
> 5 L'université demande de donner l'adresse email.

III. Production écrite pages 92-93

1 – Faire lire la consigne et s'assurer de sa compréhension.
– Faire réaliser l'activité.

> *Pour évaluer l'apprenant :*
> – Correction sociolinguistique (formule d'appel et de congés et registre de langue) (1 point)
> – Capacité à informer et à décrire (3 points)
> – Lexique/orthographe lexicale (2 points)
> – Morphosyntaxe/orthographe grammaticale (2 points)
> – Cohérence et cohésion (2 points)

2 – Faire lire la consigne et s'assurer de sa compréhension.
– Faire réaliser l'activité.

> *Pour évaluer l'apprenant :*
> – Correction sociolinguistique (formule d'appel et de congés et registre de langue) (1 point)
> – Capacité à informer et à décrire (3 points)
> – Lexique/orthographe lexicale (2 points)
> – Morphosyntaxe/orthographe grammaticale (2 points)
> – Cohérence et cohésion (2 points)

IV. Production orale page 93

1 – Faire lire la consigne et s'assurer de sa compréhension.
– Faire réaliser l'activité en binôme. Le professeur passe dans la classe pour évaluer.

> *Pour évaluer l'apprenant :*
> L'enseignant s'assurera que l'apprenant peut poser des questions personnelles simples à partir des mots donnés et que l'autre apprenant manifeste qu'il a compris la réponse. (3 points)

2 – Faire lire la consigne et s'assurer de sa compréhension.
– Faire venir chaque apprenant au tableau pour réaliser la production (production orale en continu). Si le nombre d'apprenants est trop important, faire réaliser l'activité en binôme.

> *Pour évaluer l'apprenant :*
> L'enseignant s'assurera que l'apprenant peut raconter de manière simple ses dernières vacances en exposant les activités qu'il y a faites. (4 points)
>
> La partie linguistique est à évaluer pour les deux parties de la production orale.
> – Lexique (étendue) / correction lexicale (1 point).
> – Morphosyntaxe / correction grammaticale (1 point).
> – Maîtrise du système phonologique (1 point).

Tests

Dossier 1

Compréhension orale

10 points

🎧 **33** Écoutez le dialogue et répondez.

1. Associez le dialogue à un dessin. *2 points*

☐ a   ☐ b   ☐ c

2. Associez le dialogue à une photo. *2 points*

☐ a   ☐ b   ☐ c

3. Écoutez encore et complétez le dialogue. *6 points (1 point par bonne réponse)*

– Salut !

– .... Oscar ! Ça va ?

– Oui, ... Je te présente Julie.

– Bonjour.

– ...., moi, c'est Marc.

– Un café, ... !

– Non, ... !

– Et voilà !

– Merci.

– .... euros, s'il vous plaît.

Compréhension écrite

10 points

Lisez les dialogues et répondez.

Dialogue 1 :
– Salut, ça va ?
– Non... j'ai des exercices pour demain. Et toi ?
– Moi, ça va !

Dialogue 2 :
– Salut, moi c'est Jean.
– Bonjour Jean, je m'appelle Lucie.
– Enchanté !

Dialogue 3 :
– Bonjour monsieur !
– Bonjour madame, une baguette, s'il vous plaît !
– Deux euros.
– Voilà.
– Merci monsieur, au revoir.

Dialogue 4 :
– Bonjour M. Dubois. Je vous présente M. Challan.
– Enchanté, monsieur.
– Enchanté.

Dialogue 5 :
– Un café, s'il te plaît !
– Et voilà !

Associez chaque dialogue à une photo.

2 points par bonne réponse

a Dialogue ....

b Dialogue ....

c Dialogue ....

d Dialogue ....

e Dialogue ....

Production écrite

10 points

Imaginez le dialogue entre ces deux personnes. Utilisez au minimum les mots suivants :

Au revoir – bonsoir – s'il vous plaît – merci – baguette – bonne soirée.

Attention à la ponctuation !

....
....
....
....
....
....
....
....

Production orale

10 points

1. Répondez aux questions suivantes :

Vous vous appelez comment ? ....

Pouvez-vous épeler votre nom ? ....

Quelle est votre nationalité ? ....

2. Imaginez le dialogue à deux. Vous retrouvez un(e) ami(e) dans un bar. Vous saluez le serveur, vous commandez un café et vous remerciez.

....
....
....
....

Dossier 1

Tests

Compréhension orale
10 points

1. 🎧34 Écoutez et complétez le tableau suivant. *5 points*

Ludovic	Français	Cayenne	Professeur de français
Jennie	......	Londres	......
Antonio	......	Palerme	Étudiant
Nuria	......	Nantes	......

2. 🎧35 Écoutez et complétez la fiche. *5 points*

NOM	......
Prénom	Lucie
Âge	......
Numéro de téléphone	......
Adresse mail	......
Jour du rendez-vous	......

Compréhension écrite
10 points

Lisez cette petite annonce et répondez.

1. Cette annonce concerne quel métier ? *2 points*

....

....

2. Pour répondre à cette annonce vous devez avoir quel âge ? *2 points*

....

....

3. C'est un travail pour toute l'année ? *2 points*

☐ Oui. Pourquoi ? ....

☐ Non. Pourquoi ? ....

Emploi.com

Recherche **secrétaire** (H/F)
entre 25 et 50 ans
pour juillet et août.

Contacter M. François DELARUE
au 01 25 52 99 66
le mercredi entre 10 h et 12 h 30

4. Pour répondre à l'annonce vous devez... *2 points*

a. ☐ écrire à M. Delarue.
b. ☐ rencontrer M. Delarue.
c. ☐ téléphoner à M. Delarue.

5. Vous devez répondre à l'annonce quel jour ? .... *2 points*

Production écrite

10 points

1. Complétez le dialogue suivant.

5 points

– Bonjour, ... ?

– Je m'appelle Lucie Chomet.

– .... ?

– C H O M E T.

– .... ?

– J'ai 24 ans.

– .... ?

– Oui, c'est le 06 33 24 25 59

– .... ?

– Je suis secrétaire.

2. Écrivez un message pour présenter cette personne.

5 points

....

....

....

....

....

....

....

Nom et prénom : BOUCHARD Patricia
Âge : 32
Nationalité : belge
Pays de naissance : États-Unis
Date d'arrivée en France : janvier 2013

Production orale

10 points

1. Répondez aux questions suivantes :

5 points

Vous vous appelez comment ? ....

Vous venez de quelle ville ? ....

Vous habitez où ? ....

Quelle est votre nationalité ? ....

Vous êtes marié(e) ? ....

2. Imaginez le dialogue à deux. Posez des questions pour remplir la fiche suivante :

5 points

NOM et prénom

Nationalité

Date de naissance

Profession

Numéro de téléphone

Dossier 2

131

Tests

Compréhension orale

10 points

1. 🎧 Écoutez la conversation au restaurant et répondez.

1. Associez un plat à une personne.

3 points

a   b   c

Père   Mère   Fils

2. Il y a combien d'entrées ? .... *1 point*

3. Qu'est-ce que cette famille va boire ? .... *1 point*

2. 🎧 Écoutez la conversation au téléphone et répondez.

1. Que fait Marion ce week-end ? .... *1 point*

2. Pour ce week-end, Christophe propose à Marion d'aller... *2 points*

a   b   c

3. Ils se donnent rendez-vous où ? *1 point*
a. ▪ Métro Louise Michel.   **b.** ▪ Métro Charles Michels.   **c.** ▪ Métro Saint-Michel.

4. À quelle heure est le rendez-vous ? .... *1 point*

Compréhension écrite

10 points

Lisez le message de Julie et répondez.

✉ Envoyer maintenant   📇   📋   🔗 ▼   🗑   📎   ✒ ▼   📋 Options ▼   🎬 Insérer ▼   ≡ Catégories ▼

Salut !
Tu vas bien ? Voilà ce que je te propose pour samedi : on se retrouve à 10 h 30 sur le pont Neuf. Après on peut se promener sur les quais. J'aimerais voir les bouquinistes et acheter des livres. Ça te dit d'aller au restaurant pour le déjeuner ? Je connais un restaurant sympa à côté du pont des Arts. Il propose des menus et des plats à la carte pas chers. Moi, je vais prendre un steak frites ! Et l'après-midi, on fait du shopping !
Bises, à samedi !
Julie

1. À quelle heure Julie propose le rendez-vous ? *1 point*

☐ a   ☐ b   ☐ c

2. Le rendez-vous est... *1 point*

a. ☐ sur le pont Neuf.   b. ☐ sur le pont des Arts.   c. ☐ sur les quais de Seine.

3. Qu'est-ce que Julie aimerait faire sur les quais ? (Plusieurs réponses possibles.) *1 point*

....

....

4. Qu'est-ce que Julie propose de faire pour le déjeuner ? .... *1 point*

5. Julie connaît un restaurant sympa. Où se trouve le restaurant ? .... *2 points*

6. Comment sont les menus dans le restaurant ? .... *2 points*

7. L'après-midi, Julie propose... *2 points*

☐ a   ☐ b   ☐ c

Production écrite

10 points

Vous écrivez un mail à un(e) ami(e).
Vous proposez une sortie avec deux activités culturelles minimum.
Vous donnez un jour, un lieu et une heure de rendez-vous.

De : ....
À : ....
Objet : ....

Production orale

10 points

Parlez de votre ville en utilisant le début des 5 phrases suivantes :

Je viens de...   *On peut voir...*   *Quand il fait froid, ...*
Dans ma ville, il y a...   *Quand il fait beau, ...*

Tests

Dossier 4

Compréhension orale
10 points

1. 🎧 Écoutez le dialogue et répondez.

1. La femme recherche quel type de vêtement ? *1 point*

☐ a    ☐ b    ☐ c

2. La femme veut quelle couleur ? *1 point*
a. ☐ Bleu.   b. ☐ Rouge.   c. ☐ Noir.

3. Quelle est la taille de la femme ? .... *1 point*

4. Quel est le prix du vêtement ? .... *1 point*

5. La femme... *1 point*
a. ☐ achète le vêtement.   b. ☐ va essayer le vêtement.   c. ☐ trouve le vêtement trop cher.

2. 🎧 Écoutez le dialogue et complétez la liste de courses de Mme Dupain. *5 points*

```
............... de tomates.
1 kilo ...............
500 g ...............
............... de poires
800 g ...............
```

Compréhension écrite
10 points

Lisez ce message et répondez.

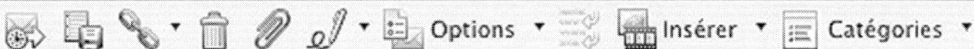

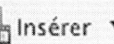

De : Nico
Objet : Courses pour samedi soir !

Salut ! Tu vas bien ? Voici l'organisation pour notre repas de samedi soir : Paul achète les légumes au marché demain matin. Il va prendre des courgettes, des tomates et des pommes de terre. Lucas apporte à boire et moi, la viande pour le veau à la provençale. Lucie, va faire un gâteau au chocolat. Tu peux acheter du pain ?
Bises et bonne journée !
Nico

1. Où Paul achète-t-il les légumes ? .... *1 point*

2. Quels légumes Paul achète-t-il ? (Deux bonnes réponses.) *2 points*

☐ a    ☐ b    ☐ c    ☐ d    ☐ e

3. Que va apporter Lucas ?   2 points
a. ☐ La viande.   b. ☐ Le dessert.   c. ☐ Les boissons.

4. Quel plat allez-vous préparer samedi soir ? ....   1 point

5. Lucie va faire...   2 points
a. ☐ Une entrée.   b. ☐ Un plat principal.   c. ☐ Un dessert.

6. Qu'est-ce que Nico vous demande de faire ? ....   2 points

Production écrite

10 points

Vous recevez cet e-mail de Jonathan.

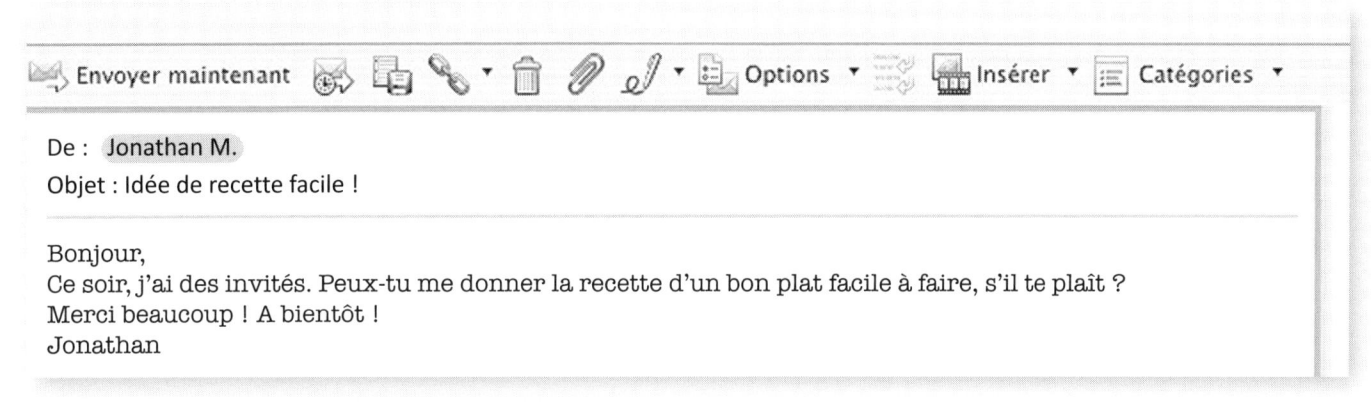

> ✉ Envoyer maintenant   Options   Insérer   Catégories
>
> De : Jonathan M.
> Objet : Idée de recette facile !
>
> Bonjour,
> Ce soir, j'ai des invités. Peux-tu me donner la recette d'un bon plat facile à faire, s'il te plaît ?
> Merci beaucoup ! A bientôt !
> Jonathan

Vous répondez à Jonathan.
Vous lui dites quel plat facile il peut faire.
Vous donnez la liste des courses (4 ingrédients minimum).
Vous expliquez la recette à Jonathan (4 étapes minimum, soit 4 verbes différents).
(40 mots minimum)

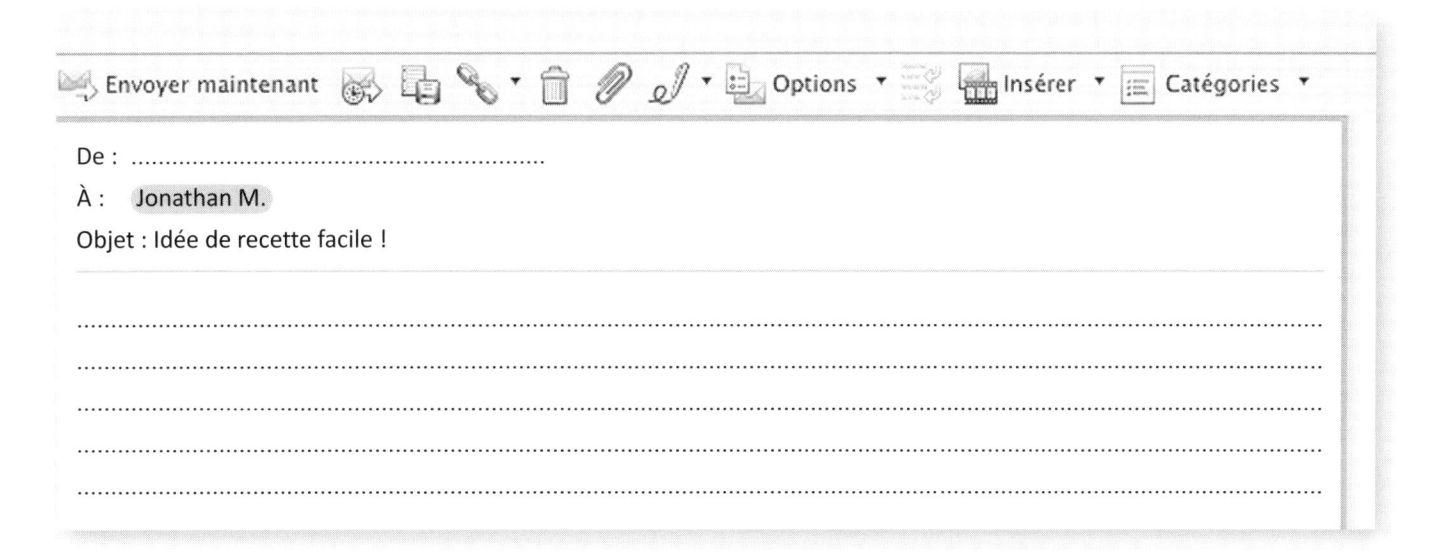

> ✉ Envoyer maintenant   Options   Insérer   Catégories
>
> De : ....
> À : Jonathan M.
> Objet : Idée de recette facile !
>
> ....
> ....
> ....
> ....
> ....

Production orale

10 points

Vous voulez offrir un vêtement à un(e) ami(e) pour son anniversaire. Expliquez à la vendeuse le vêtement que vous voulez acheter (couleur, taille, prix maximum, etc.), pour qui et à quelle occasion.

Compréhension orale

10 points

🎧 **40** Écoutez le dialogue et répondez.

1. Marco a... *2 points*
- a. ▢ détesté le film.
- b. ▢ bien aimé le film.
- c. ▢ beaucoup aimé le film.

2. Que pense Marco du film ? *2 points*

Il est ....

3. Paul... *2 points*
- a. ▢ n'a pas vu le film.
- b. ▢ aimerait voir le film.
- c. ▢ aime beaucoup le film.

4. Quelle description Marco fait-il de l'acteur Omar Sy ? *2 points*

Il est .... et ....

5. Pour Paul, l'acteur François Cluzet est... *2 points*
- a. ▢ triste.
- b. ▢ ennuyeux.
- c. ▢ désagréable.

Compréhension écrite

10 points

Lisez ce résumé d'un article sur les rencontres et les parcours de vie.

Retour à Fort-de-France…

Nathalie est petite, brune aux yeux bleus. Elle est très sympathique et joyeuse. Marc est grand et blond. Il est très élégant. Il est sérieux et très agréable. Marc et Nathalie se sont rencontrés en 2002 à Fort-de-France, en Martinique. Ils ont fait leurs études de droit ensemble. À la fin de ses études, Nathalie est partie vivre à Tours et Marc a trouvé un travail à Paris. Ils ont dû se séparer. Mais Nathalie a retrouvé Marc à Paris un an après leur séparation. En 2012, ils ont eu un enfant et ils sont repartis en Martinique deux ans après la naissance de leur enfant. Aujourd'hui, ils travaillent tous les deux à Fort-de-France.

Répondez aux questions.

1. Marc ou Nathalie ? Cochez les éléments de description physique. *2,5 points*

	Marc	Nathalie
Cheveux bruns		
Cheveux blonds		
Yeux bleus		
Grand		
Petit		

2. Citez deux traits de caractère de Marc. *1 point*

....

....

3. Que s'est-il passé en 2002 ? *1 point*

....

4. Quand Nathalie est-elle partie à Tours ? *1 point*

....

5. Pourquoi Marc est-il parti à Paris ? *1 point*

....

6. Qu'a fait Nathalie un an après sa séparation avec Marc ? *1 point*

....

7. Que s'est-il passé en 2012 pour Marc et Nathalie ? *1,5 point*

....

8. Quand sont-ils repartis vivre en Martinique ? *1 point*

....

Production écrite   *10 points*

Écrivez la biographie d'une personnalité que vous aimez beaucoup. Donnez 5 étapes de la vie de cette personne et utilisez le passé composé ! (40 mots environ)

....

....

....

....

....

....

....

....

Production orale   *10 points*

1. Décrivez votre acteur ou actrice préférée (3 caractérisations physiques et 2 traits de caractère minimum).

2. Imaginez un dialogue à deux. Posez 5 questions minimum à un(e) étudiant(e) pour connaître ses goûts (genres de films, de musique...).

Tests

Compréhension orale
10 points

🎧 **41** Écoutez le dialogue et répondez.

1. Où était Sophie ce matin ? .... *1 point*

2. Dans quel pays Sophie veut-elle faire le programme d'échange Erasmus ? .... *1 point*

3. Qu'est-ce que Sophie a dû faire pour s'inscrire à ce programme ? .... *1 point*

4. Quel conseil Sophie donne-t-elle ? .... *2 points*

5. En quelle année Alexandra est-elle partie avec le programme Erasmus ? .... *1 point*

6. Comment Alexandra a-t-elle trouvé son séjour en Italie ? *1 point*
a. ☐ Positif.   b. ☐ Difficile.   c. ☐ Ennuyeux.

7. Quand Sophie va-t-elle avoir une réponse ? .... *1 point*

8. Pourquoi Sophie est-elle inquiète ? .... *2 points*

Compréhension écrite
10 points

Vous avez reçu cette carte d'un ami. Lisez et répondez.

> Salut !
> Comment vas-tu ? Nos vacances se sont super bien passées ! On a pris l'avion dimanche soir. Nous étions logés dans un hôtel au bord de la mer. Tous les matins, nous allions à la plage. Il faisait très beau et on a pris des coups de soleil. Le midi on allait déjeuner au restaurant et l'après-midi on faisait une promenade dans la ville. En fin de journée on faisait une petite sieste à l'hôtel. Le soir, on sortait boire un verre en terrasse des cafés près de la plage et on allait danser. C'était génial !
> On se voit samedi, je vais te montrer les photos de notre séjour.
> Bises, à bientôt !
> Ludo

1. Ludo est parti en vacances avec quel moyen de transport ? *1 point*

a.   b.   c.

2. Où Ludo est-il logé pendant ses vacances ? .... *1 point*

a. b. c.

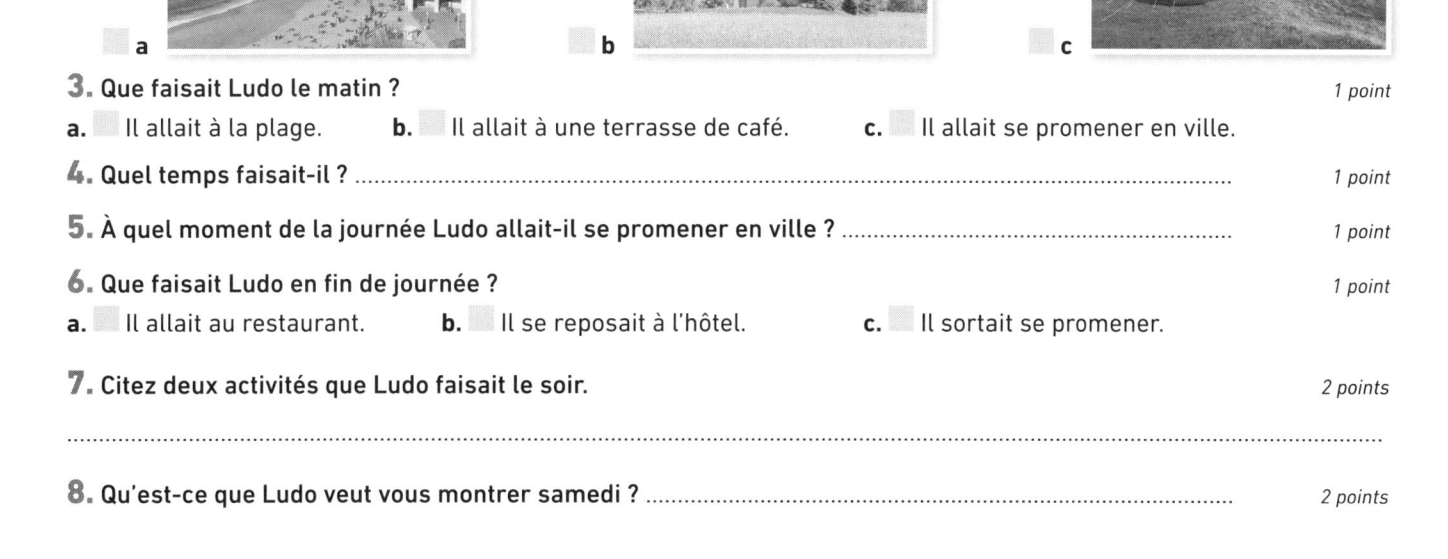

3. Que faisait Ludo le matin ? *1 point*

a. ☐ Il allait à la plage.   b. ☐ Il allait à une terrasse de café.   c. ☐ Il allait se promener en ville.

4. Quel temps faisait-il ? .... *1 point*

5. À quel moment de la journée Ludo allait-il se promener en ville ? .... *1 point*

6. Que faisait Ludo en fin de journée ? *1 point*

a. ☐ Il allait au restaurant.   b. ☐ Il se reposait à l'hôtel.   c. ☐ Il sortait se promener.

7. Citez deux activités que Ludo faisait le soir. *2 points*

....

8. Qu'est-ce que Ludo veut vous montrer samedi ? .... *2 points*

Production écrite

10 points

Un ami doit préparer un examen de français à l'université. Il vous a demandé conseil. Vous lui écrivez un mail pour lui donner au moins 4 conseils pour bien réviser et réussir son examen. (50 mots)

De : ....
À : ....
Objet : ....

Production orale

10 points

Qu'a fait Julie hier ? À partir des images, dites ce que Julie a fait hier et à quel moment de la journée.

Corrigés Tests

Dossier 1

Compréhension orale
1. b.
2. a.
3. – Salut !
– Bonjour Oscar ! Ça va ?
– Oui, merci. Je te présente Julie.
– Bonjour.
– Enchanté, moi, c'est Marc.
– Un café, s'il vous plaît !
– Non, deux !
– Et voilà !
– Merci.
– Six euros, s'il vous plaît.

Compréhension écrite

a	b	c	d	e
Dialogue 4	Dialogue 5	Dialogue 1	Dialogue 2	Dialogue 3

Production écrite
Pour évaluer l'apprenant, notez :
– 1 point par mot de la liste correctement utilisé ;
– 4 points pour la cohérence du dialogue et la ponctuation ;

Production orale
Pour évaluer l'apprenant, notez :
– 2 points pour les salutations et la commande passée ;
– 2 points pour la cohérence du dialogue ;
– 2 points pour le lexique et correction lexicale (répertoire élémentaire de mots et d'expressions isolés relatifs à la situation de communication proposée) ;
– 2 points pour la morphosyntaxe (utilisation de façon limitée des structures très simples vues dans le dossier);
– 2 points pour la maîtrise du système phonologique (l'apprenant peut prononcer de manière compréhensible le répertoire mémorisé relatif à la situation de communication proposée).

Dossier 2

Compréhension orale
1.

Ludovic	Français	Cayenne	Professeur de français
Jennie	Anglaise	Londres	Architecte
Antonio	Italien	Palerme	Étudiant
Nuria	Espagnole	Nantes	Photographe

2.

NOM	MAILLET
Prénom	Luae
Âge	23
Numéro de téléphone	06 45 02 33 92
Adresse mail	luma@gmail.com
Jour du rendez-vous	jeudi

Compréhension écrite
1. Secrétaire.
2. Entre 25 et 50 ans (ou toute autre réponse cohérente).
3. Non. Pour juillet et août.
4. c.
5. Le mercredi.

Production écrite
1. *1 point par question correctement posée.*
2. *1 point par information correctement écrite*

Production orale
1. *1 point par réponse correctement présentée.*
2. *1 point par question correctement posée.*

Dossier 3

Compréhension orale
1 1. Poulet basquaise : le fils / saumon grillé : la mère / salade italienne : le père.
2. Zéro.
3. De l'eau.
2 1. Rien.
2. c.
3. b.
4. À 18 heures.

Compréhension écrite
1. c.
2. a.
3. Se promener / voir les bouquinistes / acheter des livres.
4. Aller au restaurant.
5. À côté du pont des Arts.
6. Pas chers.
7. a.

Production écrite

Pour évaluer l'apprenant, notez :
– 1 point pour les salutations (accueil et prise de congés) ;
– 1 point pour la proposition de sortie ;
– 5 points pour la capacité à informer (2 activités culturelles minimum, jour, lieu et heure de rendez-vous) ;
– 1,5 point pour l'orthographe lexicale ;
– 1,5 point pour la morphosyntaxe et orthographe grammaticale (utilisation de ce qui a été vu dans le dossier).

Production orale

Pour évaluer l'apprenant, notez :
– 1 point par phrase correctement complétée (cohérence et information globalement bien comprise) ;
– 2 points pour la maîtrise du répertoire lexical de la leçon ;
– 2 points pour la morphosyntaxe ;
– 1 point pour la maîtrise du système phonologique (l'apprenant peut prononcer de manière compréhensible le répertoire mémorisé relatif à la situation de communication proposée).

Production orale

Pour évaluer l'apprenant, notez :
– 2 points pour les salutations et l'explication très simple de la situation d'achat (en l'occurrence, le souhait d'acheter un vêtement pour l'anniversaire d'un(e) ami(e)) ;
- 2 points pour la capacité à informer (explication donnée à la vendeuse quant au type de vêtement désiré : la couleur, la taille et prix souhaité) ;
– 2 points pour le lexique et la correction lexicale (répertoire élémentaire de mots et d'expressions isolés relatifs à la situation de communication proposée et vus dans le dossier) ;
– 2 points pour la morphosyntaxe (utilisation de façon limitée des structures très simples vues dans le dossier);
– 2 points pour la maîtrise du système phonologique (l'apprenant peut prononcer de manière compréhensible le répertoire mémorisé relatif à la situation de communication proposée).

Dossier 4

Compréhension orale

1 1. a.
2. b.
3. 40.
4. 110 €
5. c.
2 1 kilo de tomates.
1 kilo de **haricots verts**
500 g de **pommes de terre**
1,5 kilo de poires
800 g de **fraises**

Compréhension écrite

1. Au marché.
2. a et e.
3. c.
4. Un veau à la provençale.
5. c.
6. Acheter du pain.

Production écrite

Pour évaluer l'apprenant, notez :
– 1 point pour les salutations (accueil et prise de congés) ;
– 1 point pour l'annonce du plat facile à faire ;
– 4 points pour la capacité à informer : 0,5 point par ingrédient (présence de 4 ingrédients minimum) et 0,5 point par étape de la recette (présence de 4 verbes différents) ;
– 2 points pour l'orthographe lexicale (lexique relatif à la situation et vu dans le dossier correctement orthographié);
– 2 points pour la morphosyntaxe (utilisation de ce qui a été vu dans le dossier, à savoir, l'impératif et les articles partitifs).

Dossier 5

Compréhension orale

1. b.
2. Il est un peu ennuyeux.
3. c.
4. Il est joyeux et agréable.
5. triste.

Compréhension écrite

1.

	Marc	Nathalie
Cheveux bruns		x
Cheveux blonds	x	
Yeux bleus		x
Grand	x	
Petit		x

2. Sérieux et agréable.
3. Marc et Nathalie se sont rencontrés (à Fort-de-France, en Martinique).
4. À la fin de ses études.
5. (Parce qu') il a trouvé un travail.
6. Elle a retrouvé Marc à Paris.
7. Ils ont eu un enfant.
8. Deux ans après la naissance de leur enfant.

Production écrite

Pour évaluer l'apprenant, notez :
– 5 points pour la capacité à informer (présence de 5 étapes minimum de la vie de la personnalité) ;
– 1 point pour l'orthographe lexicale (lexique relatif à la situation et vu dans le dossier correctement orthographié ;
– 2 points pour la morphosyntaxe et l'orthographe grammaticale (utilisation du passé composé vu dans le dossier) ;
– 2 points pour la cohérence et cohésion (notamment l'utilisation des indicateurs temporels vus dans le dossier).

Production orale

Pour évaluer l'apprenant, notez :
1. *5 points pour la capacité à décrire : 1 point par caractérisation physique et par trait de caractère (soit 5 descriptifs minimum attendus).*

2. *5 points pour la capacité à poser des questions personnelles simples pour connaître les goûts d'une personne (1 point par information demandée, soit 5 attendues).*

Pour les deux exercices :
– 2 points pour la maîtrise du répertoire lexical de la leçon ;
– 2 points pour la morphosyntaxe et la correction grammaticale (utilisation de façon limitée des structures très simples vues dans le dossier) ;
– 1 point pour la maîtrise du système phonologique (l'apprenant peut prononcer de manière compréhensible le répertoire mémorisé relatif à la situation de communication proposée).

Dossier 6

Compréhension orale
1. À la fac.
2. En Espagne.
3. Remplir un formulaire d'inscription.
4. D'envoyer le formulaire par mail et par la poste.
5. En 2008.
6. a.
7. En juin.
8. Parce qu'elle n'a pas eu de bonnes notes ce semestre.

Compréhension écrite
1. b.
2. a.
3. a.
4. Il faisait très beau.
5. L'après-midi.
6. b.
7. Boire un verre en terrasse et danser.
8. Les photos de son séjour/ses vacances.

Production écrite

Pour évaluer l'apprenant, notez :
– 1 point pour les salutations (accueil et prise de congés) ;
– 5 points pour la capacité à informer (un minimum de 5 conseils) ;
– 1,5 point pour l'orthographe lexicale ;
– 1,5 point pour la morphosyntaxe et l'orthographe grammaticale (utilisation de façon limitée des structures très simples vues dans le dossier, notamment, la structure « Devoir + infinitif et il faut/il ne faut pas + infinitif) ;
– 1 point pour la cohérence et la cohésion (discours cohérent et présence d'articulateurs logiques très simples vus jusqu'à présent).

Production orale

Pour évaluer l'apprenant, notez :
– 3 points pour la capacité à décrire les événements de la journée (0,5 point/événement soit 6 événements attendus d'après les images proposées) ;
– 3 points pour la capacité à indiquer la chronologie (0,5 point/indicateurs chronologiques) ;
– 2 points pour la maîtrise du répertoire lexical relatif à la situation proposée ;
– 1 point pour la morphosyntaxe et la correction grammaticale (utilisation de façon limitée des structures très simples vues dans le dossier, notamment le passé composé) ;
– 1 point pour la maîtrise du système phonologique (l'apprenant peut prononcer de manière compréhensible le répertoire mémorisé relatif à la situation proposée).

Transcriptions Tests

Dossier 1

Compréhension orale
Piste 2
Oscar : Salut !
Marc : Ah Oscar ! Tu vas bien ?
Oscar : Oui, merci. Je te présente Julie.
Julie : Bonjour.
Marc : Enchanté, moi c'est Marc.
Oscar : Un café, s'il vous plaît !
Julie : Non, deux !
Serveur : Et voilà !
Julie et Oscar : Merci.
Serveur : 6 euros, s'il vous plaît.

Dossier 2

Compréhension orale
Exercice 1
Piste 3
Professeur : Bonjour, je m'appelle Ludovic, je suis français, je viens de Cayenne en Guyane et je suis votre professeur de français. Et vous ?
Une étudiante : Bonjour, je m'appelle Jennie, je suis anglaise, je viens de Londres. Je suis architecte.
Un étudiant : Moi, c'est Antonio, je suis italien, de Palerme et j'ai 22 ans. Je suis étudiant.
Une étudiante : Salut, je m'appelle Nuria, je suis photographe. J'ai 30 ans et j'habite à Nantes. Je suis espagnole.

Exercice 2
Piste 4
– Bonjour mademoiselle. Vous êtes Lucie Maillet ?
– Oui, c'est ça.
– D'accord, vous avez quel âge ?
– 23 ans.
– Ah, comment s'écrit votre nom de famille, s'il vous plaît ?
– MAILLET M, A, I, 2 L, E, T.
– Merci, et vous avez un numéro de téléphone ?
– Oui, c'est le 06 45 02 33 92.
– D'accord et pour finir, une adresse mail ?
– Luma@gmail.com.
– Vous êtes disponible jeudi pour le rendez-vous ?
– Oui, merci.

Dossier 3

Compréhension orale
Exercice 1
Piste 5
Au restaurant
Serveur : Messieurs-dames, bonjour. Qu'est-ce que vous prenez ?
Père : Bonjour, alors, moi je vais prendre une salade italienne, s'il vous plaît.
Mère : Quel est le plat du jour ?
Serveur : Poulet basquaise.
Mère : Je préfère le saumon grillé.
Serveur : D'accord, et pour vous ?
Fils : Moi, je prends le plat du jour.
Serveur : Vous ne voulez pas d'entrée ?
Fils : Non merci.
Serveur : Et comme boisson ?
Père : Apportez-nous une carafe d'eau, s'il vous plaît.

Exercice 2
Piste 6
Au téléphone
Christophe : Salut Marion, c'est Christophe. Tu vas bien ?
Marion : Oui merci et toi ?
Christophe : Ça va. Dis donc, qu'est-ce que tu fais ce week-end ?
Marion : Rien.
Christophe : Ça te dit d'aller au ciné samedi après-midi ?
Marion : Ah oui, pourquoi pas ! Et le soir on peut aller au resto ?
Christophe : Très bonne idée !
Marion : On se retrouve où ? Métro Charles Michels ?
Christophe : Ok, à 18 heures ?
Marion : Pas de problème !

Dossier 4

Compréhension orale
Exercice 1
Piste 7
Vendeuse : Bonjour madame, je peux vous aider ?
Cliente : Oui, merci. Je recherche une robe pour une soirée.
Vendeuse : D'accord. Quelle couleur ? Noire ? Bleue ?
Cliente : Non, rouge.
Vendeuse : Quelle est votre taille ?
Cliente : 40.
Vendeuse : Ce style, ça vous plaît ?
Cliente : Oh oui, elle est très élégante !
Vendeuse : Vous voulez l'essayer ?
Cliente : Oui, mais quel est le prix ?
Vendeuse : 110 euros.
Cliente : Ah, non, c'est un peu cher pour moi.

Exercice 2
Piste 8
– 1 euro le kilo de carottes ! Bonjour, madame Dupain !
– Bonjour, je voudrais 1 kilo de tomates, s'il vous plaît. Vous avez des haricots verts ?
– Bien sûr !

– Alors, un kilo, s'il vous plaît. Et puis, je vais prendre 500 g de pommes de terre.
– Est-ce que vous voulez des fruits ?
– Oui, donnez-moi 1,5 kilo de poires et 800 g de fraises.
– Et voilà, madame !

Dossier 5

Compréhension orale
Piste 9
MARCO : Salut Paul !
PAUL : Salut Marco, ça va ?
MARCO : Oui, J'ai enfin vu le film *Intouchables* !
PAUL : Quoi ? Tu n'avais pas vu ce film ? Alors, tu as aimé ?
MARCO : J'ai bien aimé... mais c'est un peu ennuyeux.
PAUL : Moi, j'aime beaucoup ce film, j'aime les acteurs.
MARCO : Oui, Omar Sy est joyeux, il est agréable.
PAUL : Et François Cluzet est sympa aussi, il est triste au début mais après, il est heureux.

Dossier 6

Compréhension orale
Piste 10
ALEXANDRA : Salut Sophie ! Alors tu es allée à la fac ce matin ?
SOPHIE : Salut Alex, oui, je me suis inscrite pour le programme d'échange Erasmus.
ALEXANDRA : Génial ! Tu as choisi quel pays ?
SOPHIE : L'Espagne.
ALEXANDRA : Qu'est-ce qu'il faut faire pour s'inscrire ?
SOPHIE : Tu dois remplir un formulaire d'inscription.
ALEXANDRA : Tu peux envoyer le formulaire par mail ?
SOPHIE : Oui, ou par la poste. Je conseille de faire les deux.
ALEXANDRA : Moi aussi j'ai fait ce programme ! C'était en 2008, je suis partie en Italie. Je me suis bien amusée et les cours à la fac étaient faciles. Et tu as une réponse quand ?
SOPHIE : En juin. Ils doivent m'envoyer une réponse par mail. Mais je n'ai pas eu de bonnes notes ce semestre, alors...
ALEXANDRA : Il ne faut pas t'inquiéter, tout se passera bien. Allez, bonne chance !